# 透视汽车会"跑"的奥秘

赵伊林 覃荣峥 编著

电子工业出版社
Publishing House of Electronics Industry
北京·BEIJING

## 内 容 简 介

本书的作用在于帮助读者形成一个完整的、有条理的关于汽车为什么会跑的知识框架和体系。因此，本书作者结合大量精美的汽车透视图、剖视图、原理示意图以及简单的文字说明，介绍了汽车各个总成部件的构造、原理及前沿的汽车技术与配置等。

本书采用大量精美的图片，将众多汽车构造的知识点掰开了、揉碎了讲解清楚，全彩配图可以让读者清晰地看到汽车内部的具体构造，了解汽车各个部件的运行原理，揭示"汽车能跑的秘密"，从而为车友选车、购车、用车和开车提供基础知识支持。此书不可多得而又赏心悦目，非常适合汽车爱好者、车主及相关汽车从业人员阅读使用。

未经许可，不得以任何方式复制或抄袭本书之部分或全部内容。
版权所有，侵权必究。

图书在版编目（CIP）数据

透视汽车会"跑"的奥秘 / 赵伊林，覃荣峥编著 . -- 北京：电子工业出版社，2021.10
ISBN 978-7-121-42079-5

Ⅰ．①透… Ⅱ．①赵… ②覃… Ⅲ．①汽车－构造－普及读物 Ⅳ．① U463-49

中国版本图书馆 CIP 数据核字（2021）第 190900 号

责任编辑：管晓伟
特约编辑：李　兴
印　　刷：北京市大天乐投资管理有限公司
装　　订：北京市大天乐投资管理有限公司
出版发行：电子工业出版社
　　　　　北京市海淀区万寿路 173 信箱　　邮编：100036
开　　本：787×1 092　1/16　印张：12.25　字数：314 千字
版　　次：2021 年 10 月第 1 版
印　　次：2021 年 10 月第 1 次印刷
定　　价：80.00 元

凡所购买电子工业出版社图书有缺损问题，请向购买书店调换。若书店售缺，请与本社发行部联系，联系及邮购电话：（010）88254888，88258888。
质量投诉请发邮件至 zlts@phei.com.cn，盗版侵权举报请发邮件至 dbqq@phei.com.cn。
本书咨询联系方式：（010）88254460，guanxw@phei.com.cn。

# 序

当初汽车被发明时，恐怕没有人会想到这个发明会如此深刻地改变人们的生活，会让汽车和人密切到如此不可分割的地步，甚至还诞生了一个经典影视剧角色：汽车人——一个充满了正义和勇气的外星人群体。

汽车人是外星人，而在外星人眼里，地球是什么样的呢？据说，外星人观察地球，看到在地球上主要的生物就是些大大小小不一样的长方形物体，它们大多数时候都处在移动状态，偶尔停下来就是在进食和排泄。相信大家都能想到，外星人眼中地球上的主要"生物"就是汽车。

随着科技的进步，汽车已经由最初诞生时的一种交通工具，逐渐具有了更多的人格属性，很多人对自家汽车的昵称就是大宝贝，完全把它当成了一位家庭成员，说汽车是地球上的主要"生物"也不算夸张。

家庭和谐最重要的就是彼此了解和沟通，对"汽车"这位"家庭成员"你有多少了解？知道它是怎么诞生的吗？知道它为什么能跑吗？如果你什么都不知道，这位"家庭成员"哪天发个小脾气，你就要束手无策了。

如果你是一位汽车门外汉，那这本书就是一本很好的入门读物。本书可以让你了解汽车的发展历史，了解发动机的变迁。本书讲解通俗易懂，会让你初步认识汽车。

如果你是一位汽车爱好者，那这本书就是一本很好的进阶读物。本书图片丰富，内容翔实，详细讲述了发动机等部件的工作原理，会让你对汽车有更深入的了解。

如果你是一位汽车专业人士，那这本书就是一本很好的研究手册。本书内容足够专业，有物理、机械等方面的知识，会让你和汽车完美融合，变成"汽车人"。

《变形金刚》里擎天柱曾说过："我们的种族因为被遗忘的过去而走到一起，齐心协力面对未来。我是擎天柱，在此发出倡议，让这段历史流传下去，我们拥有珍贵的记忆，生生不息。"

每一辆汽车都有着珍贵的记忆，承载着我们的欢乐、幸福。让我们翻开本书，去了解汽车，然后举手高呼："汽车人，出发。"是为序。

曹文学

2021 年 8 月

# 目录
## CONTENTS

# I 汽车能跑的基础 .................................................................. 01
01 汽车的诞生 ...................................................................... 02
02 汽车的主要结构 .............................................................. 04

# II 让汽车跑起来的发动机 .................................................. 09
01 汽车动力的来源 .............................................................. 10
02 发动机的基本运动 .......................................................... 16
03 汽油发动机的 4 个冲程 .................................................. 18
04 发动机的零件 .................................................................. 22
05 气门系统 .......................................................................... 38
06 稀有的转子发动机 .......................................................... 44

# III 发动机的辅助机构 ........................................................ 51
01 发动机起动充电装置 ...................................................... 54
02 燃料系统 .......................................................................... 57
03 点火系统 .......................................................................... 64
04 进排气系统 ...................................................................... 70
05 增压装置 .......................................................................... 80
06 润滑系统 .......................................................................... 86
07 冷却系统 .......................................................................... 90

# IV 汽车动力总成的结构 ..................................................... 95
01 离合器 .............................................................................. 97
02 变速器 ............................................................................ 100
03 手动变速器 .................................................................... 101
04 自动变速器 .................................................................... 104
05 无级变速器 .................................................................... 112
06 双离合变速器 ................................................................ 115
07 扭力和功率 .................................................................... 117

# V 汽车发动机的位置与驱动系统 ...................................... 119
01 最终传动装置 ................................................................ 122
02 差速器 ............................................................................ 124
03 传动轴和驱动轴 ............................................................ 132
04 四驱汽车 ........................................................................ 136

# VI 制动系统 ...................................................................... 143
01 制动助力装置 ................................................................ 148
02 制动控制系统 ................................................................ 149
03 转向系统 ........................................................................ 151
04 转向助力系统 ................................................................ 155
05 悬架系统 ........................................................................ 157

# VII 安全的车体结构 .......................................................... 173

# VIII 混合动力汽车 ............................................................ 177
01 串联式混合动力系统 .................................................... 179
02 并联式混合动力系统 .................................................... 181
03 混联式混合动力系统 .................................................... 186

# CHAPTER ONE

# 汽车能跑的基础

透视汽车会"跑"的奥秘

## 01 汽车的诞生

1885年，德国人卡尔·弗里德里希·本茨（Karl Friedrich Benz）制造出了世界上第一辆以汽油为动力的汽车，命名为"奔驰1号"。本茨于1886年1月29日获得发明专利，人们也把这一天称为"世界汽车诞生日"。

"奔驰1号"是三轮汽车，它装有0.8升单缸汽油发动机，通过链条和齿轮驱动后轮前进。这辆车的最高时速达到15千米/小时。

▲ 奔驰1号

第一章 汽车能跑的基础

1908年，美国福特公司制造出"福特T型"汽车。这辆汽车首次实现了汽车零件互换，因此能进行批量生产，大大降低了成本。"福特T型"汽车也因价格低廉而被普通百姓所接受。

"福特T型"汽车是四轮汽车，搭载2.9升四个气缸，最高时速能达到72千米/小时。

现代汽车的速度和性能已远远超过了"奔驰1号"和"福特T型"汽车，但这两辆汽车却对现代汽车的发展有着重要的意义。

▲"福特T型"汽车

透视汽车会"跑"的奥秘

# 02 汽车的主要结构

汽车能跑起来，必须依靠各个系统配合：发动机产生动能，变速器进行变速调整，再由传动轴或驱动轴使车轮转动。

变速器、传动轴、驱动轴、差速器等部件组成了驱动系统；悬架、制动系统、车轮组成底盘系统；发动机、驱动系统、底盘系统等是使汽车行驶的重要机构。

**奥迪 R8 汽车剖视图**

- 悬架
- 驱动轴
- 发动机和变速器
- 传动轴

# 发动机

发动机是汽车的动力来源。在发动机中，燃料燃烧产生热能，使活塞做功，从而将热能转化为动能。

汽车发动机的研发历史也可以看成是汽车的研发历史。人们为提高发动机的性能，对发动机进行了各种研究：搭载多少个活塞和气缸性能最优；点火火花塞设计在什么位置效果最佳；喷射的燃料量多少最适合等。经过一百多年的开发，发动机才逐渐演变成现在的样子。

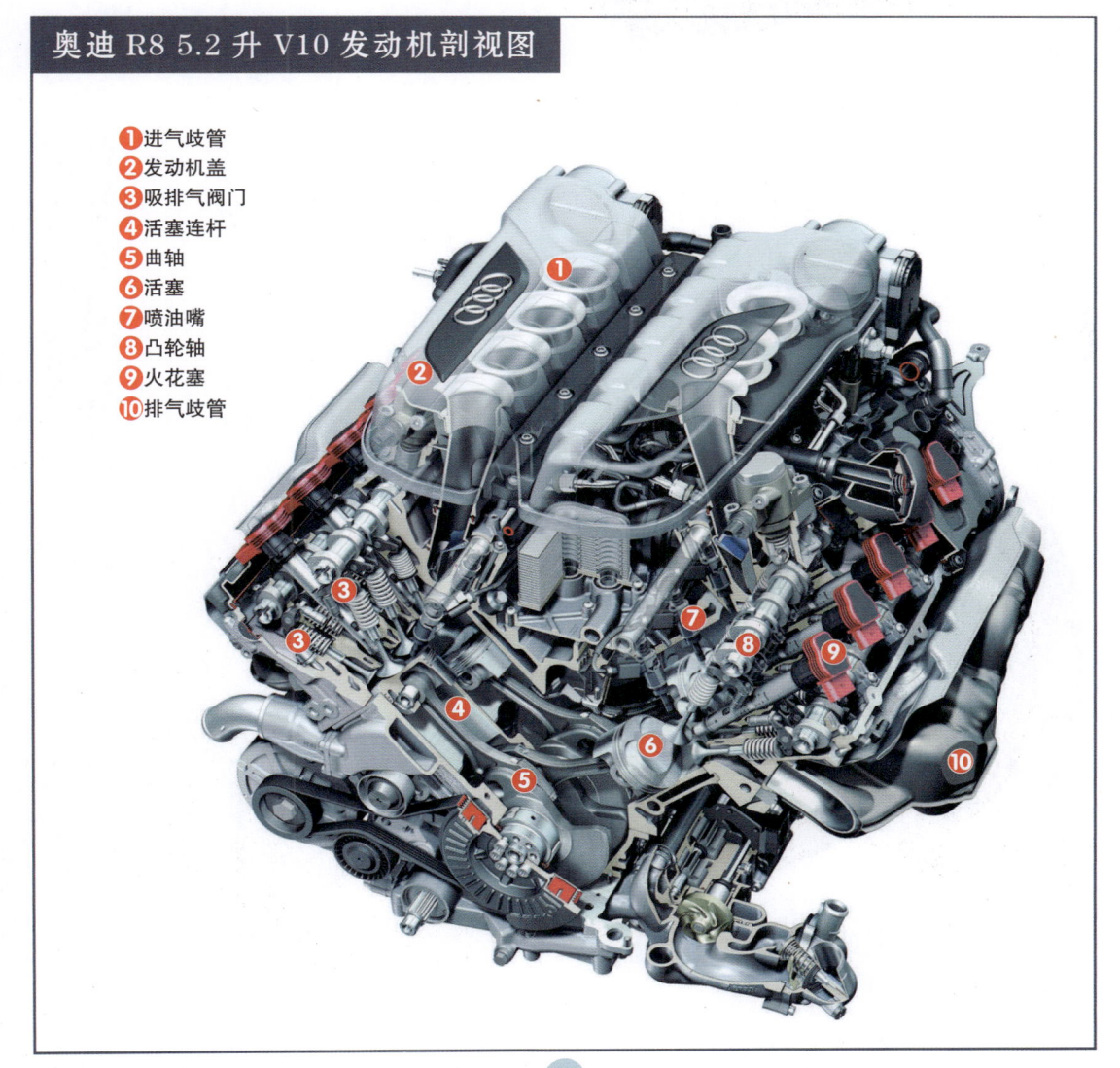

**奥迪 R8 5.2 升 V10 发动机剖视图**

1. 进气歧管
2. 发动机盖
3. 吸排气阀门
4. 活塞连杆
5. 曲轴
6. 活塞
7. 喷油嘴
8. 凸轮轴
9. 火花塞
10. 排气歧管

透视汽车会"跑"的奥秘

## 手动变速器

离合器将发动机产生的动能传送至手动变速器。手动变速器通过改变内部齿轮啮合的位置来改变传动比，达到变速的目的。

## 自动变速器

自动变速器通过改变内部齿轮组合进行变速设置。

## 传动轴

一般的汽车发动机产生的动能经过变速器后，由传动轴传递至后轮。后轮驱动和四轮驱动的动汽车都会安装传动轴。

## 差速器

传动轴将动能传送至差速器，差速器再以不同的转速将动能传递到驱动轴和驱动轮上。

# CHAPTER TWO

让汽车
跑起来
的发动机

> 透视汽车会"跑"的奥秘

# 01
## 汽车动力的来源

发动机是汽车重要的部件,在节油等条件下,发动机需满足小型、轻量化等要求。铝合金制气缸、可变/多气门等设计,都旨在提高燃料燃烧效率,以便达到节油、环保的目的。

可靠性、耐用性、安全性,以及舒适性也作为发动机设计需要考量的要素,低振动、低噪声也是发动机开发中需要关注的重要问题。另外,近年来空气质量问题备受重视,这也对发动机的设计提出了新的要求。

车轮转动让汽车跑起来,而让车轮转动的动力来源于发动机。

在发动机内部的内燃机中,空气和燃料组成的混合气体从进气门进入气缸,并在气缸内燃烧、膨胀,推动活塞上下运动,燃烧后的气体从排气门排出,接着新的混合气体进入气缸,燃烧、膨胀、排出,进行新一轮运动。这样反复进行,推动活塞进行上下往复运动。

▲ 丰田 D-4T 发动机

| 发动机的性能要求 ||
|---|---|
| 1 | 小型、轻量、高性能 |
| 2 | 节油 |
| 3 | 耐用性、可靠性 |
| 4 | 低振动、低噪声 |
| 5 | 安全性、环保性 |

常见的汽车发动机有汽油发动机、柴油发动机。随着科技的进步,也出现了采用车载大容量电池作为动力源的汽车、混合动力汽车及燃料电池汽车。

## 汽油动力汽车

汽油发动机可分为两种类型：一种是常见的活塞式发动机，它利用燃烧热能使活塞做往复运动，带动驱动轴转动车轮；另一种是转子发动机，不使用活塞结构，直接利用热能转动驱动轴。以上两种发动机均为内燃机。

▶ 活塞发动机

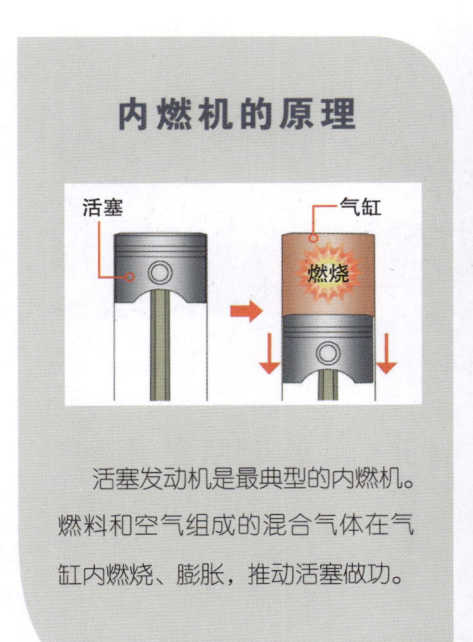

▼ 转子发动机

### 内燃机的原理

活塞发动机是最典型的内燃机。燃料和空气组成的混合气体在气缸内燃烧、膨胀，推动活塞做功。

透视汽车会"跑"的奥秘

# 柴油动力汽车

柴油发动机也是内燃机的一种，它的结构与汽油发动机相似。柴油发动机通过压缩产生的高压及高温，点燃气化燃料，因此柴油发动机没有火花塞点火的过程。

柴油发动机具备扭矩大、省油等优点。相比汽油而言，柴油燃点低，不易气化。由于压燃点火的方式会产生较大爆发力，因此柴油发动机的结构必须坚固，这也导致了柴油发动机的成本比汽油发动机高。虽然柴油发动机的燃烧率较高，但柴油燃烧会产生较多悬浮微粒、PM2.5物质、氮氧化合物等，污染较严重。

近年来，随着废气再循环、微粒滤清器等技术的应用，大大降低了柴油发动机的废气污染，但也增加了制造成本。目前，我国柴油发动机常配置在货车、客车上，家用汽车很少使用。

▲柴油发动机

## 外燃机

汽车通常采用内燃机，相对内燃机的燃烧方式而言，我们把在气缸外燃烧加热的动力装置叫作外燃机。外燃机的燃料是在气缸外燃烧，并对气缸内的水进行加热，产生蒸汽，最后将水汽化后产生的膨胀力转化为动力。

由于外燃机只是单纯地将水加热，因此煤炭、石油等任何可燃物都能作为燃料使用。蒸汽火车是采用外燃机为动力的典型代表。但外燃机存在污染大、热效率低、结构厚重等缺点，现在基本不存在采用外燃机为动力的交通工具了。

▲蒸汽火车

### 外燃机的原理

外燃机与内燃机的原理相同，都是将热能转化为动能。不同的是：外燃机的热源来自气缸外部。

# 电动汽车

进入 21 世纪，电动汽车逐渐发展起来。电动汽车通过车载大容量电池为电动机提供动力来源。由于不存在燃烧过程，因此电动汽车具备无废气排出、电动机噪声极小、环保等优点。

▲ 特斯拉电动汽车

▲ 特斯拉电动汽车后轮轴上的电动机

## 电动机的能量转换

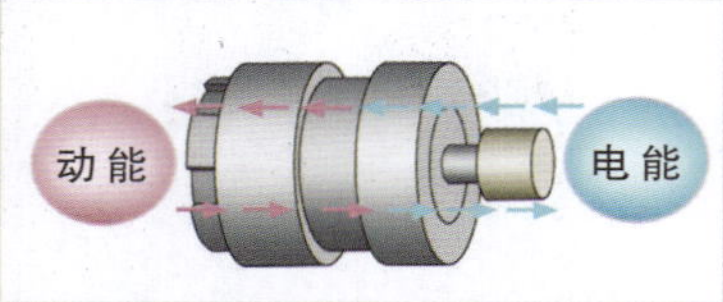

电动机不仅能将电池的电能转化为动能，而且能利用产生的动能来发电。

透视汽车会"跑"的奥秘

## 混合动力汽车

混合动力汽车是指采用发动机和电动机等多个驱动系统的汽车。混合动力汽车可根据不同的行驶状况，选择是每个驱动系统单独工作还是共同提供动力。混合动力系统具备内燃发动机工作时间长、动力好的优点，也具备电动机环保、低噪声等优点。

▲丰田"普锐斯"混合动力汽车

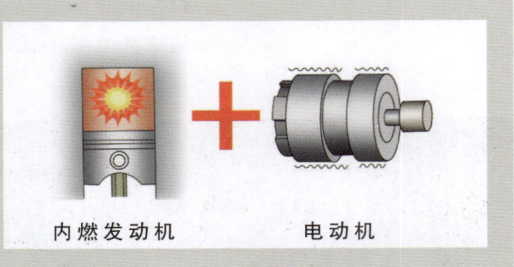

内燃发动机　　电动机

## 燃料电池汽车

燃料电池汽车采用燃料电池作为动力来源。燃料电池是将燃料的化学能直接转变为电能的发电装置，具体是利用氧与氢发生化学反应，生成水、热能，以及电能，并利用其中的电能带动电动机运转。

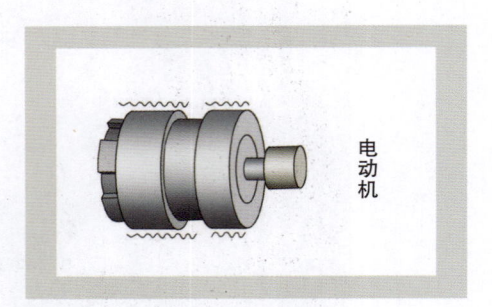

电动机

▲丰田"未来"燃料电池汽车

## 多种多样的车型

多样的车型能满足不同群体的需求。常见的两厢车、三厢车满足了大多数人的需求。而近年来，迎合年轻人喜好的SUV也十分常见。MPV则是提供给家庭用户和商务用户使用。丰富的车型反映了人们对汽车需求的多样性。

▲ 两厢车

▲ 三厢车

▲ SUV（Sport Utility Vehicle：运动型多用途汽车）

▲ MPV（Multi Purpose Vehicle：多用途汽车）

透视汽车会"跑"的奥秘

## 02 发动机的基本运动

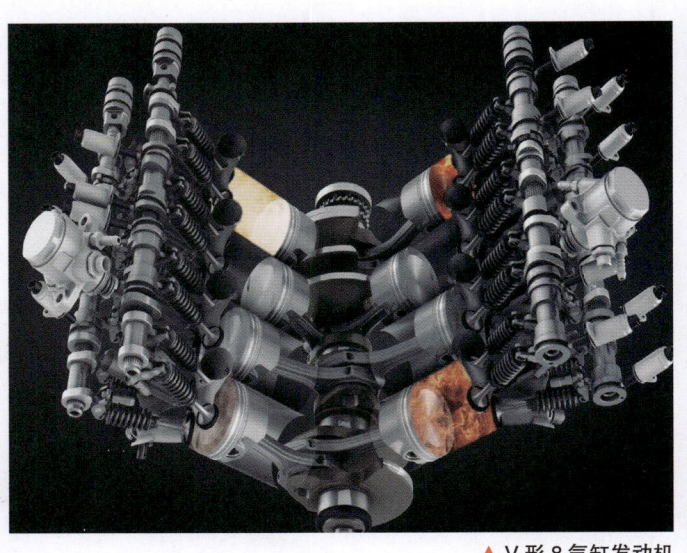

▲ V形8气缸发动机

### 往复运动

活塞发动机依靠活塞的往复运动，将混合气体燃烧、膨胀产生的热能转化为汽车的动能，而活塞的往复运动与波义耳定律、查理定律密不可分。

波义耳定律（Boyle's law，又称 Mariotte's Law 或波马定律），是指在定量定温下，理想气体的体积与气体的压强成反比。在发动机中，气缸的容积（也就是空气的体积）越小，内部压力就越大，容积越大，内部压力也就越小。

查理定律是指一定质量、一定体积的理想气体的压强与热力学温度成正比。在发动机中，气缸内温度下降，会使气缸的容积变小，温度上升则会使气缸体积变大。

活塞就是遵循这两则定律的。

**发动机气缸内部结构**

16

## 旋转运动

活塞需要将往复运动转化为回转运动，才能驱动车轮转动。这一转化过程主要依靠曲轴完成，形式与自行车的动能转变大致相同。自行车的动能转换是利用膝关节上下运动，带动齿轮和链条，最后驱动车轮转动。发动机中的活塞相当于膝关节，曲轴相当于脚踏板。

### 往复运动转化成回转运动

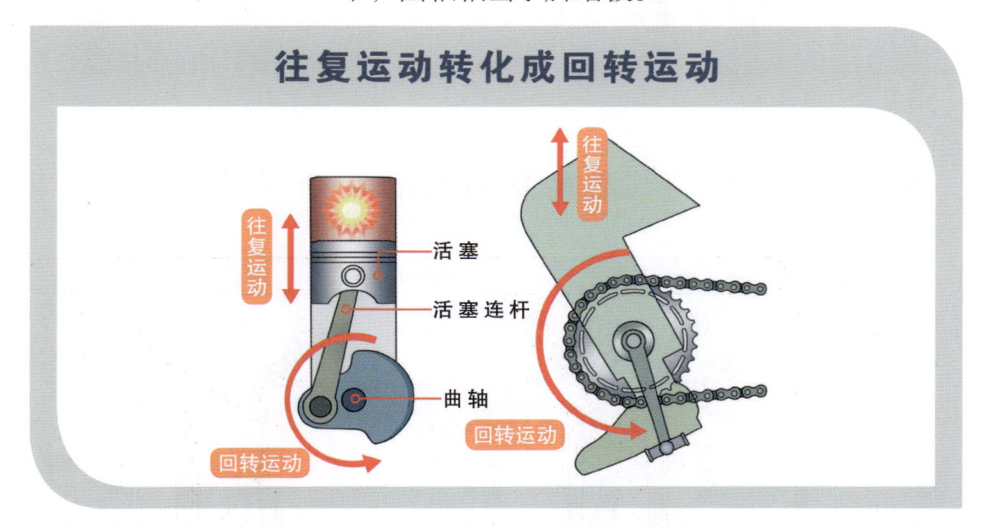

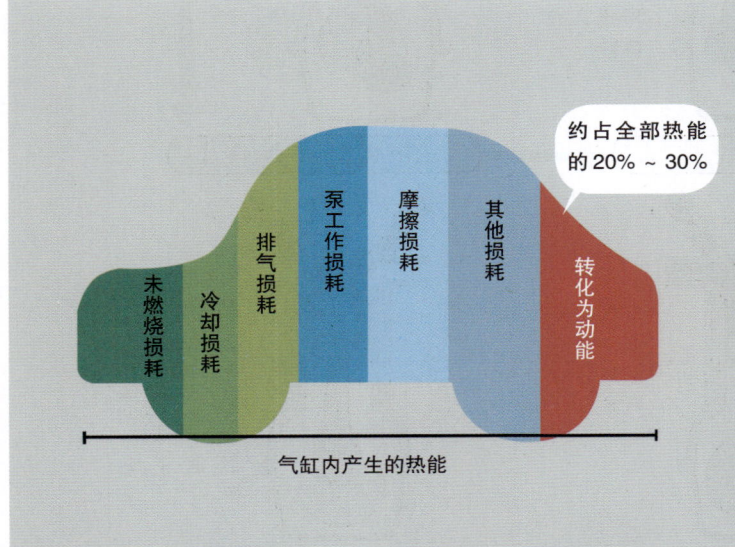

- 往复运动
- 活塞
- 活塞连杆
- 曲轴
- 回转运动

## 热效率

热效率是指发动机中转变为机械功的热量与所消耗的热量的比值。由于气缸摩擦的阻力、冷却、排气等影响，气缸产生的热能中约有70%被损耗，无法转化成动能。汽油发动机的热效率只有20%～30%。

- 未燃烧损耗
- 冷却损耗
- 排气损耗
- 泵工作损耗
- 摩擦损耗
- 其他损耗
- 转化为动能（约占全部热能的20%～30%）
- 气缸内产生的热能

透视汽车会"跑"的奥秘

## 03
## 汽油发动机的4个冲程

汽油发动机的工作循环由4个活塞冲程组成1个周期，即进气、压缩、做功（燃烧）、排气。此技术是德国科学家尼古拉斯·奥拓于1876年发明的，所以又被称为"奥拓循环"。

最先开始的是进气冲程。活塞从上止点向下止点移动，气缸内变为负压。此时，打开的进气门吸入空气和燃料组成的混合气体。

接着活塞降至下止点，进气门关闭，活塞向上移动，压缩混合气体。这是压缩冲程。

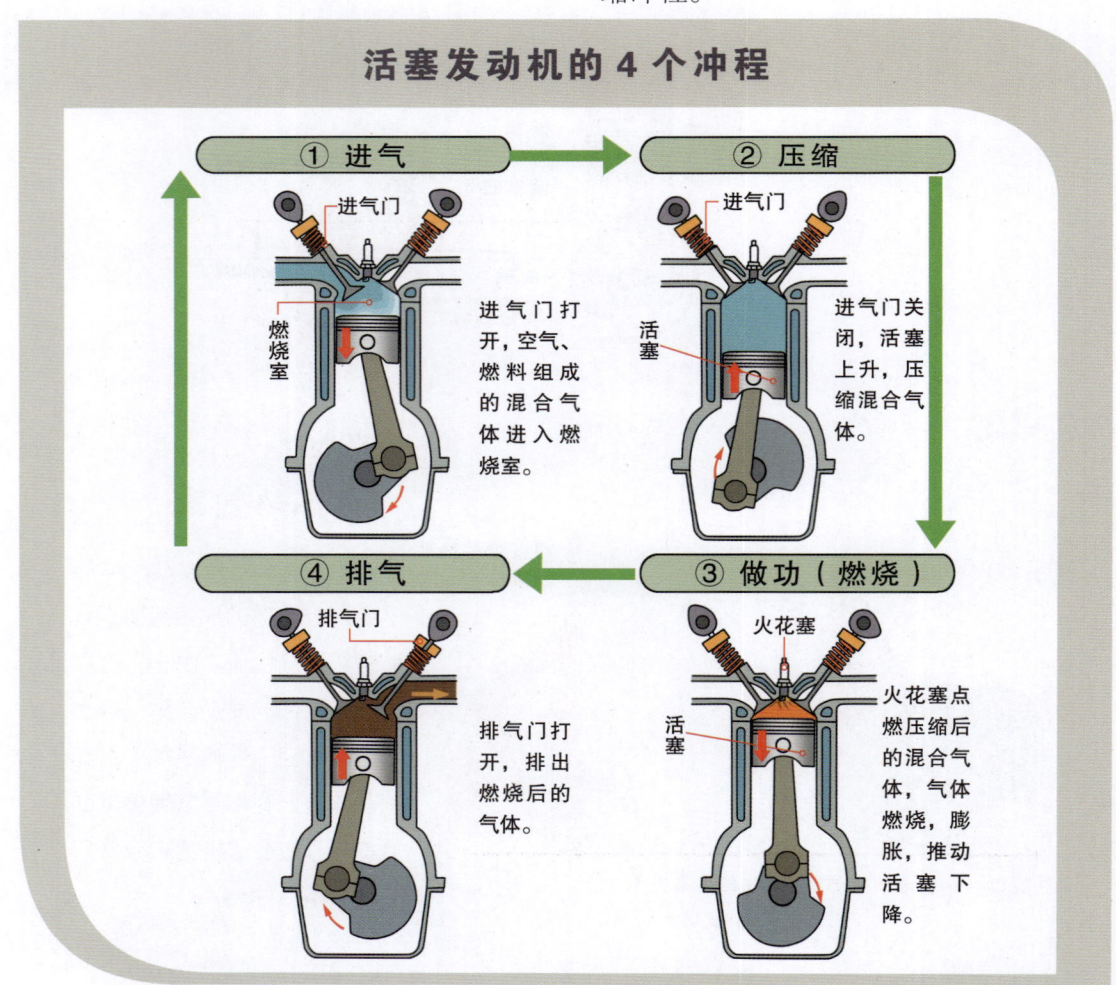

### 活塞发动机的4个冲程

**① 进气**
进气门打开，空气、燃料组成的混合气体进入燃烧室。

**② 压缩**
进气门关闭，活塞上升，压缩混合气体。

**③ 做功（燃烧）**
火花塞点燃压缩后的混合气体，气体燃烧、膨胀，推动活塞下降。

**④ 排气**
排气门打开，排出燃烧后的气体。

然后活塞重新上升至上止点，火花塞流入电流，产生火花，点燃气缸内的高压混合气体，气体燃烧膨胀，推动活塞下降，此阶段为做功（燃烧）冲程。

最后进行排气冲程，活塞上升，将燃烧后的气体从打开的排气门排出。发动机重复做这4个冲程的运动，不断产生动能。

除了4冲程发动机外，还有2冲程发动机和6冲程发动机。与4冲程发动机相比，2冲程发动机的动力和扭力更强，但存在燃烧效率低和产生的废气较多等问题，现在只有一些摩托车采用2冲程发动机。6冲程发动机则是在4冲程的基础上加入冷却气缸的过程，因此燃烧效率更好，更省油，然而它也存在功率低的问题，未被实际采用。

▲直列4气缸发动机活塞

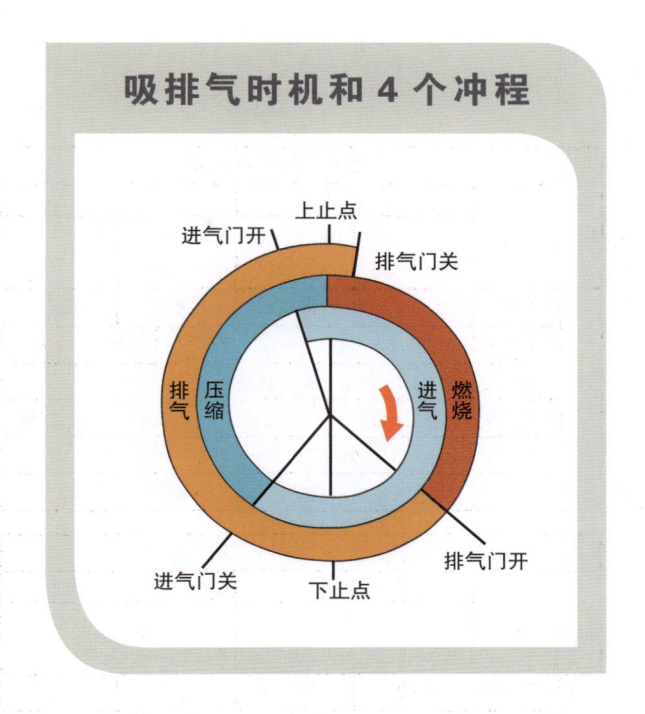

### 吸排气时机和4个冲程

## 直列4气缸发动机

| 点火顺序 1-2-4-3 ||||| 
|---|---|---|---|---|
| 曲轴旋转角度 | 第一次旋转 || 第二次旋转 ||
| | 0°~180° | 180°~360° | 360°~540° | 540°~720° |
| 气缸 1号气缸 | 燃烧 | 排气 | 进气 | 压缩 |
| 气缸 2号气缸 | 压缩 | 燃烧 | 排气 | 进气 |
| 气缸 3号气缸 | 排气 | 进气 | 压缩 | 燃烧 |
| 气缸 4号气缸 | 进气 | 压缩 | 燃烧 | 排气 |

| 点火顺序 1-3-4-2 |||||
|---|---|---|---|---|
| 曲轴旋转角度 | 第一次旋转 || 第二次旋转 ||
| | 0°~180° | 180°~360° | 360°~540° | 540°~720° |
| 气缸 1号气缸 | 燃烧 | 排气 | 进气 | 压缩 |
| 气缸 2号气缸 | 排气 | 进气 | 压缩 | 燃烧 |
| 气缸 3号气缸 | 压缩 | 燃烧 | 排气 | 进气 |
| 气缸 4号气缸 | 进气 | 压缩 | 燃烧 | 排气 |

## 直列 6 气缸发动机

| 点火顺序 1-5-3-6-2-4 |||||||
|---|---|---|---|---|---|---|
| 曲轴旋转角度 || 第一次旋转 || 第二次旋转 ||||
| ^ || 0°~180° | 180°~360° | 360°~540° | 540°~720° ||
| ^ || 60°~120° | 240°~300° | 420°~480° | 600°~660° ||
| 气缸 | 1号气缸 | 燃烧 | 排气 | 进气 | 压缩 ||
| ^ | 2号气缸 | 排气 | 进气 | 压缩 | 燃烧 | 排气 |
| ^ | 3号气缸 | 进气 | 压缩 | 燃烧 | 排气 | 进气 |
| ^ | 4号气缸 | 燃烧 | 排气 | 进气 | 压缩 | 燃烧 |
| ^ | 5号气缸 | 压缩 | 燃烧 | 排气 | 进气 | 压缩 |
| ^ | 6号气缸 | 进气 | 压缩 | 燃烧 | 排气 ||

| 点火顺序 1-4-2-6-3-5 |||||||
|---|---|---|---|---|---|---|
| 曲轴旋转角度 || 第一次旋转 || 第二次旋转 ||||
| ^ || 0°~180° | 180°~360° | 360°~540° | 540°~720° ||
| ^ || 60°~120° | 240°~300° | 420°~480° | 600°~660° ||
| 气缸 | 1号气缸 | 燃烧 | 排气 | 进气 | 压缩 ||
| ^ | 2号气缸 | 进气 | 压缩 | 燃烧 | 排气 | 进气 |
| ^ | 3号气缸 | 排气 | 进气 | 压缩 | 燃烧 | 排气 |
| ^ | 4号气缸 | 压缩 | 燃烧 | 排气 | 进气 | 压缩 |
| ^ | 5号气缸 | 燃烧 | 排气 | 进气 | 压缩 | 燃烧 |
| ^ | 6号气缸 | 进气 | 压缩 | 燃烧 | 排气 ||

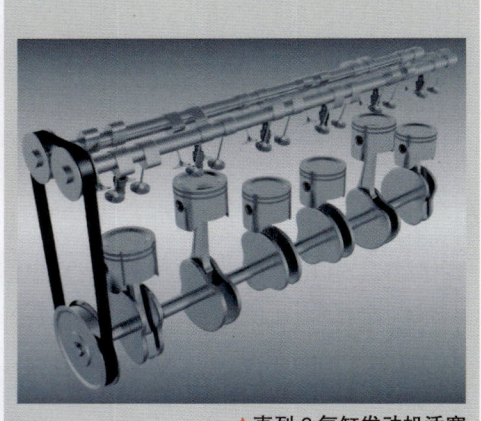

▲直列 6 气缸发动机活塞

## 阿特金森循环发动机

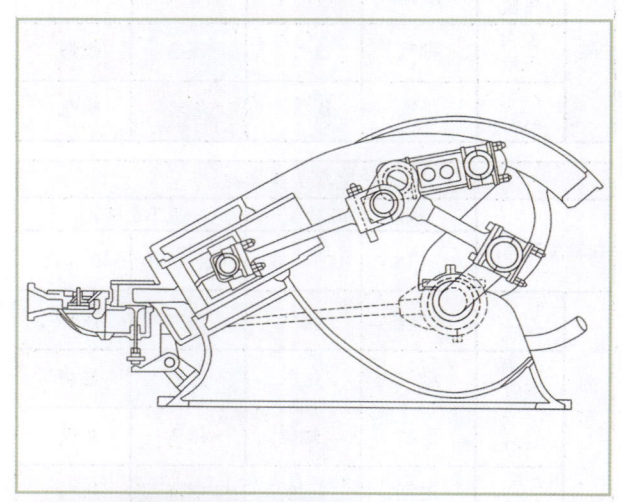

▲阿特金森循环发动机的专利图

提高发动机效率的关键之一是提高热效率。想要提升动力，提高膨胀比是一种方式。传统发动机的 4 个冲程中，活塞行程是相同的，所以膨胀比不会发生变化。而阿特金森循环发动机在 4 冲程发动机的基础上，通过一系列复杂的连杆结构，使膨胀大于压缩，有效地提高了发动机效率。由于阿特金森循环发动机在低转速下扭力较低，因此现在大多运用在混合动力汽车上。

# 米勒循环发动机

米勒循环发动机也是一种以4冲程发动机为基础的发动机。它的原理与阿特金森循环发动机相同，都是通过膨胀大于压缩的方式提高发动机效率。但米勒循环发动机并没有采用一系列复杂的连杆结构，而是巧妙地对进气门开闭的时机进行调整，达到了同样的效果。

一般4冲程发动机进气门的关闭时机与活塞下降至下止点的时机相同。而米勒循环发动机的进气门在活塞到达下止点后仍保持打开状态，直到活塞上升至气缸约2/5的高度时才关闭，这样吸入的混合气体有一部分又被排出气缸。进气门推迟关闭能制造膨胀大于压缩的效果，同时配合增压装置，又能再次提高发动机效率。

另外，汽油发动机的压缩比的极限约为11，超过11后，容易发生高压混合气体爆燃的不正常燃烧现象，导致发动机动力下降、油耗加剧。米勒循环发动机的压缩比低于11，却能产生高于压缩比为11时的热效率。

▲ 马自达 MZR 1.3L 上的米勒循环发动机

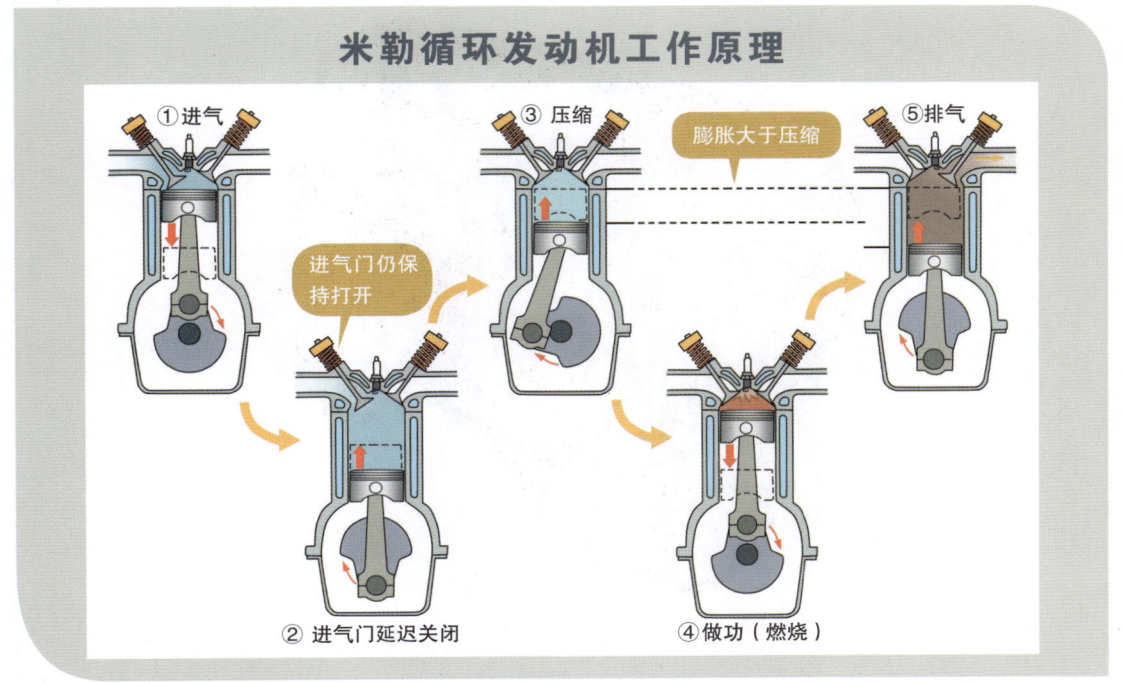

## 米勒循环发动机工作原理

① 进气
进气门仍保持打开
② 进气门延迟关闭
③ 压缩
膨胀大于压缩
④ 做功（燃烧）
⑤ 排气

透视汽车会"跑"的奥秘

## 04 发动机的零件

一般的汽油发动机由 500～1000 个零件组成,而跑车、豪华汽车等采用的 8 缸发动机,零件数量则超过 1300 个。在这些配件中,既有曲轴、气缸等大型零件,又有气门、火花塞等小零件。如此复杂的发动机,并不是由一个汽车厂商制造完成的,而是由多个企业协同生产完成的。

典型的直列 4 气缸发动机剖视图

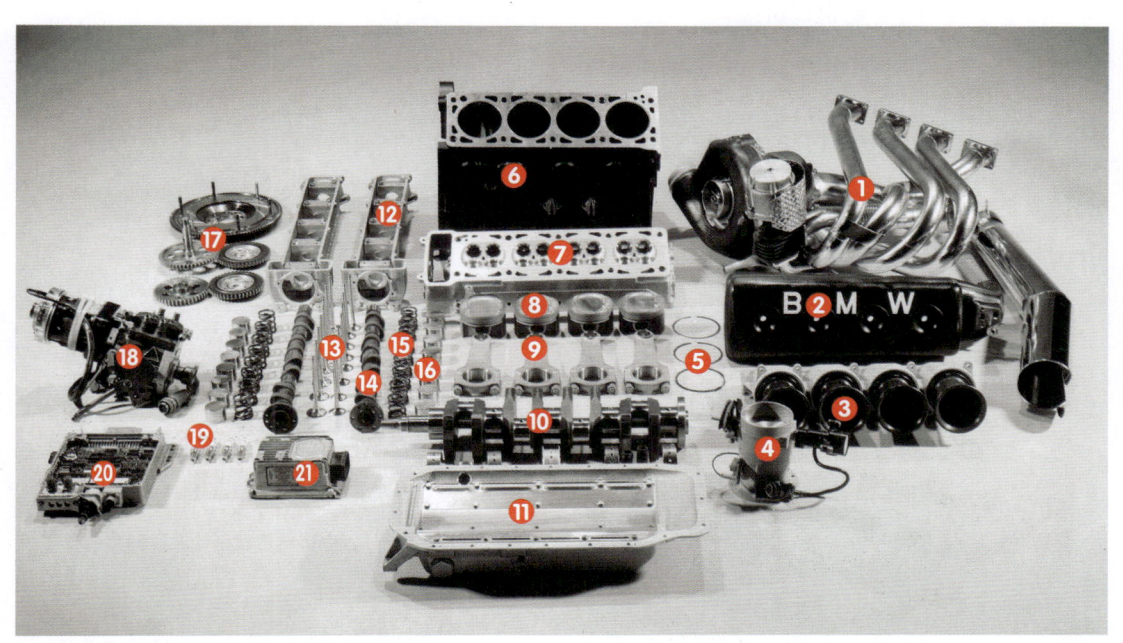

第二章　让汽车跑起来的发动机

▲宝马 1983 BMW Formula-1 发动机的零件

❶排气歧管❷凸轮轴盖❸进气歧管❹节流阀❺密封环❻气缸座❼气缸盖❽活塞❾活塞连杆❿曲轴⓫润滑油底壳⓬凸轮轴总成⓭气门⓮凸轮轴⓯弹簧⓰门盖⓱飞轮⓲电子燃料喷射装置⓳火花塞⓴发动机控制电脑㉑起动机

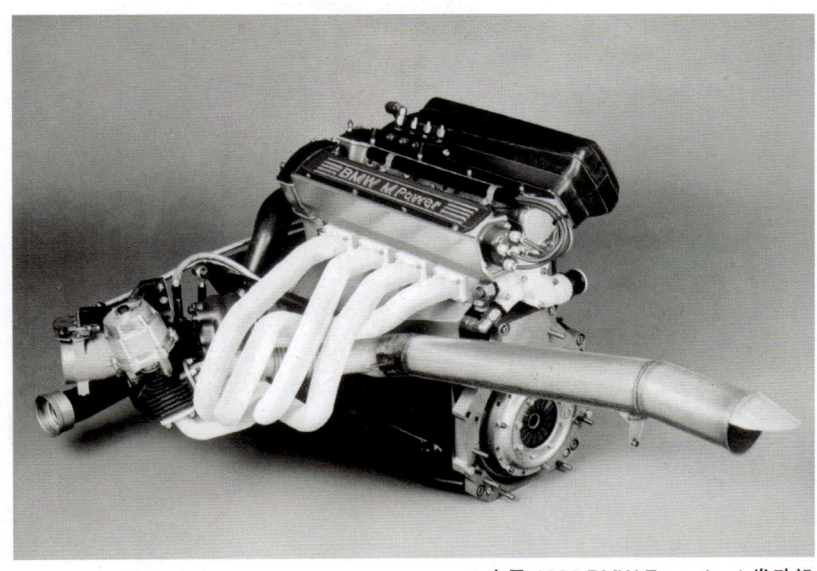

▲宝马 1983 BMW Formula-1 发动机

23

透视汽车会"跑"的奥秘

## 气缸

发动机缸体内有一个圆柱部分,叫作气缸。发动机的缸体通常采用钢铸造工艺生产,为提高热效率和降低重量,也出现采用铝合金为材料的发动机。但铝合金材料在强度和耐用性上均比钢材料差,因此活塞与气缸发生摩擦的部分仍使用钢材料。

**发动机盖**

**凸轮轴盖**
进排气门和凸轮轴等部件的顶盖。

**顶盖密封垫**

**凸轮轴**

**气缸盖**
与燃烧效率、压缩比等发动机性能息息相关的部件。现在的气缸盖主要采用铝合金材料制造。

**气缸盖密封垫**

**气缸座**
内部的气缸套是活塞工作的关键部件。现在气缸座仍以钢铸造为主流工艺。

**活塞**

**活塞连杆**

**曲轴**

## 气缸的排列

### 直列发动机

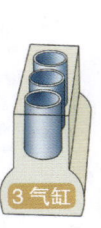

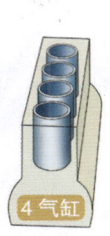

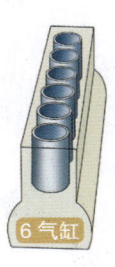

3 气缸　　4 气缸　　6 气缸

直列发动机是结构比较简单的发动机，也是常见的发动机之一。

### V 形发动机

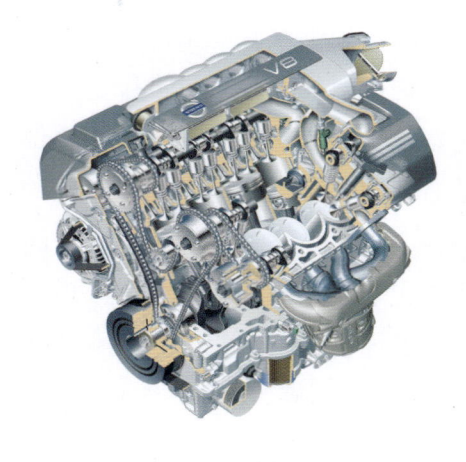

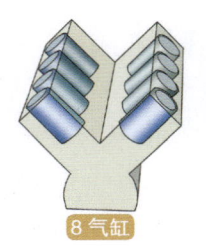

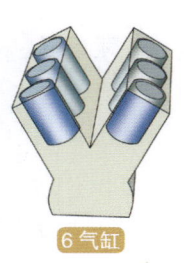

8 气缸　　6 气缸

相比直列发动机而言，V形发动机的气缸数更多，输出动力更强，发动机的长度也相应缩短。

### 水平对置发动机

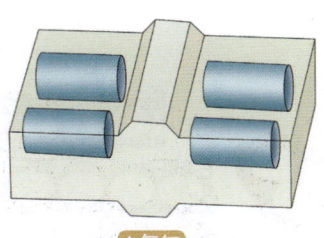

4 气缸

水平对置发动机的重心更低，工作平稳，有利于增加汽车行驶的平稳性。

透视汽车会"跑"的奥秘

## 气缸盖

气缸盖位于气缸座上部,内部装有控制进排气的凸轮轴,进排气门和火花塞等零件。气缸盖下部的凹槽位置是活塞的上止点,也作为发动机的燃烧室。因此,气缸盖形状、质量的好坏决定了发动机性能的优劣。现在的气缸盖通常都采用铝合金材料铸造而成,具备重量轻、冷却快等优点。

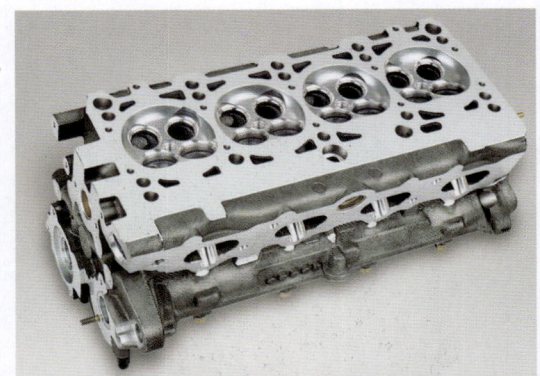

## 气缸盖密封垫

气缸盖密封垫确保了气缸座和气缸盖结合面的气密性。气缸座和气缸盖的材质不同,因此热膨胀和收缩率不同。为了让这两个部件保持气密性,不泄露出冷却液、润滑油、燃烧气体,气缸盖密封垫必须具备耐热性和柔韧性。气缸盖密封垫的材质也多种多样,有碳纤维、复合材料、钢板等多个种类。

与气缸座相同,制造气缸盖同样需要高精度。图为正在接受质量检测的气缸盖。

▲不同材质的气缸盖密封垫

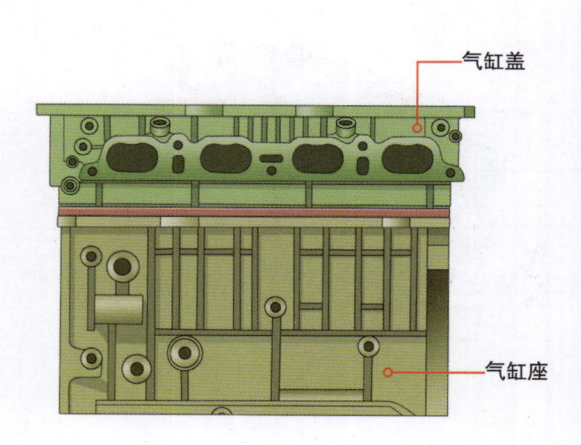

气缸盖

气缸座

## 气缸座

气缸座的作用是收纳活塞、活塞连杆、曲轴等，并支持以上零件工作。为保证气体在气缸内能正常燃烧、膨胀，气缸座必须具备刚性和耐用性。现在气缸座的主流材质是钢材或铝合金。在发动机设计中，尽可能减轻重量是一个重要问题，气缸座上很多空洞便是减轻重量的设计。

**气缸套**：气缸与活塞摩擦的部分

**活塞**

**活塞连杆**

**曲轴**

**曲轴箱**：收纳曲轴的部分

**润滑油泵**：将润滑油循环至发动机各处的动力源

**油底壳**：存储润滑油的部分

▲气缸套和活塞

## 气缸的抛光研磨

气缸座和气缸盖接触面的抛光研磨是制造发动机非常重要的步骤。抛光研磨有利于汽缸盖密封垫的密封，也有利于气缸内的高效燃烧。

▲生产发动机的铸造工艺中需要的沙模

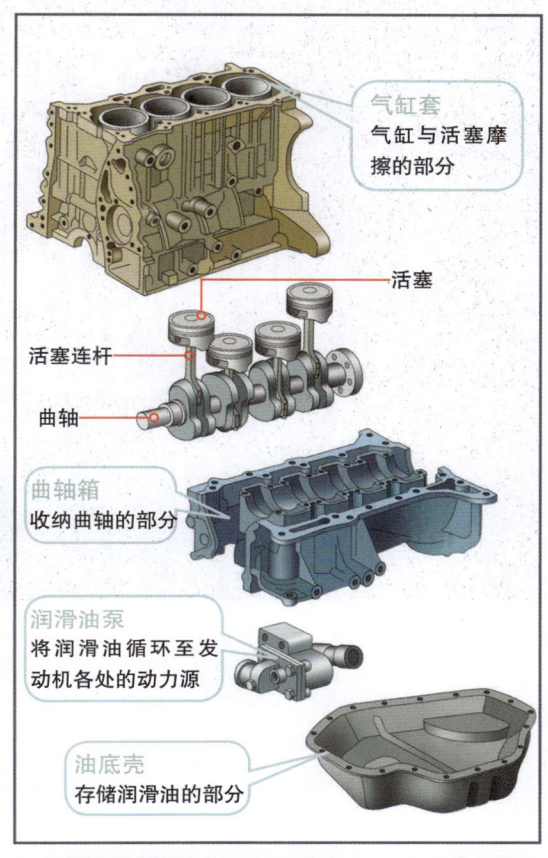

▲抛光研磨前的气缸座

▲抛光研磨后的气缸座

透视汽车会"跑"的奥秘

> 活塞上升至上止点时，与气缸盖之间的空间就是燃烧室。

❶ 上止点
❷ 下止点

## 燃烧室

气缸座内，活塞上升至上止点时，活塞顶面以上、气缸盖底面以下形成的空间称为燃烧室。发动机的性能与燃烧室的大小、形状密不可分。随着发动机技术的发展，燃烧室相应发展出各种类型。

混合气体通常以涡流的形式从进气门进入燃烧室。为保证涡流能均匀散布于燃烧室内，最关键的因素是燃烧室的形状。燃烧室的形状也会影响发动机的热效率。燃烧室的表面积（A）与容积（V）的比，称为面容比（A/V），为提高热效率、降低热损失，A/V 的值越小越好。汽车通常采用润滑油和冷却水对燃烧室壁进行冷却，但这样会损失热能，因而损失动能。为提高动能，需要提高热效率、降低热损失。

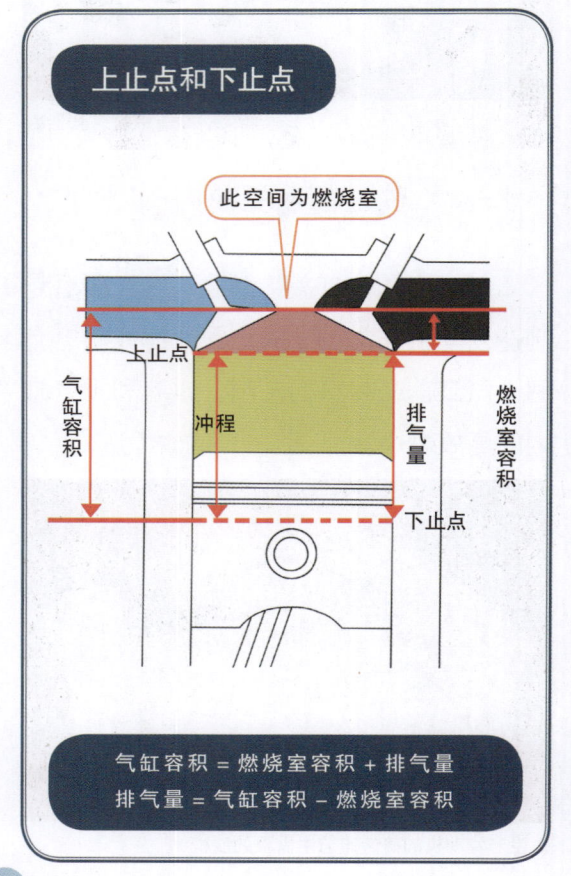

### 上止点和下止点

此空间为燃烧室

上止点
气缸容积
冲程
排气量
燃烧室容积
下止点

气缸容积 = 燃烧室容积 + 排气量
排气量 = 气缸容积 − 燃烧室容积

## 各种类型的燃烧室

**斜顶型**
火花塞
进气门
顶部为90°角,能提高压缩率,活塞顶面为梯形。

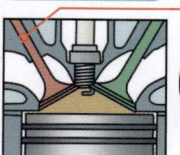

**多球型**
排气门
一个气缸内增加进气门和排气门,能提高转速和工作效率。

**楔形**
楔形燃烧室吸排气的气流更平顺。

**双点火型**
双点火型能提高燃烧速率,缩短燃烧时间。

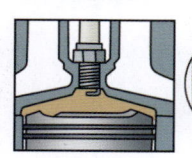

**紧凑型**
紧凑型燃烧室尽可能地缩小了小气缸盖容积,活塞顶部的狭缝保证燃烧效率。

**浴盆型**
浴盆型燃烧室制作方便,易引起涡流。

▲ 多球型燃烧室

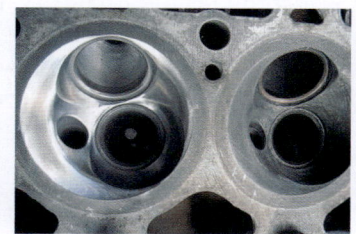

▲ 浴盆型燃烧室

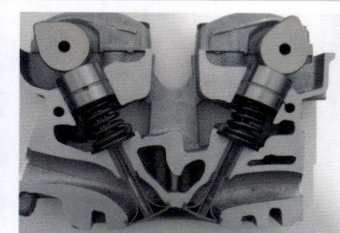

▲ 紧凑型燃烧室

## 压缩比和膨胀比

压缩比是指气缸容积和燃烧室容积的比。气缸容积是活塞下降至下止点时的容积,活塞上升至上止点时的气缸容积是燃烧室容积。两者之比为压缩比,压缩比越高,发动机的输出动力越强。汽油发动机的压缩比通常为11左右,柴油发动机以20为标准,超过以上压缩比则易发生爆燃。

膨胀比是指混合气体燃烧前后的气缸容积比。除米勒循环发动机、阿特金森循环发动机以外的活塞式发动机,压缩比和膨胀比基本相同。

### 计算压缩比的例子

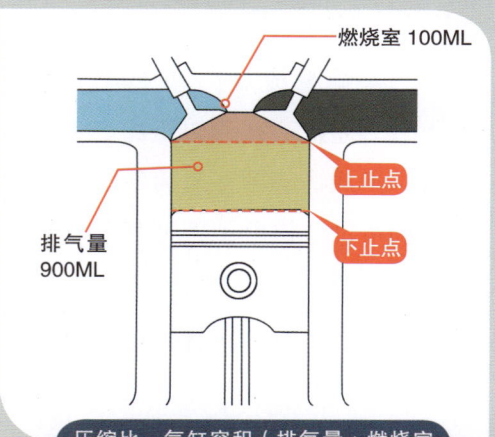

燃烧室 100ML
排气量 900ML
上止点
下止点

压缩比 = 气缸容积(排气量 + 燃烧室容积)/ 燃烧室容积

(900+100) ÷ 100 = 10
通过计算该发动机的压缩比为10。

透视汽车会"跑"的奥秘

## 燃烧室的空气涡流

### ●旋转涡流

发动机将吸入的混合气体涡流进行压缩，能提高燃烧速度和效率。在气缸内横向旋转的混合气的涡流被称为旋转涡流。常通过增设一个较小的副进气门实现。

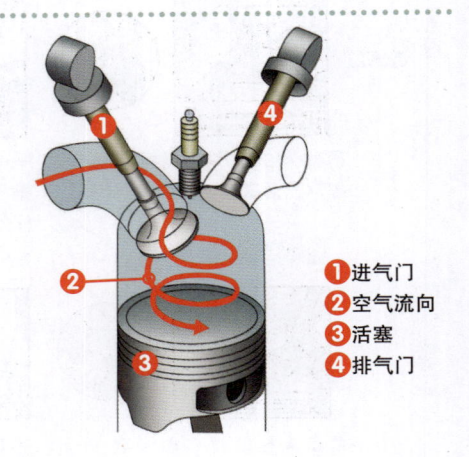

❶ 进气门
❷ 空气流向
❸ 活塞
❹ 排气门

### ●垂直涡流

垂直涡流是气缸垂直旋转的混合气涡流。气门角度越垂直，越易产生垂直涡流，同时改变活塞头的形状，也可强化垂直涡流的效果。

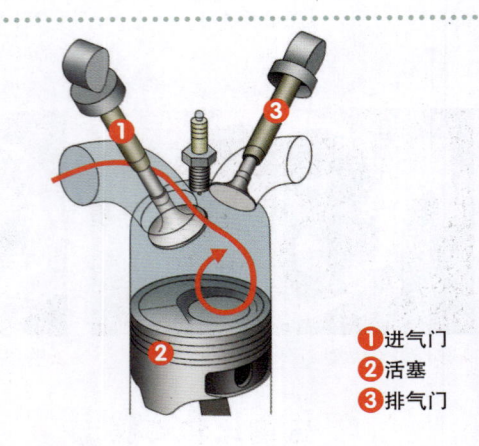

❶ 进气门
❷ 活塞
❸ 排气门

### ●狭缝涡流

狭缝涡流是活塞上升至上止点时，通过活塞侧边压力产生的涡流。半球、斜顶、紧凑等类型燃烧室的进排气门的位置使活塞头和气缸盖之间会留出狭缝，在进行压缩时，能产生混合气体向中央集中的涡流。

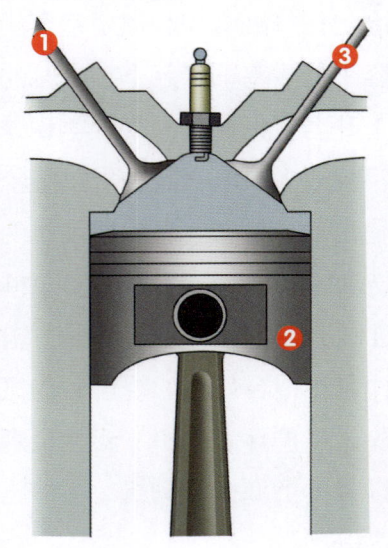

❶ 进气门
❷ 活塞
❸ 排气门

30

# 活塞

活塞是活塞式发动机的主要部件,由活塞环、活塞头、活塞顶和活塞裙4个部分组成。当活塞达到上止点时,活塞顶和活塞裙成为燃烧室的一部分。活塞头内部装有活塞销,与活塞连杆相连,最后与曲轴联动。

活塞在气缸内做往复运动,速度能达到 20 米 / 秒。发动机转速达到 7000 转 / 分钟,即表示活塞在气缸内的往复运动达到 7000 次 / 分钟。

以往的活塞采用钢铸造工艺,现在主流工艺则采用耐磨且轻量的铝合金材料。活塞是转换动能的关键部件,为提高动力,活塞集合了各种设计思想,例如:为提高压缩比和燃烧效率,对应不同的燃烧室,将活塞顶设计成凹型或凸型;活塞与气缸摩擦的部分采用低摩擦材料电镀等。

## 活塞的结构

**❶ 活塞顶**
活塞顶为燃烧室的底部,在进行压缩冲程时,影响空气涡流的产生。

**❷ 油封环沟**
油封环安装位置。

**❸ 活塞销**
管状的活塞销与活塞连杆相连。

**❹ 活塞裙**
由热膨胀、热传导性决定了活塞裙的形状。活塞裙的直径比活塞顶稍大。

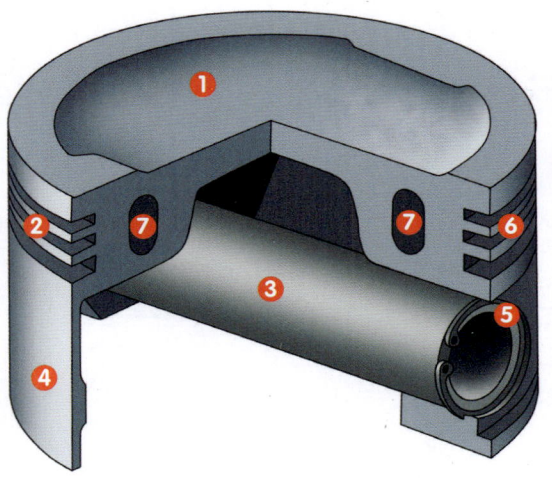

**❺ 卡环**
固定活塞销的零件。

**❻ 压缩环沟**
压缩环安装位置。

**❼ 冷却通道**
为防止爆燃的冷却通道。

▲ 为减少摩擦,活塞侧面都经过电镀处理。

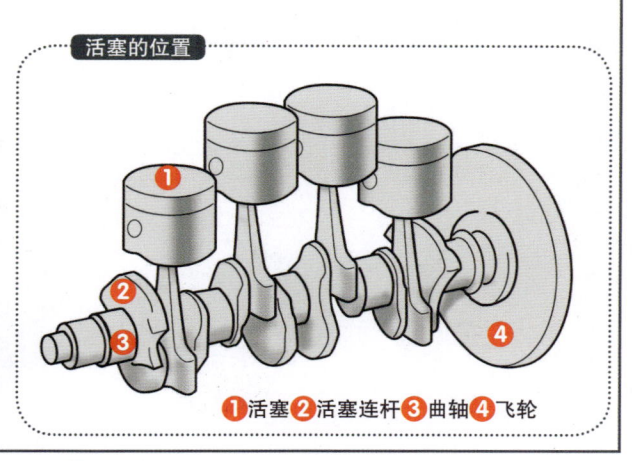

### 活塞的位置

❶ 活塞 ❷ 活塞连杆 ❸ 曲轴 ❹ 飞轮

透视汽车会"跑"的奥秘

活塞通过活塞连杆和曲轴相连

## 活塞的变迁

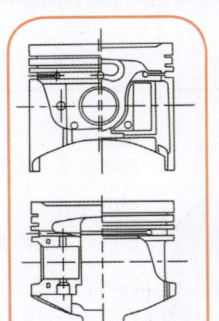

控热膨胀式
（L16S 型发动机）

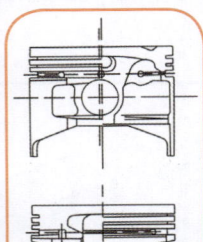

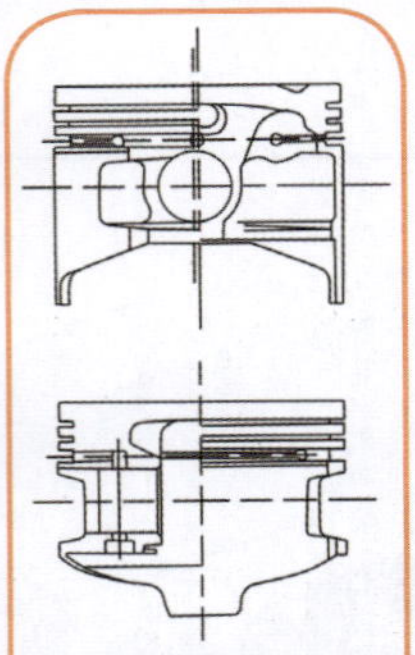

开槽式
（CA18DE 型发动机）

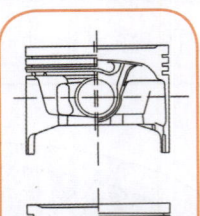

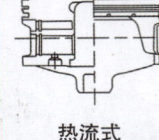

热流式
（VG30E 型发动机）

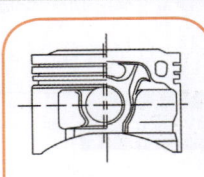

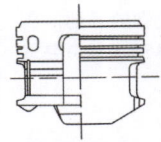

冷却通道式
（RB26DTT 型发动机）

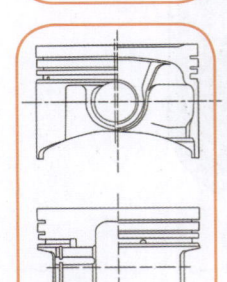

热流式
（盒式活塞裙，
SR20DE 型发动机）

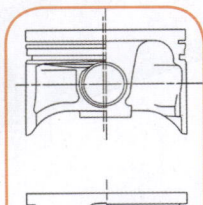

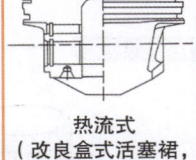

热流式
（改良盒式活塞裙，
VQ25DE 型发动机）

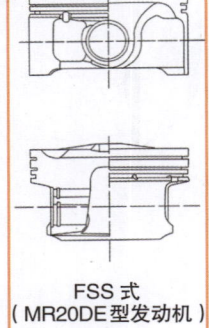

FSS 式
（MR20DE 型发动机）

日本生产的活塞形状的变迁，以轻量化、提高动力为目标不断进化。

▲各种不同形状的活塞顶

32

## 活塞环

活塞在燃烧的环境中工作，遇热会膨胀，并且活塞在气缸内进行高速运动的时候，因为摩擦也会发生热膨胀现象。为了使活塞正常工作，需要在活塞和气缸壁之间留下间隙。但要防止压缩的混合气体以及燃烧后的废气从活塞下方溢出，以及气缸下方的润滑油漏入燃烧室等情况发生，需要用活塞环填满活塞间隙，保持燃烧室的气密性。

活塞环通常分为油封环和压缩环。

活塞环在高压高温的条件下工作，常采用特殊铸铁或碳素钢材质，并进行电镀处理，以达到耐用性高、张力弱且不会磨损气缸壁的要求。

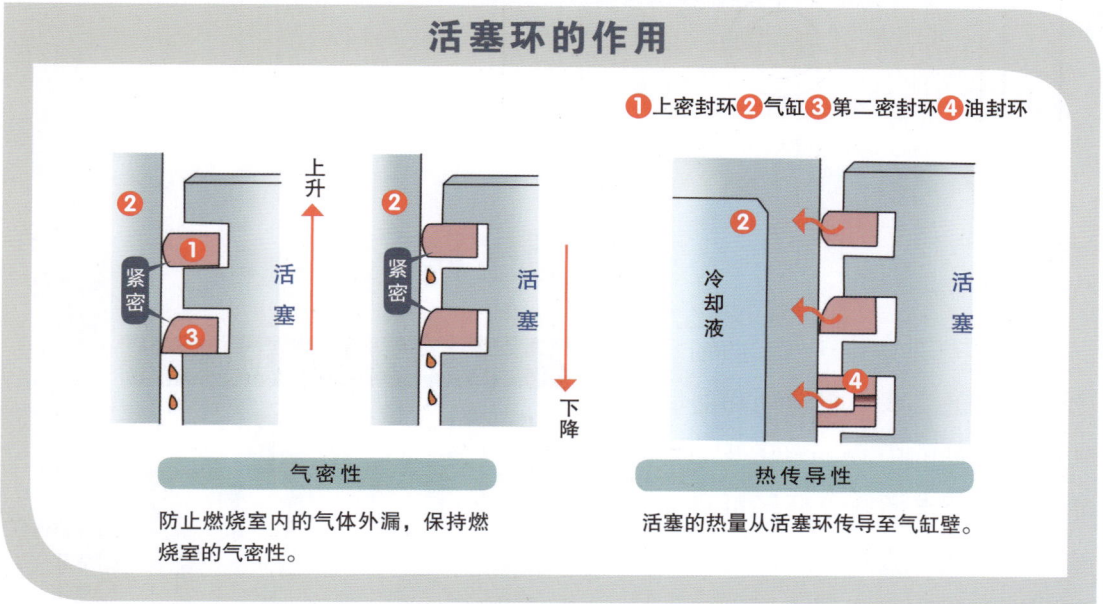

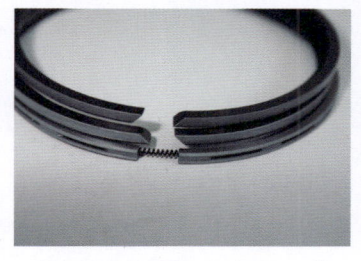

### 活塞环的作用

❶上密封环 ❷气缸 ❸第二密封环 ❹油封环

**气密性**
防止燃烧室内的气体外漏，保持燃烧室的气密性。

**热传导性**
活塞的热量从活塞环传导至气缸壁。

▲ 从上至下分别是：上密封环、第二密封环和油封环

▲ 活塞的各个部件

) 透视汽车会"跑"的奥秘

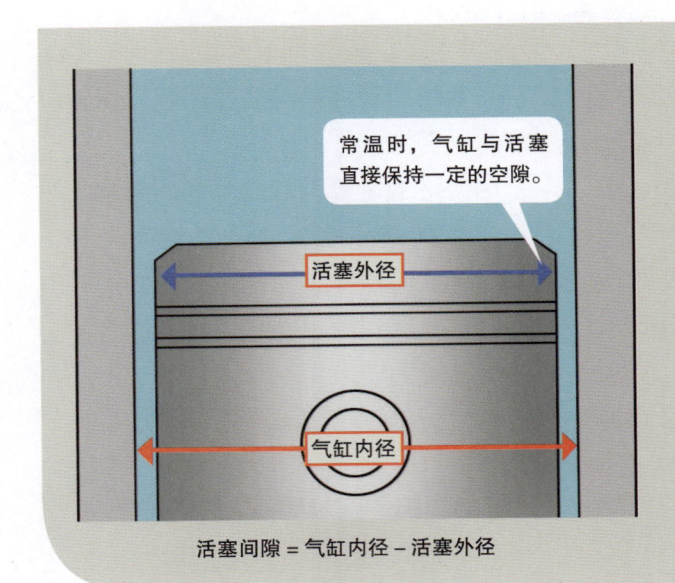

常温时，气缸与活塞直接保持一定的空隙。

活塞外径

气缸内径

活塞间隙 = 气缸内径 − 活塞外径

## 活塞间隙

活塞的直径比气缸的直径较小，保持气缸和活塞之间有合适的活塞间隙。这需要十分精细的设计制造技术。

## 活塞连杆

活塞连杆是连接活塞和曲轴的部件，是活塞往复运动和曲轴回转运动的中介。为降低动能损耗，要求活塞连杆轻量且具备高刚性。活塞连杆与活塞连接的部分称为连杆小头端，与曲轴相连部分则为连杆大头端。

**活塞连杆和曲轴的位置**

❶ 活塞连杆
❷ 活塞
❸ 曲轴

▲ 活塞连杆的零部件

❶ 轴衬
❷ 小头端
❸ 大头端
❹ 螺栓
❺ 连杆盖
❻ 活塞连杆长
❼ 连杆

## 曲 轴

曲轴是将活塞往复运动转化成回转运动的重要部件。曲轴稳定平顺地回转时，发动机动力输出也会相对稳定。例如，为保持曲轴回转时的平衡，通常会加装配重，减轻回转产生的震动，同时为防止磨损曲轴内部，则设计有润滑油路等各种部件，以保证发动机动力的稳定输出。

曲轴臂
配重
曲轴轴颈
曲轴销

▲ 装入气缸座内的曲轴

## 曲轴的形状

曲轴的形状需考虑气缸的排列、气缸数、震动等因素。发动机工作时会产生震动，曲轴须保持整体平衡，尽可能消除震动的影响。

下图中以4气缸的曲轴为例，①号和④号曲轴销位于正上方时，②号和③号则位于正下方。这样是为对应点火时机而设计。①号和④号的曲轴销在正上方，即该位置的活塞位于上止点，之后将进行做功（膨胀）或进气冲程。②号和③号对应的活塞将进行压缩或排气冲程。这样整个曲轴的工作会更稳定。

### 典型的曲轴形状

**4气缸**
- 3轴承式
- 5轴承式

（曲轴销、曲轴颈）

**5气缸**

**8气缸**

**6气缸**
- 右侧曲轴
- 左侧曲轴

# 飞 轮

4冲程汽油发动机只有在做功（气体膨胀）时才会产生动能，而排气、进气、气体压缩时都需要消耗动能。因此，在发动机处于低转速时，曲轴的转动很不稳定。为了改善这种情况，曲轴后部装有飞轮。回转的惯性让飞轮能储备部分动能，能使曲轴更稳定地工作。

▲ 飞轮

## 飞轮的位置

活塞
曲轴
飞轮
离合盘
轮齿

离合片壳　离合盘　飞轮

离合盘与飞轮相连，传导动力

# 05 气门系统

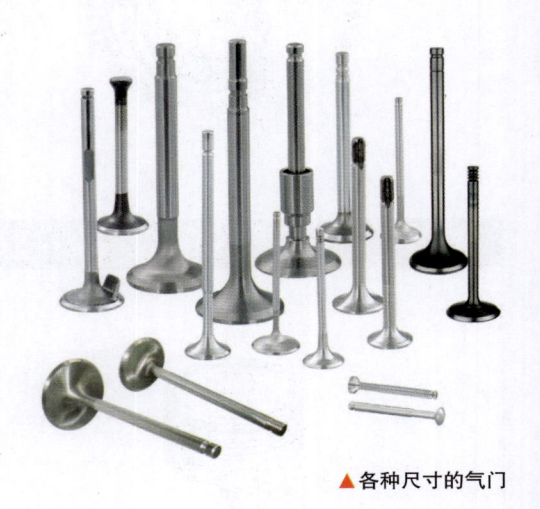

▲ 各种尺寸的气门

气门系统由气门、凸轮轴等组成，是发动机的进排气系统。

早期的气门系统为侧置气门，后来演变为顶置气门，发展至现在的顶置凸轮轴，气门系统不断演变发展的历史背后，反映出在发动机高速运转的情况下长期存在一些问题。

发动机的转速越高，动力也越强，气门开闭的速度也就越快。与此同时，气门开闭系统中的传动轴、链条、齿轮所受的力也会越大。因此各个汽车厂商一直致力于开发出更高效、更快速、更可靠的气门系统。

## 气门

气门是进排气管和燃烧室之间的阀门。发动机工作时，凸轮轴转动，推动进排气门开闭。

气门的形状和大小也会影响发动机性能。气门开口越大，吸气抵抗越小，能吸入更多的混合气体。然而大气门的设计会使燃烧室的体积变大，导致燃烧时热量不足，很难提高发动机动力。

现在发动机较多采用4气阀门结构，较小的气门在高转速下也能保持良好的性能。

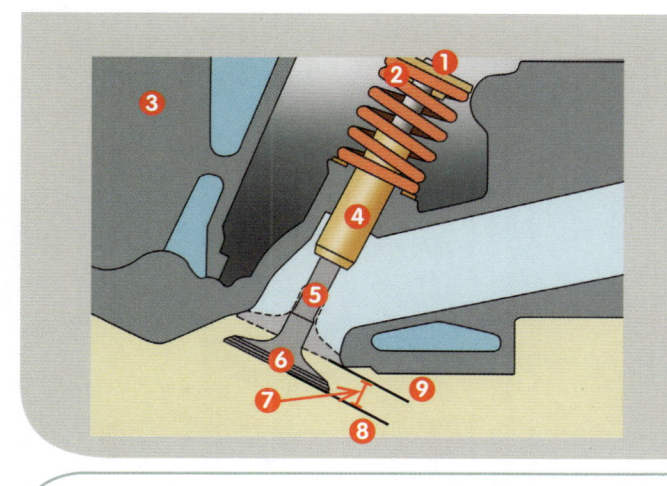

## 气门升程

凸轮推动阀杆环控制气门的开闭。有受热面积较小的扁平型气门和受热面积大高强度的郁金香型气门等多种类型。

❶阀杆环 ❷气门弹簧 ❸气缸盖 ❹气阀门导环 ❺阀杆 ❻阀门头 ❼气门升程 ❽气门开 ❾气门闭

### 基本的气阀门配置

双气阀门　　　三气阀门　　　四气阀门

火花塞

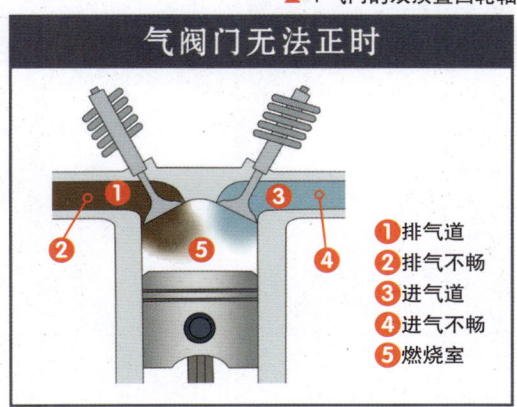

气阀门数越多，进排气效率越高。

## 气门正时

气门正时指的是进气门开闭时机。4冲程发动机工作时有不同时机的进、排气时机。

进气门打开的瞬间，混合气体不会瞬间被吸入燃烧室，而是在合适的时机进入。活塞上升至上止点时，进气门打开，活塞开始向下，由于空气惯性原理，此时混合气体能迅速进入燃烧室。排气过程与以上过程相似。活塞下降至下止点时，排气门打开，活塞开始从上止点上升时，能将燃烧后的气体压出。

▲ 4气门的双顶置凸轮轴

### 气阀门无法正时

❶排气道 ❷排气不畅 ❸进气道 ❹进气不畅 ❺燃烧室

39

## 气门重叠角

我们通常用发动机进气门和排气门处于同时开启的一段时间内，曲轴的转角来表示气门重叠角。一般按发动机高速旋转工况的需要来设计气门重叠角。这样设计是为能更有效率的进排气。

**气门重叠角**

上止点 / 气门重叠角 / 开 / 闭 / 排气门 / 进气门 / 闭 / 开 / 下止点

## 气缸关闭系统

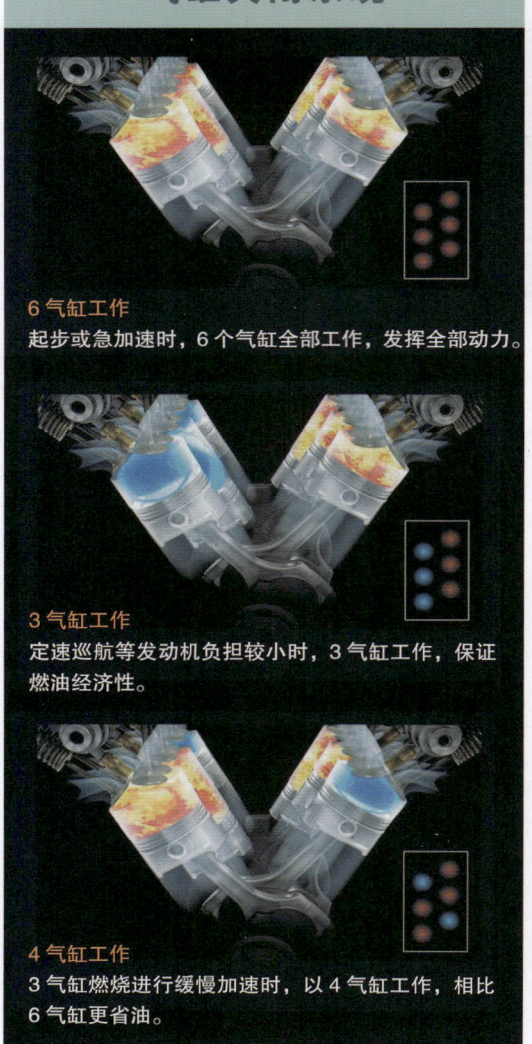

**6气缸工作**
起步或急加速时，6个气缸全部工作，发挥全部动力。

**3气缸工作**
定速巡航等发动机负担较小时，3气缸工作，保证燃油经济性。

**4气缸工作**
3气缸燃烧进行缓慢加速时，以4气缸工作，相比6气缸更省油。

## 凸轮和凸轮轴

凸轮是控制进排气门开闭的关键部分。凸轮的形状类似鸡蛋，装载在凸轮轴。

通常情况下，发动机的一个气缸会配备2～4个进排气门，不同气缸的点火时机不一样，气门开闭的时机也不同，因此一个凸轮只控制一个气门的开闭。

现在有凸轮直接控制气门开闭和经过摇臂控制气门开闭两种形式。

第二章　让汽车跑起来的发动机

## 凸轮的形状

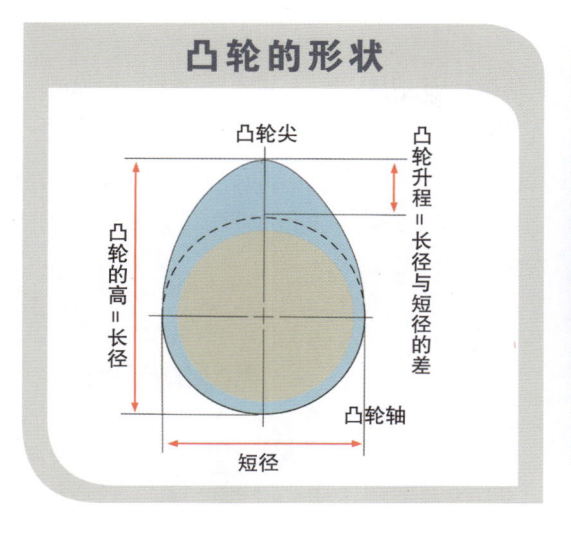

- 凸轮尖
- 凸轮升程＝长径与短径的差
- 凸轮的高＝长径
- 凸轮轴
- 短径

▲凸轮直接控制气门开闭型

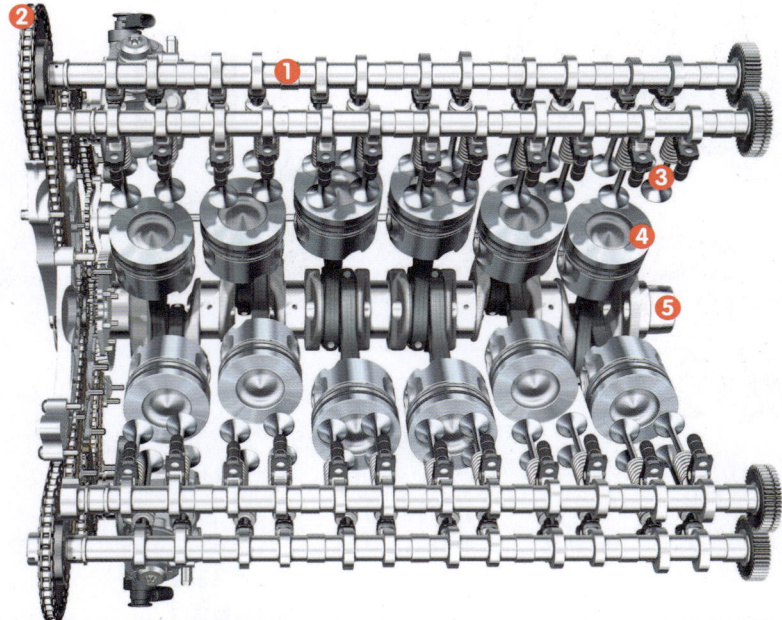

正时链条（或正时带）将凸轮轴和曲轴相连，同时也将气门和活塞间接联动在一起，使气门的开闭配合活塞完成4冲程运动。

❶凸轮轴 ❷正式链条 ❸气门 ❹活塞 ❺曲轴

▲装入气缸盖中的曲轴

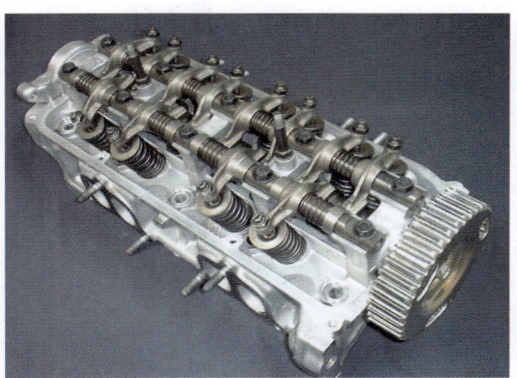

▲凸轮经过摇臂控制气门开闭型

## OHV

　　OHV 即顶置气门，是 4 冲程发动机进排气系统的一种，气门位于气缸盖上方，凸轮轴则位于发动机侧面，由齿轮和正时链条带动工作。

　　采用 OHV 的发动机，有重心低、轻量和小巧的特点，但由于凸轮轴需经过弹簧推杆与气门联动，在高转速时会出现动力不足的缺点，现在仅有部分美国汽车采用这一技术。

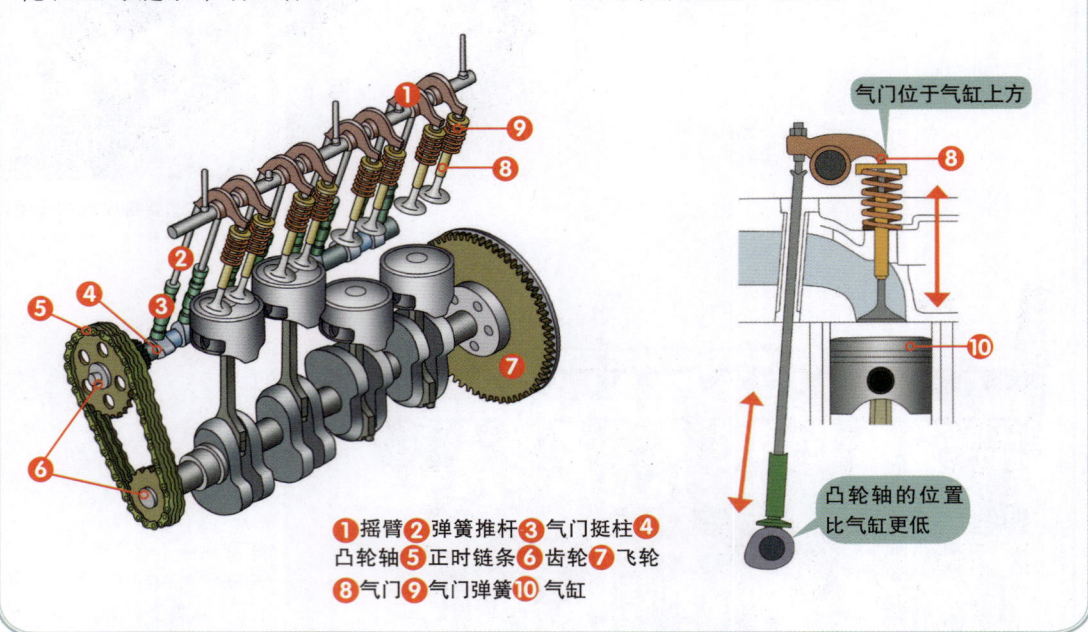

气门位于气缸上方

凸轮轴的位置比气缸更低

❶摇臂 ❷弹簧推杆 ❸气门挺柱 ❹凸轮轴 ❺正时链条 ❻齿轮 ❼飞轮 ❽气门 ❾气门弹簧 ❿气缸

## SOHC

　　SOHC 即单顶置凸轮轴，是气门上方一根凸轮轴的结构。每个气门由凸轮轴带动 2 个摇臂控制开闭。该结构部件较少，结构简单。和 OHV 相同，由于采用摇臂设计，因此存在高速时性能不足的情况。

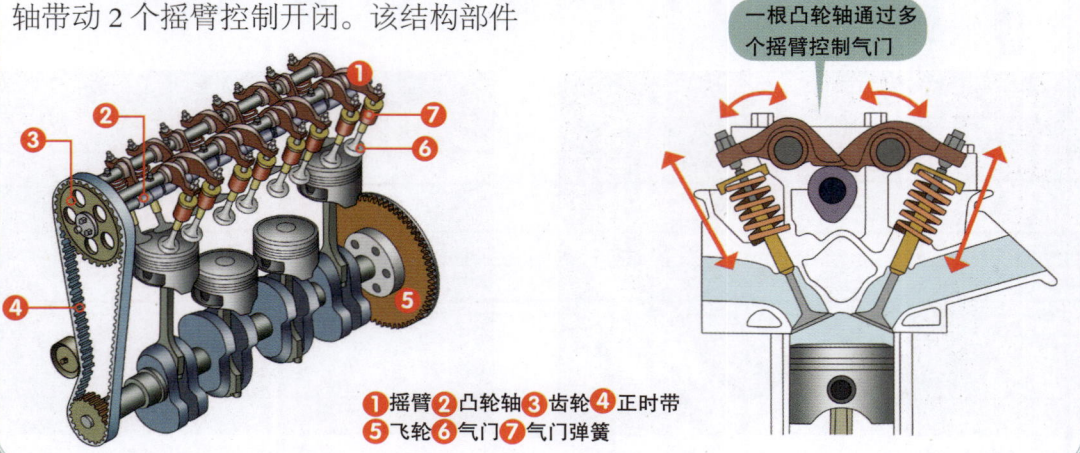

一根凸轮轴通过多个摇臂控制气门

❶摇臂 ❷凸轮轴 ❸齿轮 ❹正时带 ❺飞轮 ❻气门 ❼气门弹簧

## DOHC

DOHC 即双顶置凸轮轴，气门上方的两根凸轮轴，分别控制气门进排气。

DOHC 没有摇臂结构，相比 SOHC 更易实现高转速、高性能。采用 DOHC 后，燃烧室的形状更易于气体燃烧，但气门开闭的时机变得复杂。近几年来也不断出现了 4 气门、5 气门发动机，这无疑为提高发动机高转速时的进气效率功率开辟了途径。

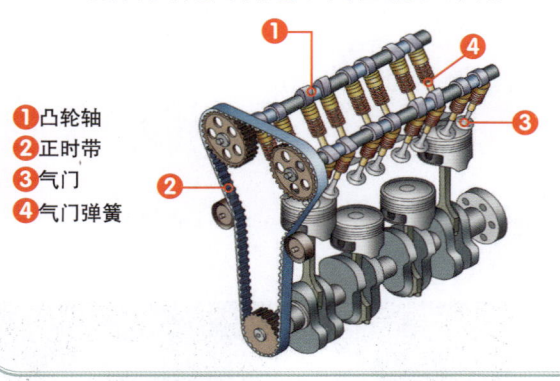

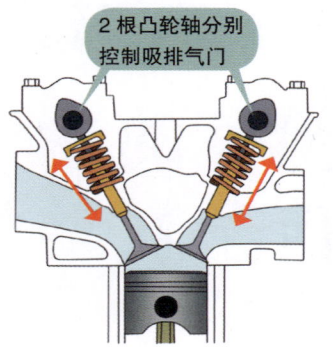

- ❶ 凸轮轴
- ❷ 正时带
- ❸ 气门
- ❹ 气门弹簧

2 根凸轮轴分别控制吸排气门

## VTEC

VTEC 是可变气门相位和气门升程电子控制系统，日本本田公司开发的气门控制系统，能同时控制气门开闭时机以及升程，现在已经升级至 i-VTEC。

VTEC 与普通发动机最大的不同是：VTEC 在中低速和高速时，会用两组不同的凸轮驱动气门，从而增大功率，降低油耗。这一过程可通过电子系统自动转换。

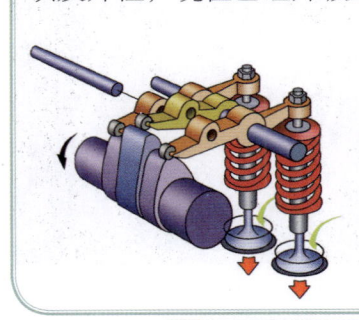

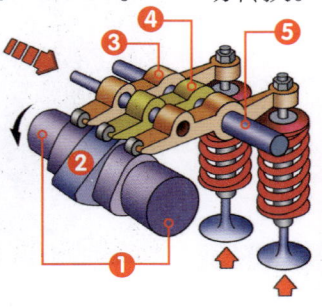

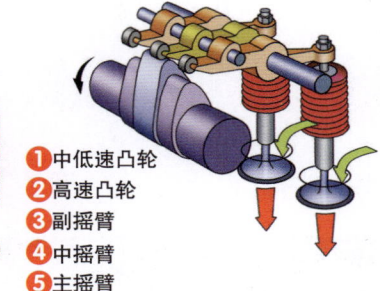

- ❶ 中低速凸轮
- ❷ 高速凸轮
- ❸ 副摇臂
- ❹ 中摇臂
- ❺ 主摇臂

## VVT

VVT 是连续可变气门正时系统，该系统通过调整凸轮轴转角，实现气门开闭的时机随发动机的转速变化而变化。日本丰田公司在 VVT 技术的基础上开发出 VVT-i（智能可变气阀门正时系统）。VVT-i 可根据发动机的状态，控制进气凸轮轴。现在最新的双 VVT-i（双智能可变气阀门正时系统）可分别控制进气系统和排气系统，能更有效地提升发动机动力。

透视汽车会"跑"的奥秘

# 06
## 稀有的转子发动机

德国人菲力斯·汪克尔在20世纪50年代发明了转子发动机。转子发动机是4冲程内燃机，但与活塞式发动机完全不同。从20世纪60年代起，日本马自达公司获得许可，经过不断改良，陆续推出了多款采用转子发动机的高性能汽车。

◀转子发动机

椭圆形的缸体，弧三角形的转子等主要部件组成了转子发动机。

转子的三个弧面将椭圆形的缸体空间划分为 3 个独立的燃烧室。由于转子采用偏心运转，因此这些被分隔的独立燃烧室的容积在运转过程中会不断改变，该发动机就是利用密闭空间变化的特质来完成 4 冲程运转的进气、压缩、燃烧与排气过程。通常的活塞发动机完成 1 次 4 冲程周期，曲轴需要转动 4 圈。而转子发动机的 3 个面在同步进行不同的 4 冲程周期，因此转子转一圈便完成了 3 次 4 冲程周期。

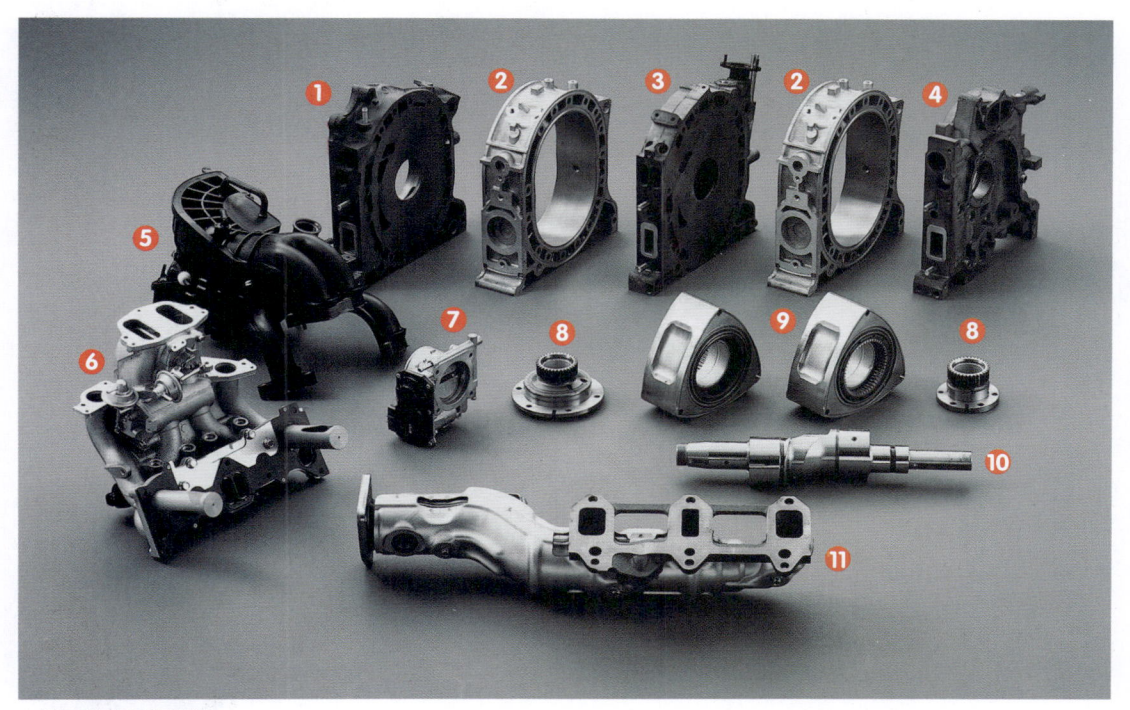

▲ 转子发动机的构造
❶ 偏心轴 ❷ 内齿轮 ❸ 中心齿轮 ❹ 转子 ❺ 动作室 ❻ 缸体

▲ 转子发动机的零件
❶ 后壳 ❷ 缸体 ❸ 中隔板 ❹ 前壳 ❺ 树脂进气歧管 ❻ 金属进气歧管 ❼ 节流阀 ❽ 中心齿轮 ❾ 转子 ❿ 偏心轴 ⓫ 排气歧管

## 转子发动机侧面剖视图

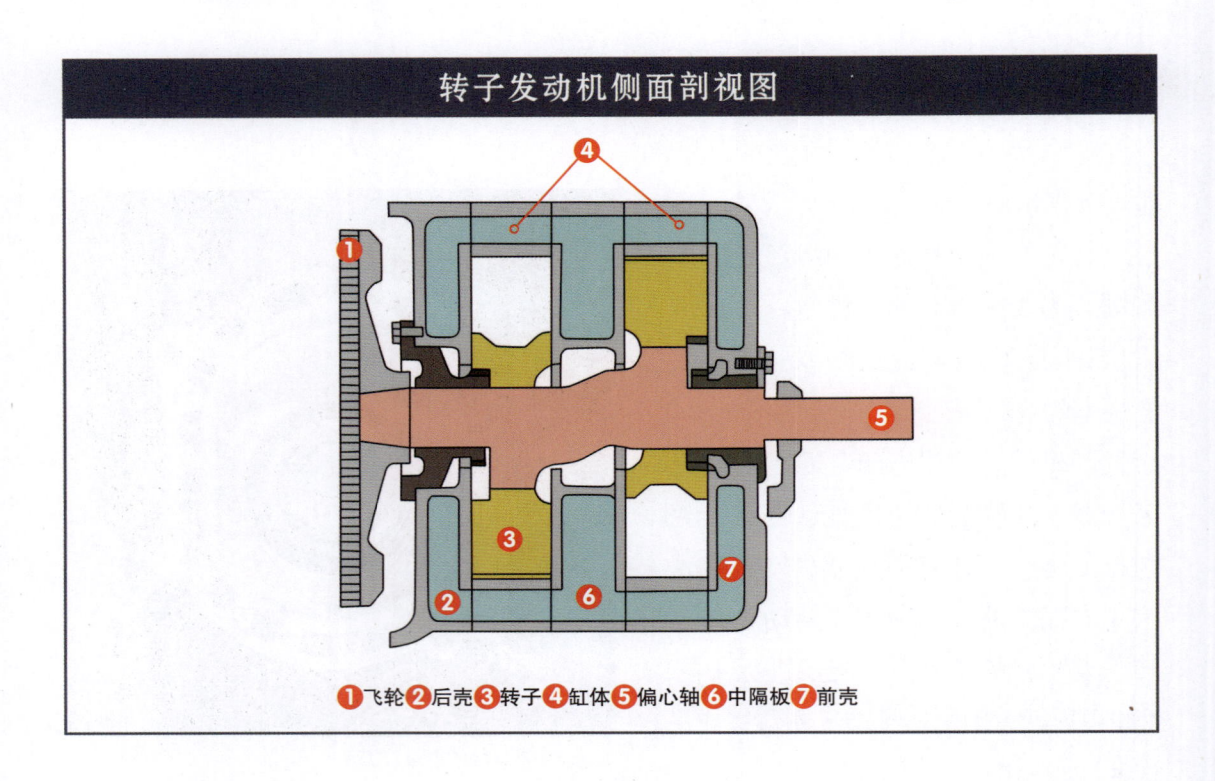

❶飞轮 ❷后壳 ❸转子 ❹缸体 ❺偏心轴 ❻中隔板 ❼前壳

转子发动机和普通4气缸活塞发动机零件的对比，可以看出转子发动机零件较少，因此零件可靠性更高。

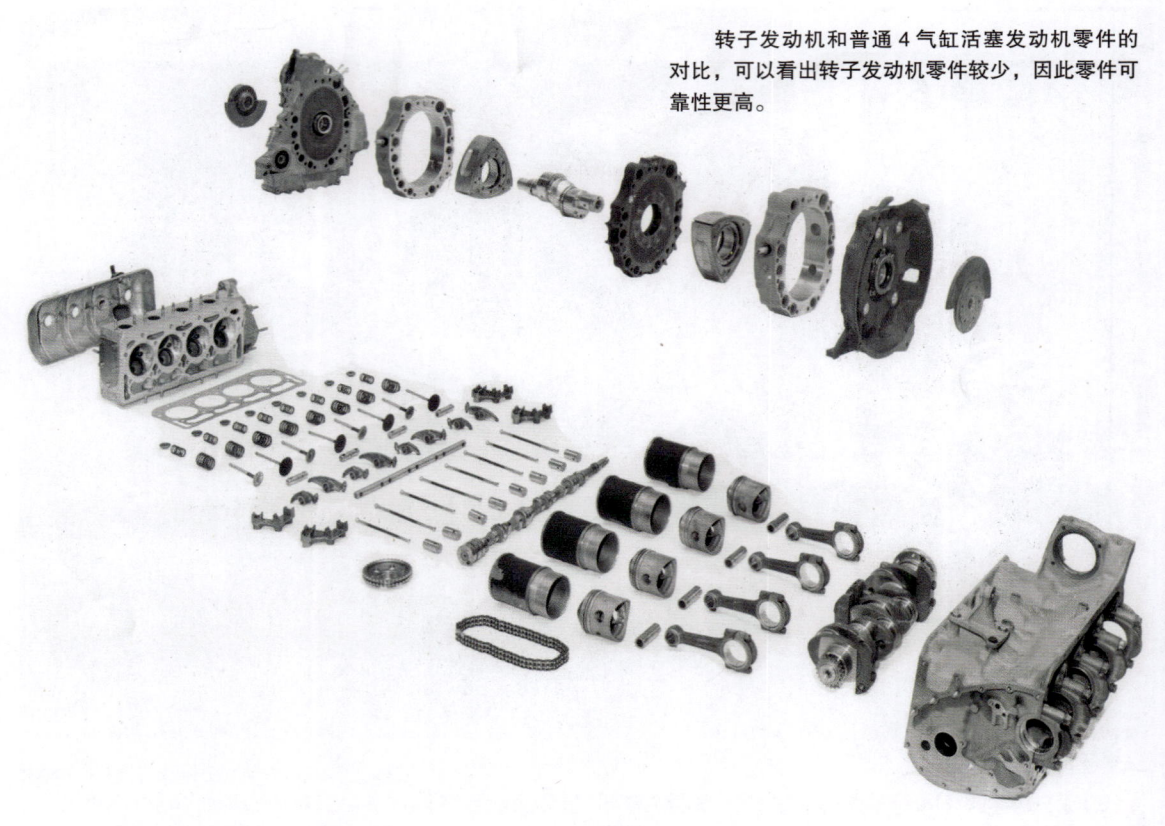

转子发动机中的转子相当于活塞发动机中的活塞。由特种钢铁铸造而成。转子每一个边和缸体组成燃烧室。转子内侧的内齿轮与固定于中心的中心齿轮啮合。

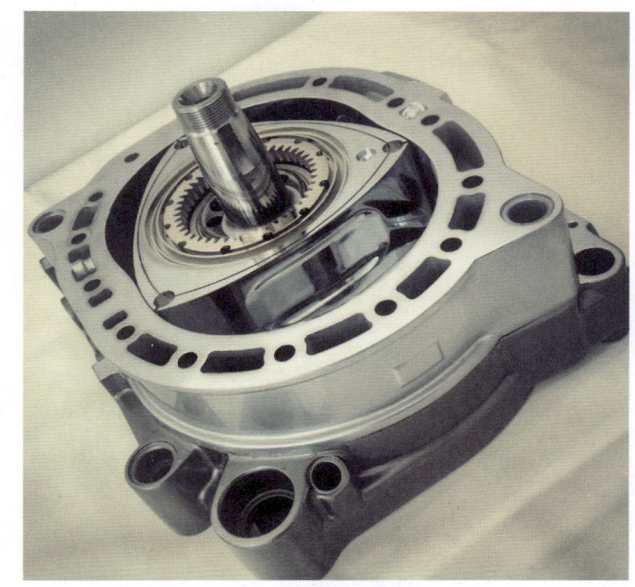

▲ 转子发动机的缸体、转子与偏心轴

偏心轴的作用与活塞发动机中的曲轴相同，是传递动力的部件，内部有润滑油管进行润滑和冷却。缸体内燃烧（做功）推动转子，转子再带动转子颈以及偏心轴转动。

▲ 偏心轴　❶ 主轴颈 ❷ 润滑油管 ❸ 转子颈

透视汽车会"跑"的奥秘

# 转子发动机的4冲程

转子发动机和活塞发动机相同,都为4冲程发动机。转子的边转动至缸体的上面时,混合气体从进气道进入动作室。然后转子转动,压缩混合气体。接着火花塞点火燃烧(做功),最后排气。活塞发动机的活塞需要上下往复运动2次才能完成1次4冲程周期,而转子发动机的弧三角转子的每一个边转动1圈,便完成1次4冲程周期,且转子的3个边能同时进行4冲程动作,因此单缸功率比活塞发动机更高。

## 这里以A动作室来解释转子发动机的4冲程

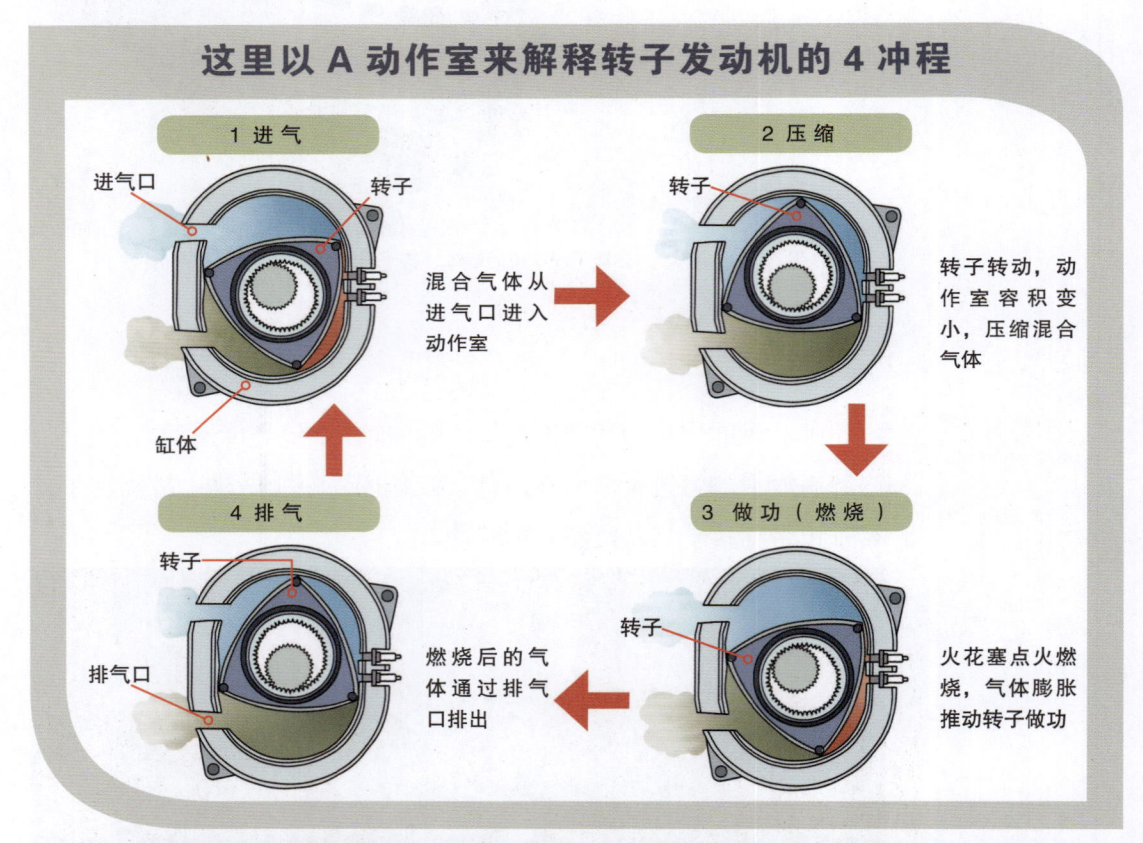

**1 进气** — 进气口、转子、缸体
混合气体从进气口进入动作室

**2 压缩** — 转子
转子转动,动作室容积变小,压缩混合气体

**3 做功(燃烧)** — 转子
火花塞点火燃烧,气体膨胀推动转子做功

**4 排气** — 转子、排气口
燃烧后的气体通过排气口排出

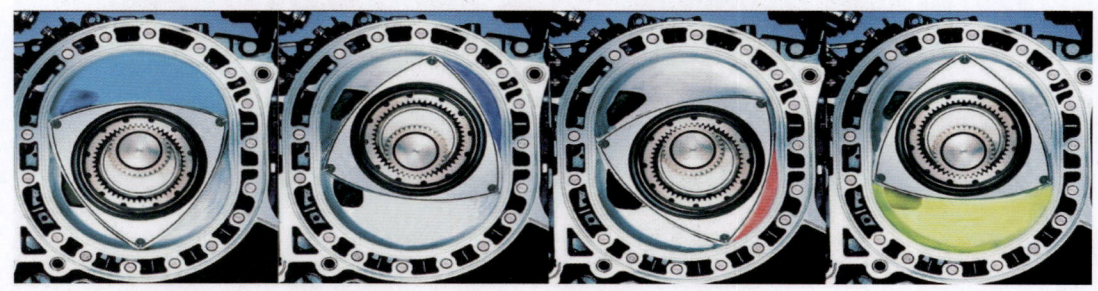

▲转子发动机实物的4冲程周期,从左往右分别是进气、压缩、做功(燃烧)、排气。

第二章 让汽车跑起来的发动机

## 转子发动机与活塞发动机区别

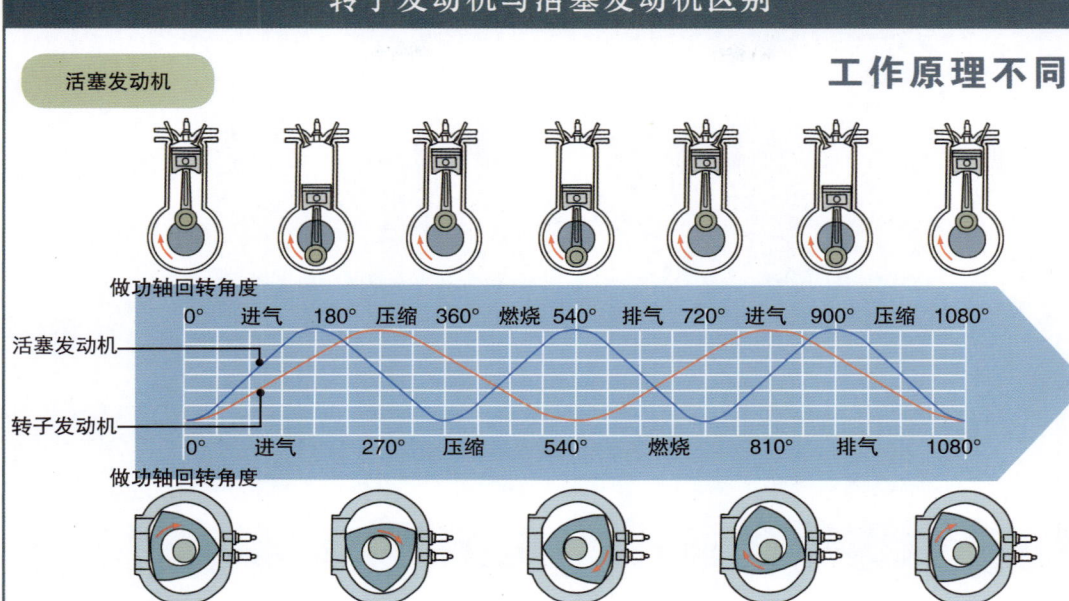

### 工作原理不同

**活塞发动机**

| 做功轴回转角度 |
| --- |
| 0° 进气 180° 压缩 360° 燃烧 540° 排气 720° 进气 900° 压缩 1080° |

活塞发动机
转子发动机

| 0° 进气 270° 压缩 540° 燃烧 810° 排气 1080° |
| --- |
| 做功轴回转角度 |

**转子发动机**

转子发动机和活塞发动机的燃烧时机不一样。从上图可以看出，活塞发动机进行 4 冲程周期动作时，做功轴（曲轴）需要进行回转 2 圈（720°）。而转子的 4 冲程周期时，做功轴（偏心轴）转动了 3 圈（1080°）。做功轴的回转速度相同时，转子发动机的动能效率更高，动力也更强。

### 回转力的产生不同

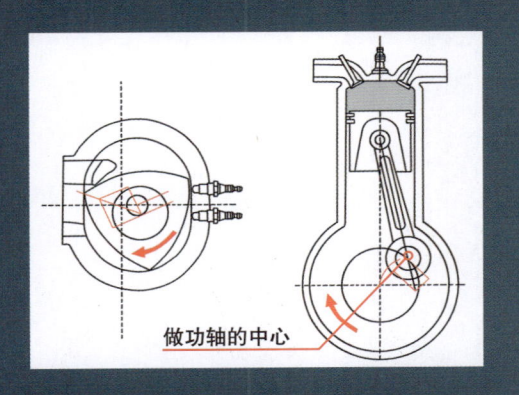

做功轴的中心

转子发动机没有活塞和曲轴结构。燃烧产生的热能直接推动转子，产生动能。

### 发动机大小不同

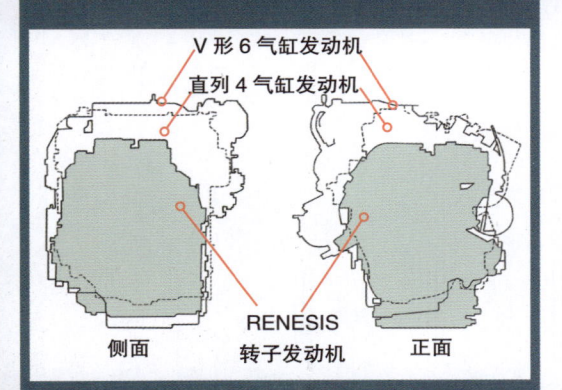

V 形 6 气缸发动机
直列 4 气缸发动机

侧面　　RENESIS 转子发动机　　正面

转子发动机没有凸轮轴等进排气结构。因此 2 气缸转子发动机与 6 气缸活塞发动机动力性能相近的同时，2 气缸转子发动机的大小和重量只有 6 气缸活塞发动机的三分之二。

# CHAPTER THREE

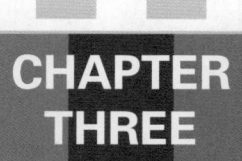

# 发动机的辅助机构

## 透视汽车会"跑"的奥秘

说到发动机，人们常常会想到单个发动机。而实际上，加上各种辅助机构才能称为完整的发动机。发动机运转起来，需要活塞、曲轴、气门等部件相互配合，除此之外还需要使用到燃料、点火、冷却、进排气、润滑等装置。

### 发动机 = 发动机本体 + 辅助机构

发动机

### 发动机本体运动机构

▲ 活塞、活塞连杆、曲轴、活塞环、飞轮等

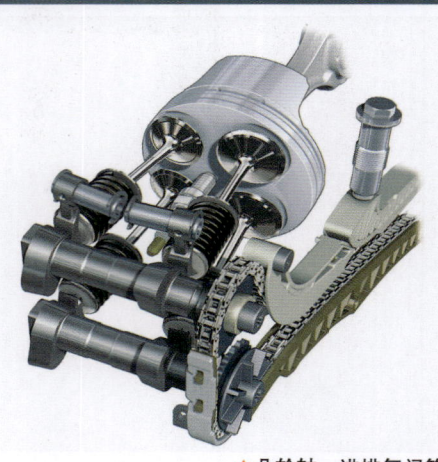

▲ 凸轮轴、进排气门等

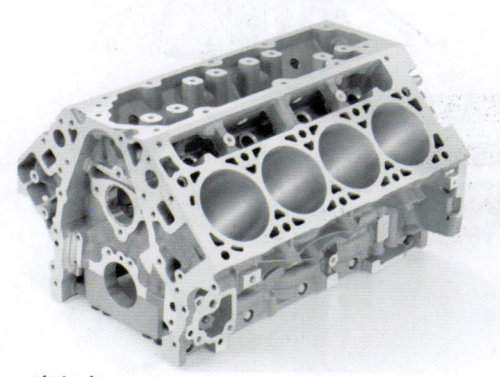

▲ 气缸座

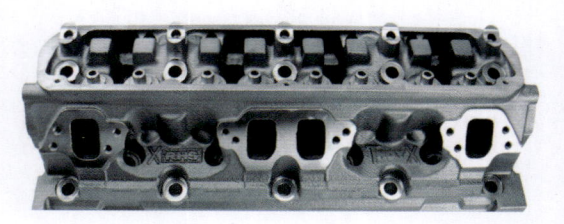

▲ 气缸盖

52

## 辅助机构

### ● 起动、充电装置

▲ 发电机

▲ 起动机
发动机需要起动机起动才能开始工作。而充电装置则是汽车发电、蓄电的机构。

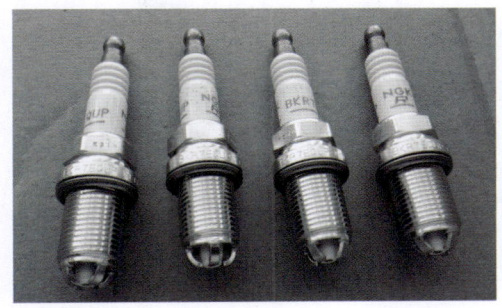

### ● 燃料装置

▲ 喷油器
储存燃料的燃料箱、发动机的喷油器等都属于燃料装置。现代汽车通过车载计算机便能控制燃料装置。

### ● 点火装置

▲ 火花塞
火花塞是利用电池的电能产生火花点燃混合气体的重要部件。

### ● 进排气装置

▲ 排气歧管
发动机燃烧必需的空气和排出燃烧后的气体需要进排气装置。

### ● 润滑装置

▲ 润滑油泵
保证各个机械部件顺畅工作，需要润滑油的润滑，而润滑油泵使润滑油能在各个需要润滑的部分进行循环。

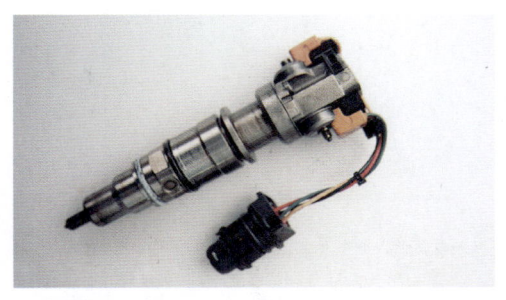

### ● 冷却装置

▲ 水泵
水泵用于循环冷却发动机的冷却液，是冷却装置之一，另外散热器也属于冷却装置。

透视汽车会"跑"的奥秘

## 01 发动机起动充电装置

带动发动机开始工作的机构被称为起动机。然而起动机并不是直接起动发动机，而是起动机先带动曲轴转动，然后曲轴带动活塞开始往复运动，最后起动发动机，使其正常运转。最近出现了一项新技术，不使用起动机，而是精确控制曲轴停止角度，直接向燃烧室内喷射燃料，点火燃烧，最终起动发动机。

小型轻量的起动机想要带动沉重的曲轴，需要巨大的扭力，因此起动机通常使用直流电机。

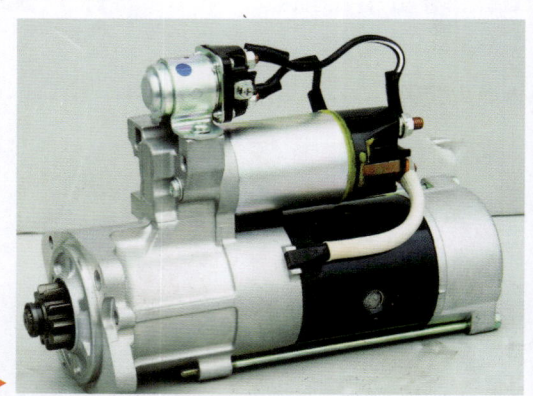

▶ 起动机

### 起动机剖视图

❶ 复位弹簧
❷ 驱动杆
❸ 齿轮
❹ 磁场绕组
❺ 电刷
❻ 转换器
❼ 螺线管

54

## 起动机的工作原理

❶起动开关 ❷线圈 ❸驱动杆 ❹起动开关
❺转子 ❻撞针杆 ❼齿轮 ❽齿圈（飞轮）

起动开关扭转至起动位置时，电磁开关中的线圈流入电流，产生磁场。推动驱动杆，使齿轮与齿圈（飞轮）啮合。

齿轮和齿圈（飞轮）啮合后，电机通电产生大扭力，带动曲轴转动，起动发动机。

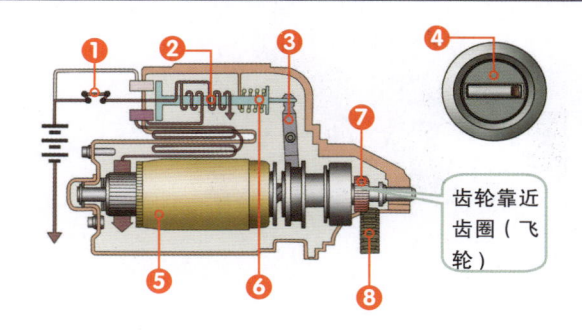

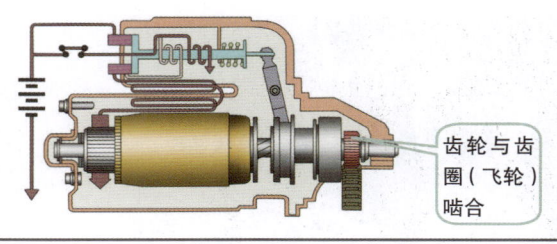

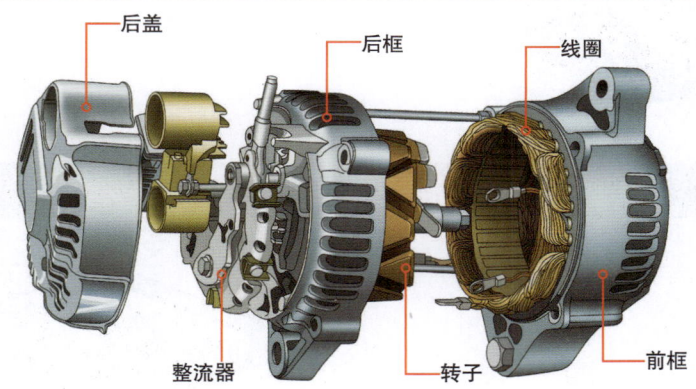

齿轮靠近齿圈（飞轮）

齿轮与齿圈（飞轮）啮合

后盖　后框　线圈

整流器　转子　前框

## 交流发电机

汽车上各种车载装置都需要电力驱动。电力通常存储在蓄电池中，为蓄电池充电需要发电机。发电机通过传动带或链条与发动机曲轴相连，转动发电。

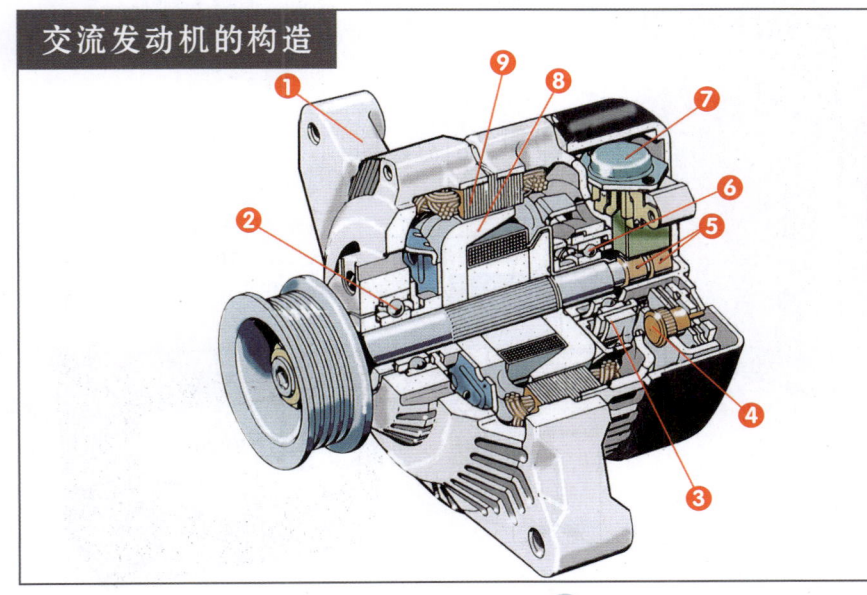

## 交流发动机的构造

❶外壳
❷轴承
❸扇形隔板
❹整流器
❺分轴
❻轴承
❼调压器和电刷支架
❽转子
❾定子

透视汽车会"跑"的奥秘

▲ 发电机

▲ 发电机分解后的各部件

## 蓄电池

蓄电池是存储发电机产生的电能，为汽车提供电能的部件。现代汽车有很多机构需要电能才能工作，例如空调、雨刷、电动车窗、车灯等。因此蓄电池也是不可或缺的部件之一。

### 蓄电池的构造

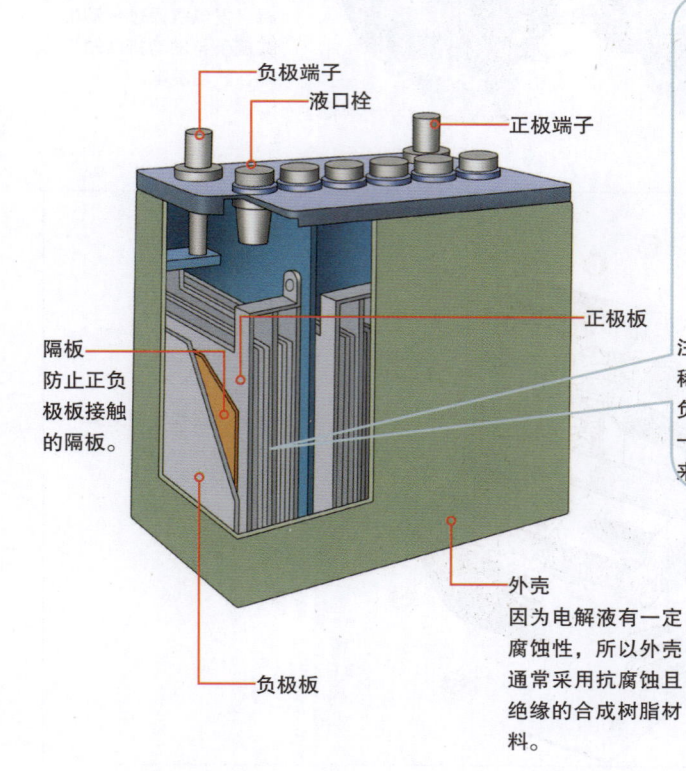

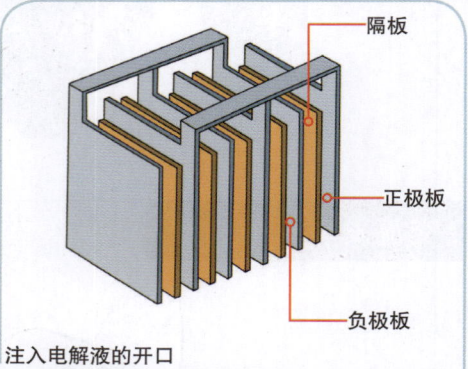

负极端子

液口栓

正极端子

隔板

正极板

负极板

正极板

注入电解液的开口
稀硫酸为电解液，正负极板交替排列，由一个负极板、一个正极板以及隔板组成一组电池。一组电池能产生约2.0V的电压，将六组串联起来便能达到约12V的电压。

隔板
防止正负极板接触的隔板。

外壳
因为电解液有一定腐蚀性，所以外壳通常采用抗腐蚀且绝缘的合成树脂材料。

负极板

# 02

# 燃料系统

燃料系统是指为发动机供给燃料的系统，是汽车三大重要系统之一。燃料系统由燃料箱、燃料喷嘴、燃料泵组成。

燃料箱的主要功能是存储燃料，它通常放置在汽车后座下，防止汽车发生意外时受到冲击，确保安全。燃料喷嘴设置在进气歧管附近，主要作用是喷射雾状燃料。而燃料泵的作用则是将燃料从燃料箱中输送至燃料喷嘴。

❶空气滤清器
清除空气中微粒杂质的装置。

❷燃料喷嘴
喷射燃料的部件，可分为在进气管内喷射和气缸内喷射等类型。

❸燃料从燃料箱输送至燃料喷嘴途中，设置有燃料过滤器。

❹燃料箱通常使用不锈钢和耐腐蚀树脂材料制成。

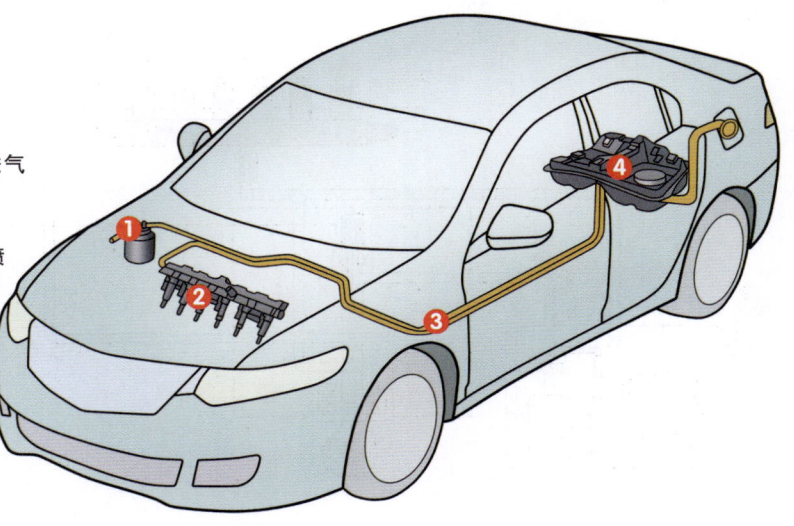

## 燃料的输送线路

### ● 循环管内喷射

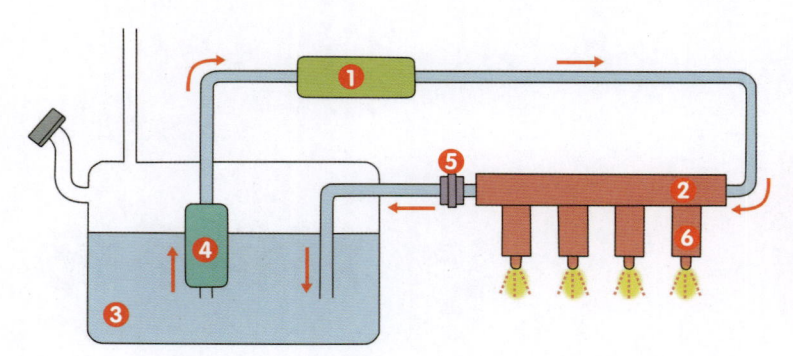

燃料经过燃料泵、燃料过滤器和增压器，流到燃料喷嘴。没有喷射的燃料会通过调压器回到燃料箱内。

1. 燃料过滤器
2. 增压器
3. 燃料箱
4. 燃料泵
5. 调压器
6. 燃料喷嘴

### ● 无循环管内喷射

与循环管内喷射不同，为避免燃料循环使燃料箱内温度提高，导致气化现象发生，剩余燃料不进行循环，全部喷射燃烧，这需要较高的燃料控制技术。

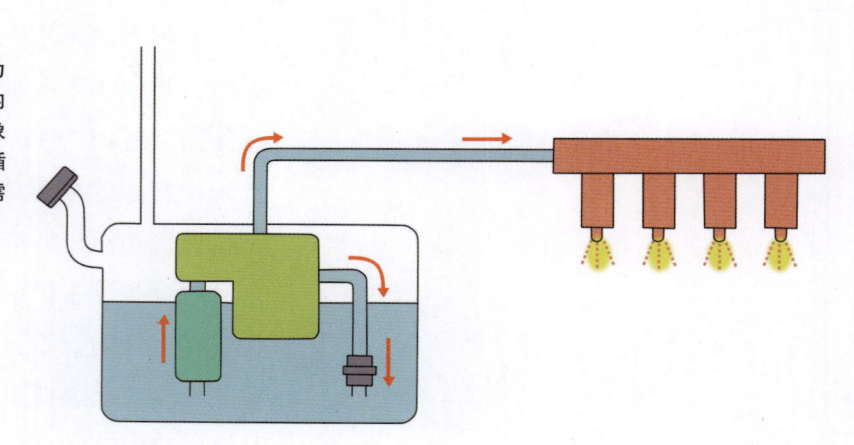

### ● 缸内直喷

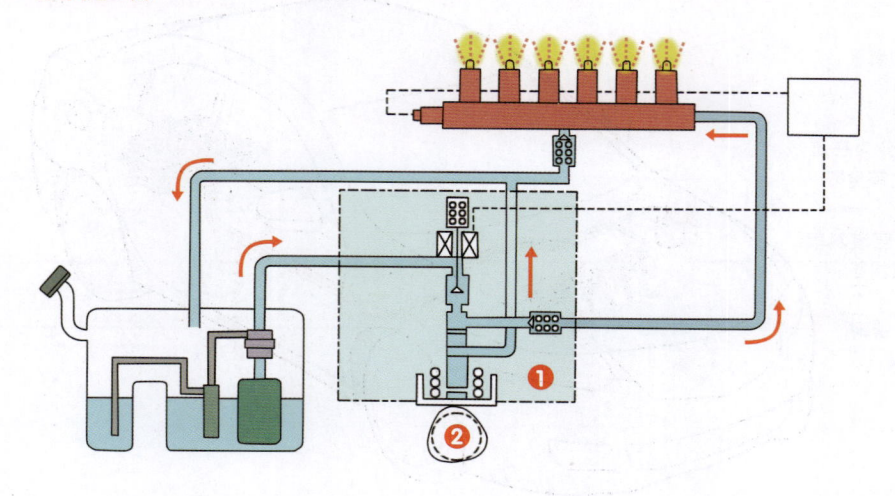

缸内喷射比管内喷射需要更大的压力，因此进气歧管附近需增设一个高压燃料泵。

1. 高压燃料泵
2. 凸轮轴

## 第三章 发动机的辅助机构

## 燃料箱

燃料箱是储存汽油的容器，通常有不锈钢、铝、合成树脂等多种材质的类型。为了尽可能增大燃料箱的容量，并且不影响乘坐空间，还要考虑到安全等因素，汽车的燃料箱通常设置在后座下方。

▲ 树脂材料的燃料箱

## 燃料泵

燃料泵的主要功能是将燃料输送至发动机，现在主流汽车采用的是电涡轮燃料泵。电涡轮泵内部的叶轮转动，通过叶片间产生的压力抽出燃料。电涡轮泵工作时会发热，影响其寿命，因此电涡轮燃料泵通常设置在燃料箱内，通过燃料使其冷却。

### 燃料泵的结构

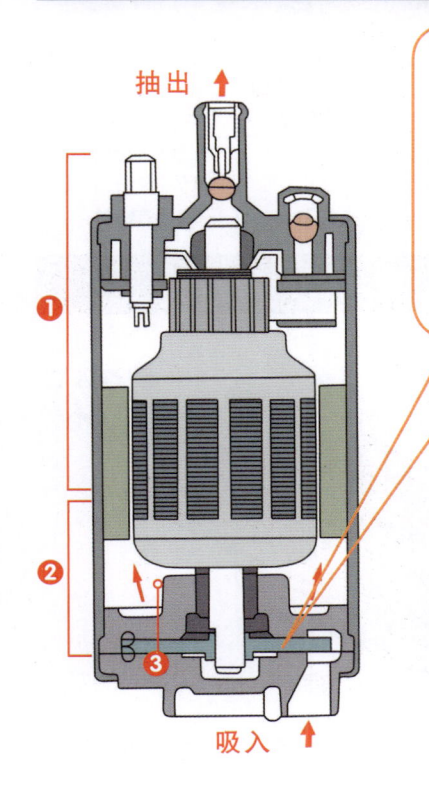

抽出 ↑

❶
❷
❸
吸入 ↑

叶轮

❹

叶轮旋转，叶片间的空隙产生压力，吸入燃料。

❶电机 ❷泵 ❸叶轮 ❹叶轮之间的空隙

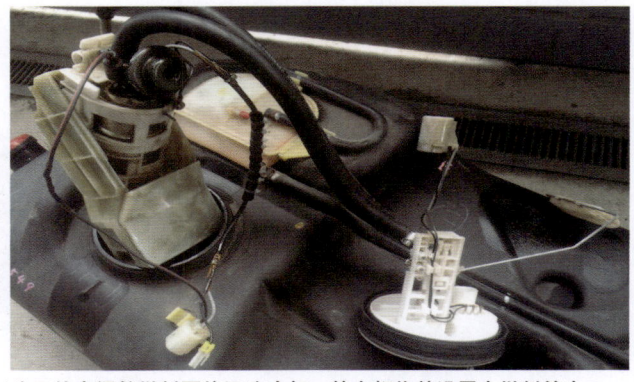

为了使电涡轮燃料泵能迅速冷却，基本都将其设置在燃料箱内

## 燃料滤清器

燃料滤清器能过滤燃料中的杂质，是保证提供给发动机的燃料保持纯净的重要部件，通常设置在燃料输送管上。

❶燃料滤清器 ❷喷油器 ❸经过滤后的清洁燃料 ❹混有异物的燃料 ❺燃料箱

## 调压器

喷油器正常工作时，需要燃料泵提供一定的压力。这个压力需要随着发动机工作状况进行变化。如果燃料系统中压力过高，会增加发生故障的可能性。调压器能调整燃料系统中的压力，保证整个系统中的压力正常。

### 调压器的结构

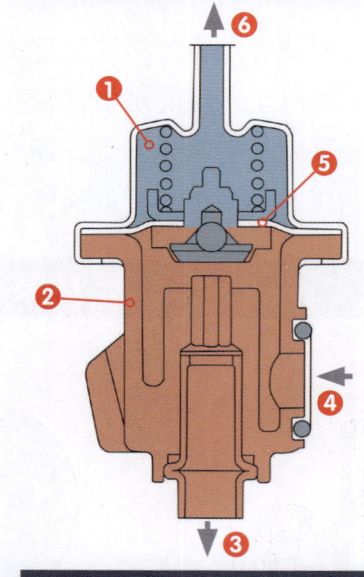

吸入负压和燃料压力的差超过标准值后，隔膜板中的阀门打开，多余的燃料回到燃料箱内，从而降低压力。

❶吸入负压
❷燃料压力较高
❸剩余的燃料流回燃料箱
❹吸入燃料
❺隔膜板
❻进气歧管

## 喷油器

喷油器是向发动机内部喷射燃料的部件，它影响着气缸燃烧的情况。

汽车电脑根据发动机的转速和稳定情况，控制喷油器喷射的燃料量，喷射的燃料量能影响燃烧效率和发动机动力。普通汽油发动机每个气缸的进气道内设置有一个喷嘴。而最新开发的高性能发动机中，喷油器直接向燃烧室内喷射，以提高动力，降低油耗。

### 喷油器的结构

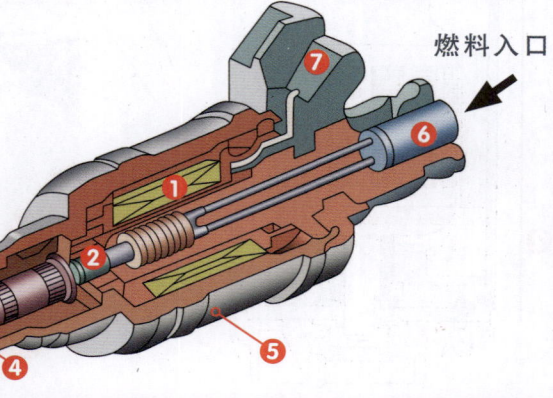

燃料入口

喷射燃料

❶电磁线圈 ❷活塞 ❸喷射口 ❹针型阀 ❺阀门壳 ❻过滤器 ❼端子

第三章 发动机的辅助机构

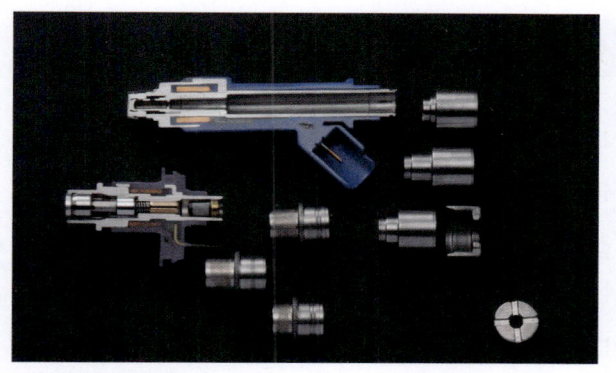

▲ 分解后的喷油器

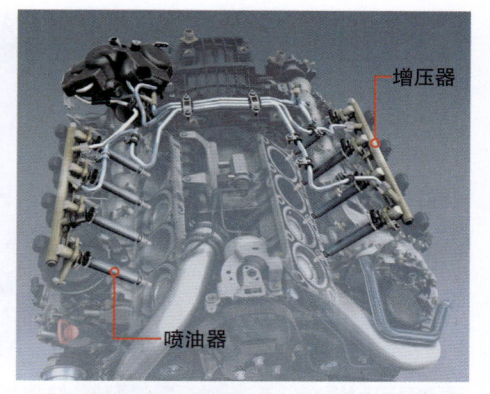

增压器
喷油器

▲ 喷油器的位置，如图所示，每个气缸配备一个喷油器

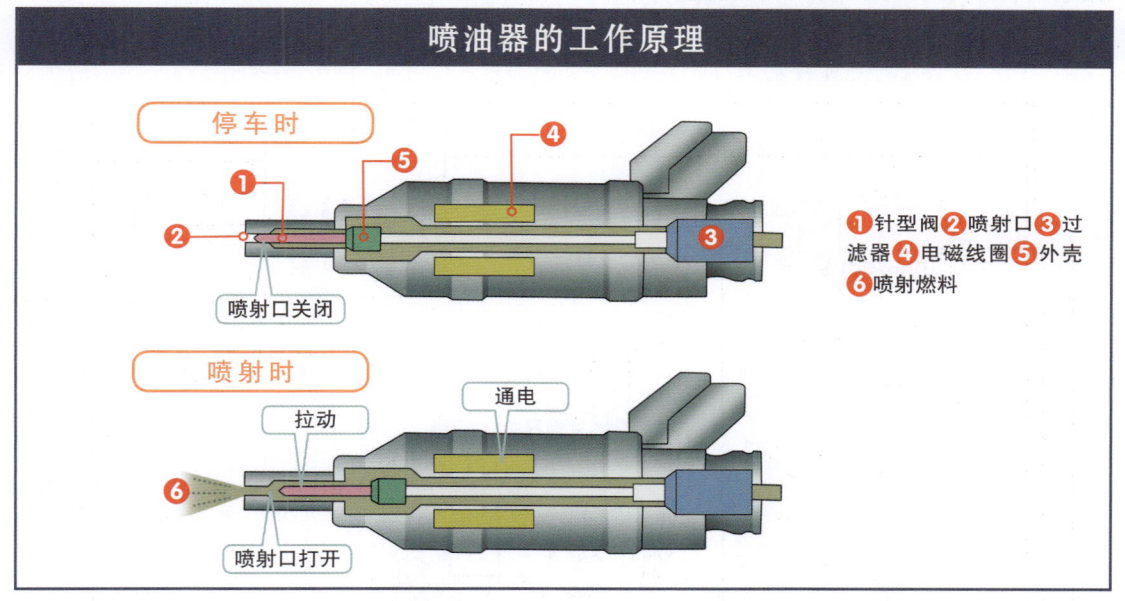

## 喷油器的工作原理

**停车时**
① 针型阀 ② 喷射口 ③ 过滤器 ④ 电磁线圈 ⑤ 外壳 ⑥ 喷射燃料

喷射口关闭

**喷射时**
通电
拉动
喷射口打开

# 化油器

空气流通过变窄的进气管时，流速变快，同时吸出燃料，燃料和空气混合。

浮子室

活塞下降，进气门打开，产生吸力。

化油器与喷油器的作用相同，然而化油器是依靠发动机进气合成混合气体，可手动调整，反应速度快。但化油器无法像喷油器那样，根据发动机的状况对燃料和空气的混合程度进行调整。因为汽车采用化油器后，尾气污染较大，所以现在的汽车基本不再使用化油器了。

## 电子控制燃料喷射系统

电子控制燃料喷射装置，也叫电喷系统，是由行车电脑（ECU：Electronic Control Unit，电子控制单元，又称"行车电脑""车载电脑"等）正确控制燃料供给量和供给时机的系统。该系统中包括各种监测系统：监测发动机进气量、节气门、排气等探测装置。ECU通过各种传感装置获得发动机的工作状况，并根据这些数据控制喷油器喷射燃料的量和时机。

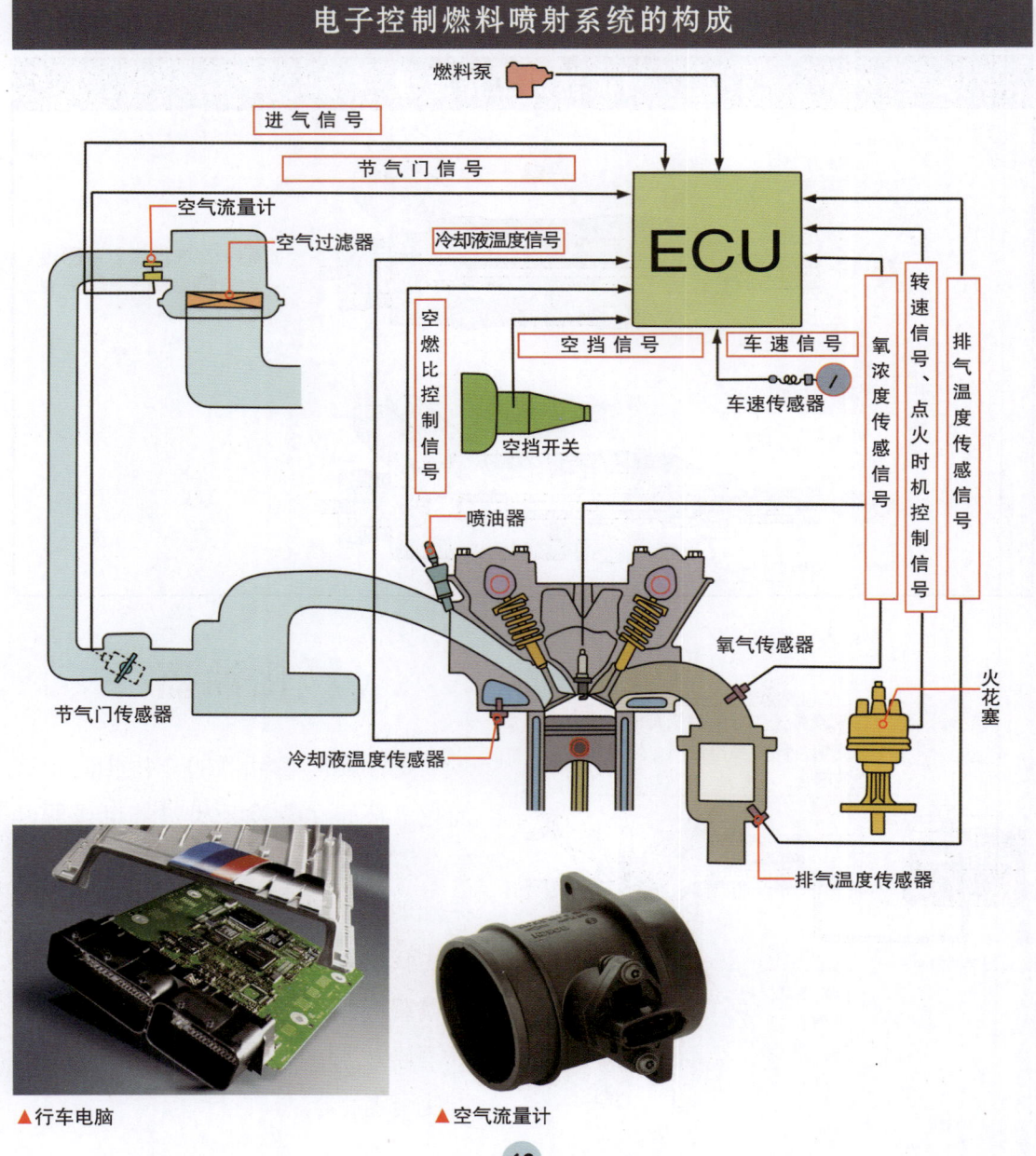

### 电子控制燃料喷射系统的构成

▲ 行车电脑

▲ 空气流量计

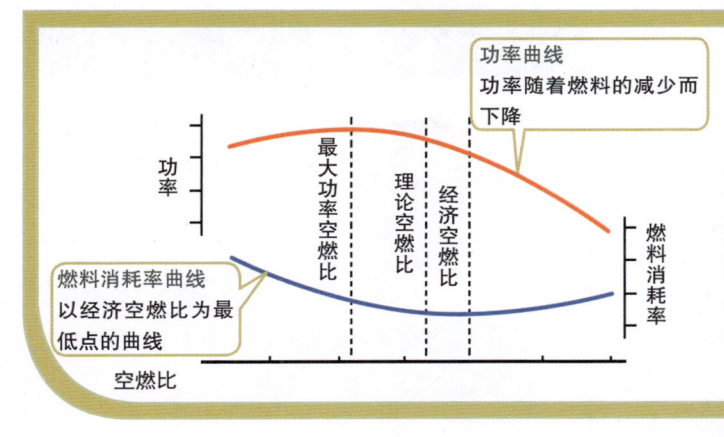

## 空燃比

混合气体中，燃料和空气的比例称为空燃比。理论上燃烧效率最高的空燃比是 1 克燃料比 14.7 克空气，即理想空燃比为 1：14.7。这里需要注意的是理想空燃比状态是代表最优的燃烧效率，能最大限度地发挥发动机性能时为最大功率空燃比，最省油时为经济空燃比。

图中标注：
- 功率曲线：功率随着燃料的减少而下降
- 燃料消耗率曲线：以经济空燃比为最低点的曲线
- 最大功率空燃比
- 理论空燃比
- 经济空燃比
- 功率
- 燃料消耗率
- 空燃比

## 缸内直喷系统

缸内直喷系统中，喷油器直接将燃料喷射进燃烧室，与空气混合，进行燃烧。喷油器在发动机进行压缩行程时进行喷射，通过活塞运动使燃料和空气混合。缸内直喷系统利用较高的空燃比，让燃料在过量空气环境中充分燃烧，降低热损失和泵气损失，达到了提高动力、省油的目的。

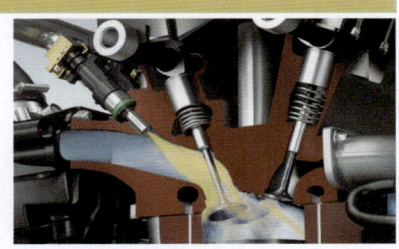

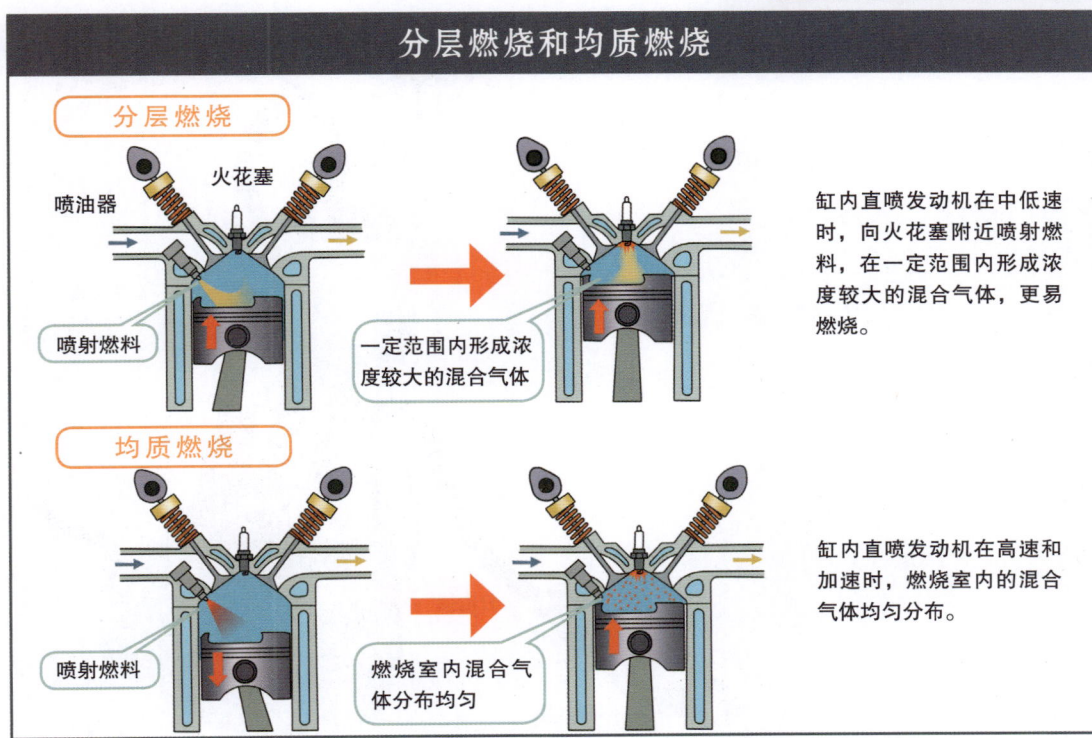

### 分层燃烧和均质燃烧

**分层燃烧**

喷油器、火花塞、喷射燃料、一定范围内形成浓度较大的混合气体

缸内直喷发动机在中低速时，向火花塞附近喷射燃料，在一定范围内形成浓度较大的混合气体，更易燃烧。

**均质燃烧**

喷射燃料、燃烧室内混合气体分布均匀

缸内直喷发动机在高速和加速时，燃烧室内的混合气体均匀分布。

透视汽车会"跑"的奥秘

# 03

## 点火系统

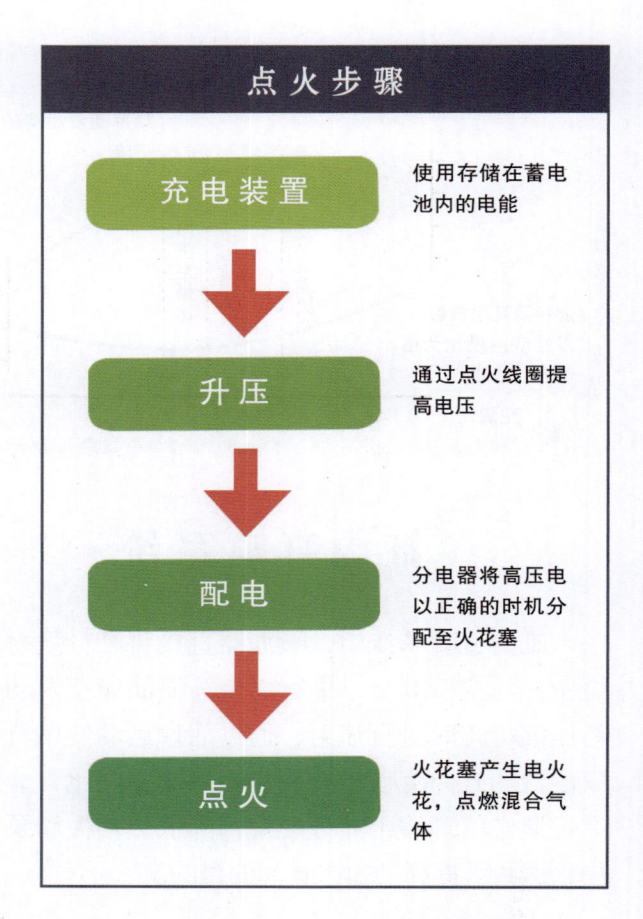

### 点火步骤

|  |  |
|---|---|
| 充电装置 | 使用存储在蓄电池内的电能 |
| 升压 | 通过点火线圈提高电压 |
| 配电 | 分电器将高压电以正确的时机分配至火花塞 |
| 点火 | 火花塞产生电火花,点燃混合气体 |

混合气体需要点火装置点燃才会燃烧。火花塞是汽车最常见的点火装置,要经过多个打火步骤,火花塞才能够打出火花。

火花塞需要1万V以上的电压才能点火,考虑到安全因素,蓄电池的电压通常控制在10V左右,这就需要升压。升压的步骤是通过点火线圈实现的。升压后的高压电经过分电器,传输至火花塞,最后打出电火花,点燃混合气体。

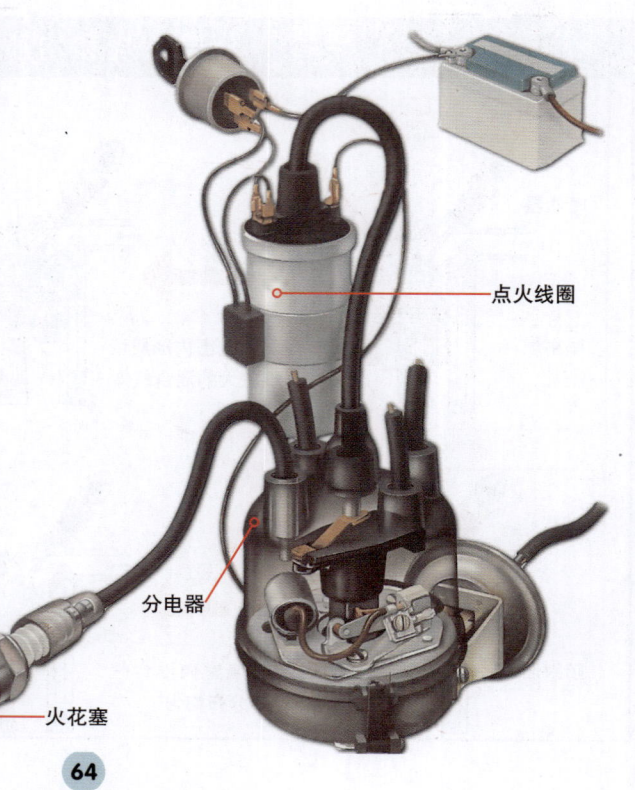

点火线圈

分电器

火花塞

# 点火线圈

点火线圈由铁芯和铁芯周围的线圈组成。在点火过程中，点火线圈完成升压步骤。

点火线圈可分为两种，以线圈的缠绕方式来区分：一种是开磁路线圈，线圈缠绕圆柱形的铁芯；另一种是闭磁路线圈，"口"字形或"日"字形铁芯内绕有线圈。

与开磁路点火线圈相比，闭磁路点火线圈具有漏磁少、能量损失小、转换效率高、体积小、重量轻和易散热等优点，因此已在电子点火系统中广泛应用。

▲ 点火线圈

### 开磁路线圈的结构

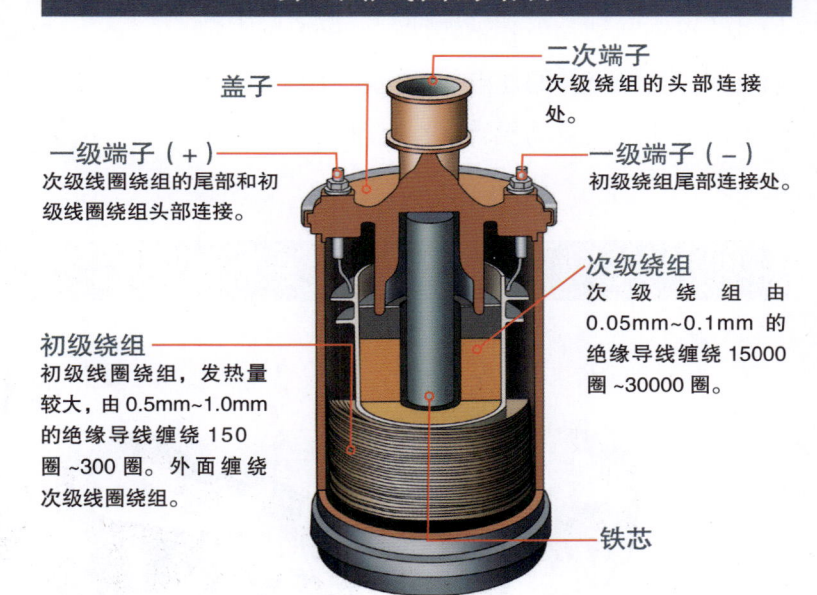

- **盖子**
- **二次端子**：次级绕组的头部连接处。
- **一级端子（+）**：次级线圈绕组的尾部和初级线圈绕组头部连接。
- **一级端子（–）**：初级绕组尾部连接处。
- **次级绕组**：次级绕组由 0.05mm~0.1mm 的绝缘导线缠绕 15000 圈~30000 圈。
- **初级绕组**：初级线圈绕组，发热量较大，由 0.5mm~1.0mm 的绝缘导线缠绕 150 圈~300 圈。外面缠绕次级线圈绕组。
- **铁芯**

### 开磁路线圈和闭磁路线圈

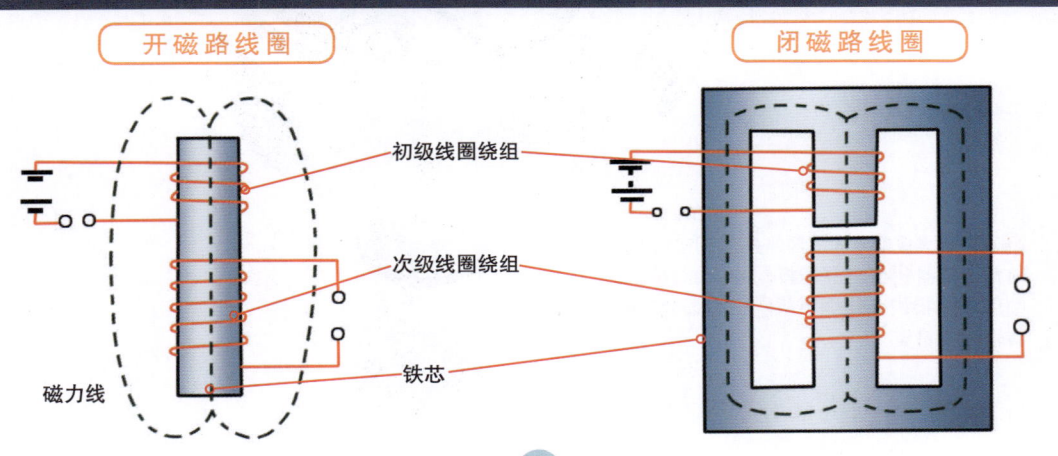

开磁路线圈 | 闭磁路线圈

- 初级线圈绕组
- 次级线圈绕组
- 铁芯
- 磁力线

## 分电器和断电器

在点火装置中，分电器的主要作用是将高压电分配至各个气缸的火花塞。分电器由点火提前角调节器、断电器、配电器、电容器等配件组成。

分电器转轴、转轴上点火线圈串联的固定触点和活动触点臂组成了断电器。转轴与发动机凸轮轴联动，当转轴转动时，可控制固定触点和活动触点臂的通电与断电。真空点火提前角调节器则在发动机转速提高时调节点火时机。

▲ 分电器

### 分电器

❶ 真空点火提前角调节器外壳 ❷ 真空点火提前角调节器 ❸ 分电器基板 ❹ 电容器 ❺ 活动触点臂 ❻ 接线点 ❼ 调节板 ❽ 分电器外壳 ❾ 转轴 ❿ 交错齿

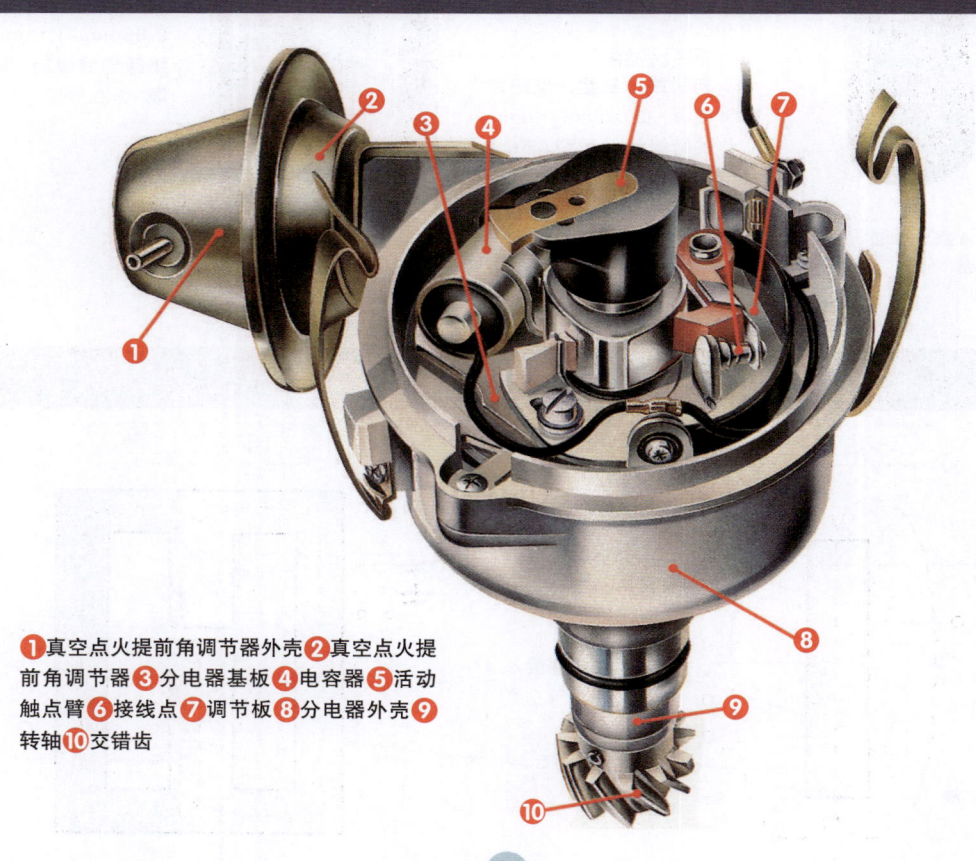

# 直接点火装置

直接点火装置通过发动机电脑直接控制火花塞点火。使用直接点火装置的汽车在行驶中，蓄电池将电能传输至发动机电脑，由电脑控制带有点火线圈的火花塞，完成升压、点火过程，电脑还能根据发动机工作状况精确控制点火时机，最终达到提高燃烧效率、省油的目的。

## 点火方式的比较

**有分电器**

经过分电器的高压电

蓄电池 — 点火线圈（低压电）— 点火器 — 信号发生器 — 分电器 — 高压配电图 — 火花塞

经点火线圈升压后的高电压通过分电器分配至各气缸的火花塞。

**无分电器**

火花塞内的点火线圈进行升压

蓄电池 — 发动机电脑 — 点火线圈（低压电）— 火花塞

直接点火装置中，低压电直接输送至火花塞中，其内部的点火线圈完成升压，无分电器。

## 火花塞

　　火花塞是汽油发动机中点燃混合气体的重要部件。各气缸对应一个火花塞。

　　发动机在工作时，燃烧室内的瞬间温度会超过2000℃，因此火花塞需要具备一定的耐热和散热能力，该性能指标被称为热值，热值用数字1~9表示，数字越高，表示耐热和散热能力越强。

　　火花塞利用高压电，在中心的正极和接地的负极之间放电，点火。因此火花塞要保证高压电的绝缘。近年来为提高温度和延长放电时间，出现了电极电压超过45000V的火花塞。

　　火花塞在进行放电时，电极间会产生消焰作用，使火核消失，导致点火失败。火花塞的消焰作用越小，火核越大，燃烧效率也就越高。

### 火花塞的结构

**❶波纹体**
波纹型的绝缘体延长终端和电极之间的距离，增大表面面积。

**❷垫片**
垫片保持燃烧室气密性。

**❸中心电极（＋）**
正极，通常使用特殊镍合金制成。

**❹螺纹直径**

**❺接地电极（－）**
负极，材质和中心电极相同。

**❻螺纹长**

**❼绝缘体**
绝缘体防止高压电漏电。通常使用耐热性、绝缘性、热传导性较佳的陶瓷材料。

**❽终端**

### 消焰作用

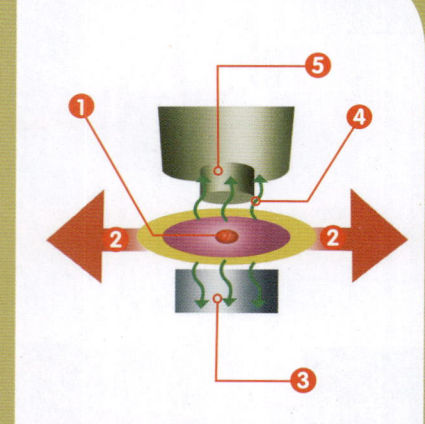

❶火核　❷火核的成长　❸接地电极
❹热能　❺中心电极

火花塞会产生电极，吸收火核热量，产生妨碍火核成长的消焰作用，如果消焰作用过强，会导致点火失败。

## 火花塞必要的性能

| ① | 耐受数万伏特电压的机械强度 |
| --- | --- |
| ② | 放电火花性能优秀 |
| ③ | 耐高压 |
| ④ | 热传导性高 |
| ⑤ | 高温环境下保持绝缘性 |
| ⑥ | 高温高压下保持气密性 |
| ⑦ | 耐污损性 |

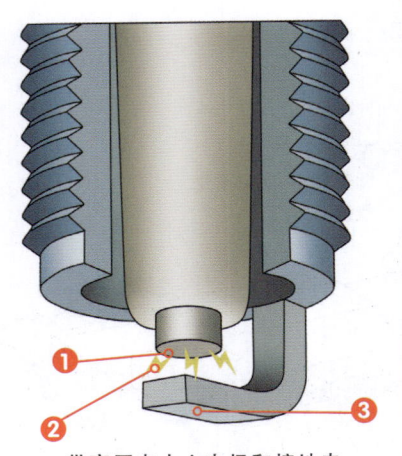

## 火花塞的位置

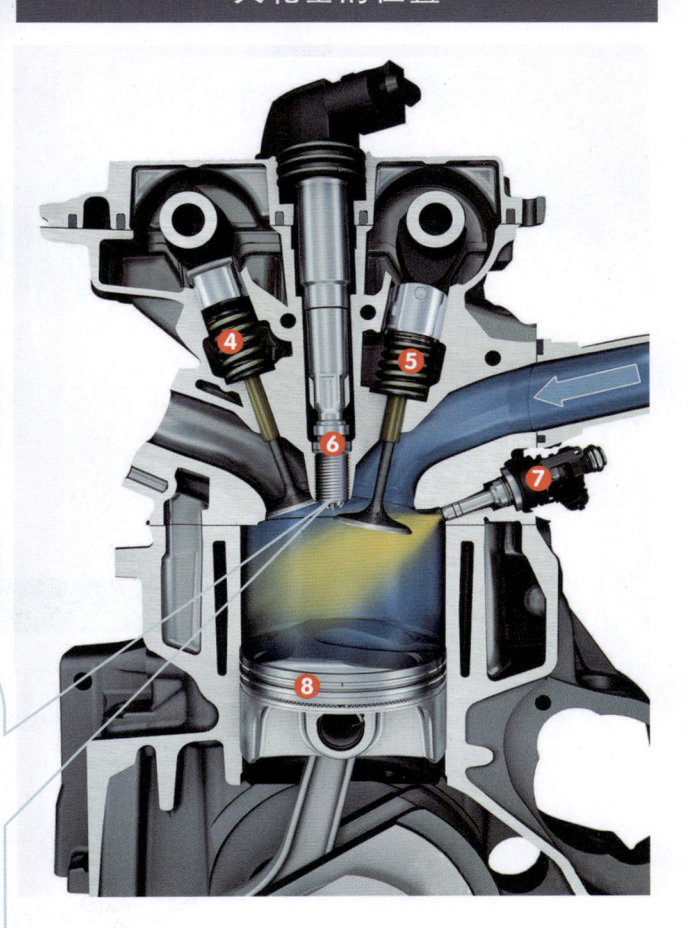

❶中心电极 ❷产生火花 ❸接地电极 ❹排气门 ❺进气门 ❻火花塞 ❼喷油器 ❽活塞

带高压电中心电极和接地电极间会产生电火花。

## 火花塞头的种类

单极型　　四极型 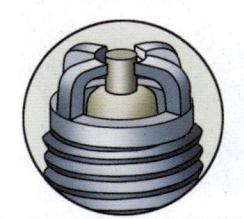　　沿面型

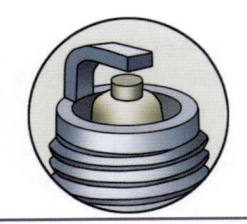

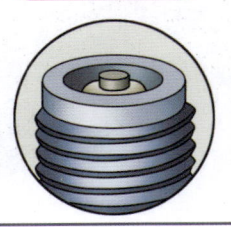

根据不同的消焰作用、点火性、大小，可将火花塞分为多个种类。

透视汽车会"跑"的奥秘

# 04

## 进排气系统

### 进气装置

进气装置是将空气输送至发动机的机构。空气从进气道进入进气歧管，活塞下降时，气缸容量变大，气压变低，产生负压，此时空气被吸入气缸内。

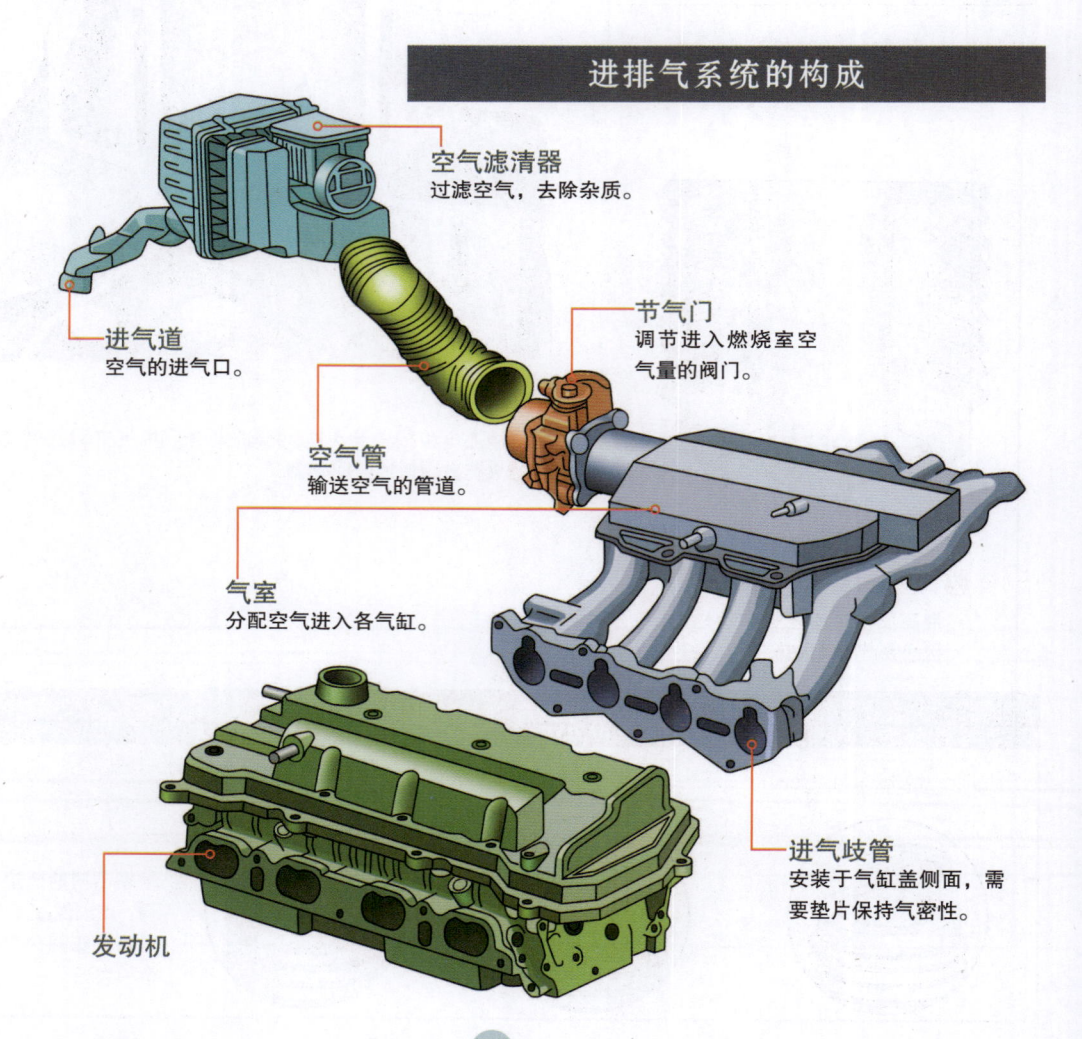

### 进排气系统的构成

**空气滤清器**
过滤空气，去除杂质。

**进气道**
空气的进气口。

**节气门**
调节进入燃烧室空气量的阀门。

**空气管**
输送空气的管道。

**气室**
分配空气进入各气缸。

**进气歧管**
安装于气缸盖侧面，需要垫片保持气密性。

**发动机**

# 排气装置

排气装置是将燃烧后的高温气体排出车外的机构。

燃烧后的气体处于高温高压状态，在排气装置中，如果不降压便排气，会导致排气不畅，影响发动机工作。因此，排气装置的降压设计十分重要。除此之外，排气装置还需要在去除污染物方面下功夫。混合气体燃烧产生的气体中，含有污染大气的一氧化碳（CO）、氮氧化合物（NOx）、碳氢化合物（HC）等物质，排气装置中需安装降低各种污染物质的装置。

## EGR 装置

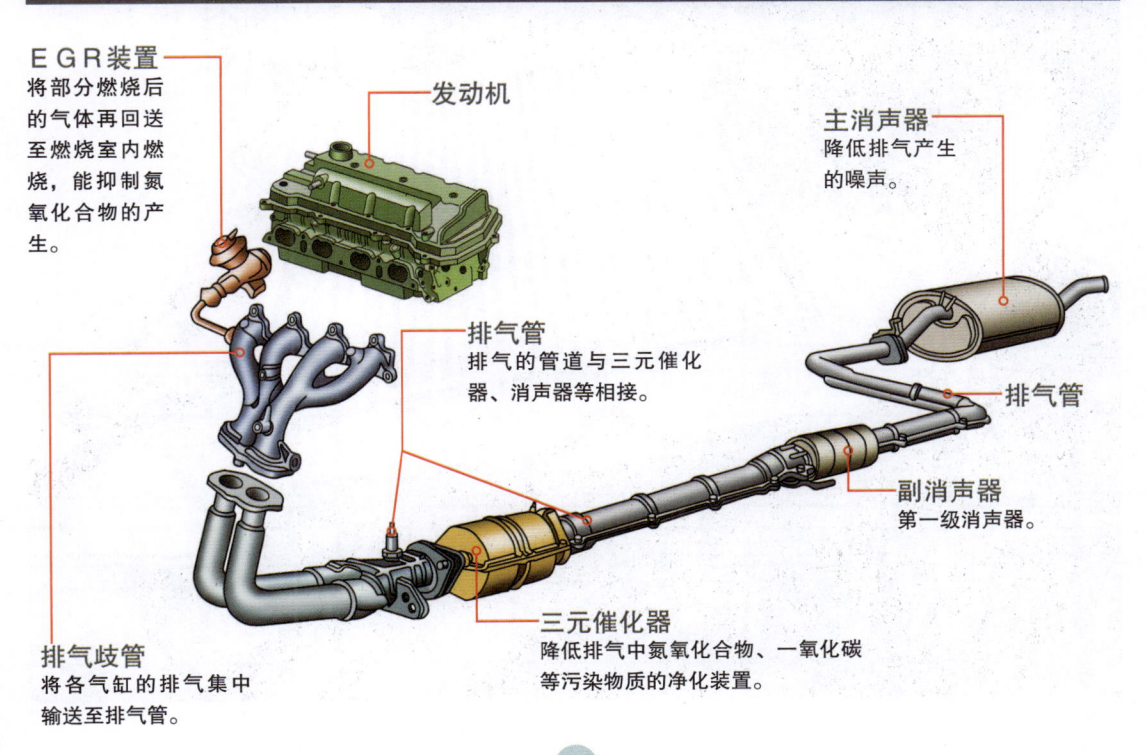

**EGR装置**
将部分燃烧后的气体再回送至燃烧室内燃烧，能抑制氮氧化合物的产生。

**发动机**

**主消声器**
降低排气产生的噪声。

**排气管**
排气的管道与三元催化器、消声器等相接。

**排气管**

**副消声器**
第一级消声器。

**排气歧管**
将各气缸的排气集中输送至排气管。

**三元催化器**
降低排气中氮氧化合物、一氧化碳等污染物质的净化装置。

透视汽车会"跑"的奥秘

## 空气滤清器

空气滤清器用于过滤输送至发动机空气中的杂质,防止杂质引起发动机工作不畅,防止磨损的增大。空气滤清器由树脂或金属制成的盒子和内部的滤芯两个部分组成。现在汽车的滤芯材料为多层纤维布的干式滤芯。

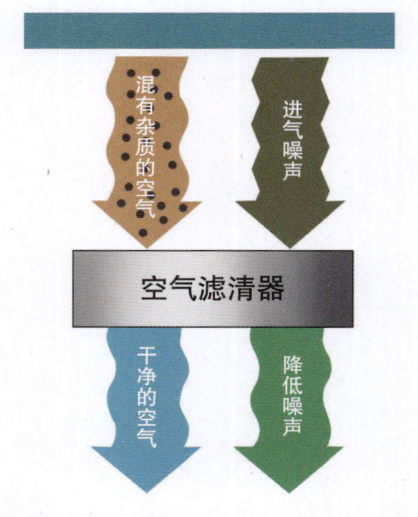

空气滤清器除能清除杂质外,还能降低进气噪声。定期进行清扫效果会更好。

▲ 纤维布的干式滤芯

## 进气歧管

空气经过滤清器的过滤后，进入进气歧管，而后被分配至各个气缸。进气歧管为提高进气效率，在形状上下了各种功夫，还出现了采用能根据发动机转速自动调整进气量的汽车。

▲为减轻车重，采用铝合金材料的进气歧管逐渐增多

### 温水加热式和排气加热式

**温水加热式**

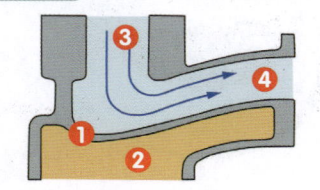

进气歧管利用发动机冷却液加热进气，促进混合气体的产生。

❶隔板 ❷发动机冷却液（温水）❸空气的流动 ❹进气歧管

**排气加热式**

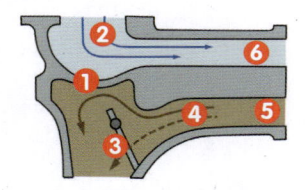

利用排气温度对进气温度加热，促进混合气体的产生，内部设置有扰流板控制加热量。

❶隔板 ❷空气的流动 ❸扰流板 ❹排气的流动 ❺排气歧管 ❻进气歧管

## 节气门

节气门是调节发动机空气输送量的部件。节气门有传统拉线式和电子节气门两种。传统发动机节气门操纵机构是通过机械线与加速踏板连接。电子节气门主要靠节气门位置传感器来感应发动机所需能量，控制节气门的开启角度。节气门根据加速踏板力度的大小调节内部的阀门，阀门90°为关闭，达到水平180°时为全开。为了让发动机保持怠速状态（即节气门完全关闭），节气门内部的旁路通道也会为发动机提供少量空气。

▲节气门

透视汽车会"跑"的奥秘

▲ 全开时的节气门

▲ 关闭时的节气门

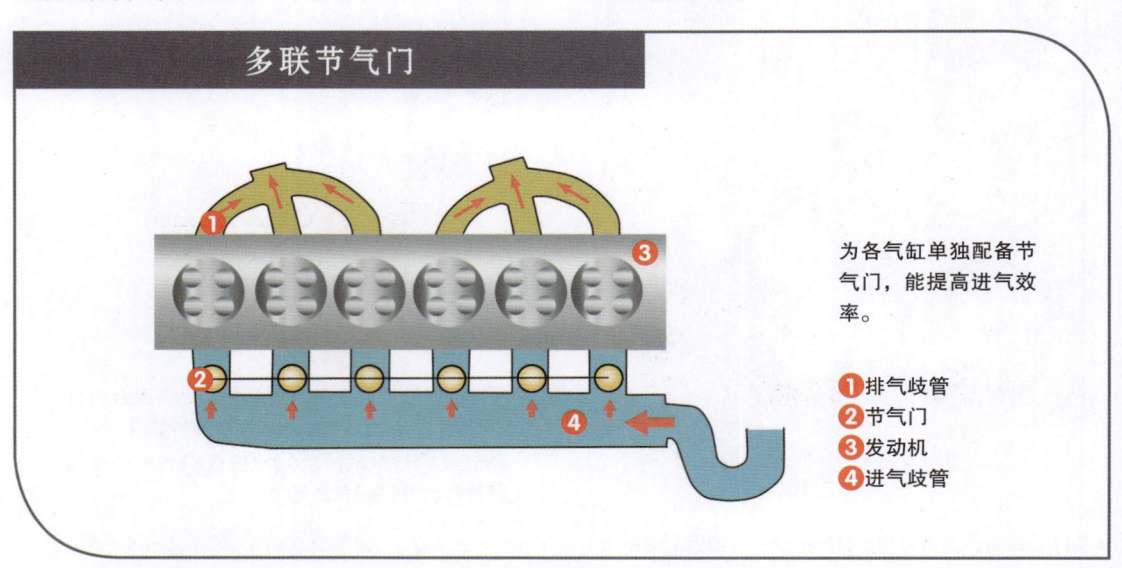

## 多联节气门

为各气缸单独配备节气门，能提高进气效率。

❶ 排气歧管
❷ 节气门
❸ 发动机
❹ 进气歧管

◀ 多联节气门

# 机械线控和电子线控

线控是机电控制里的一种物理控制方式，原指飞机等控制系统。现在汽车的各个关键部分都安装了感应装置，实时记录汽车的工作状况，并通过电信号传输至ECU（行车电脑），由ECU来控制各个部件的工作。这就需要用到线控装置。例如，节气门电子线控，踩下加速踏板的量变换成电子信号，通过ECU传输至节气门。与传统的机械线控相比，采用了电子线控的情况下，即使突然全踩下加速踏板，节气门也不会马上全开，而是随着转速逐渐打开，这样能保证驾驶安全。

电控转向驱动，由方向盘转动转换的电信号经ECU控制车轮转向，替代机械转向齿轮箱，大幅提高操纵感。同时，电控制动系统和电控换挡系统也使制动和换挡变速反应更快，操纵更细化。

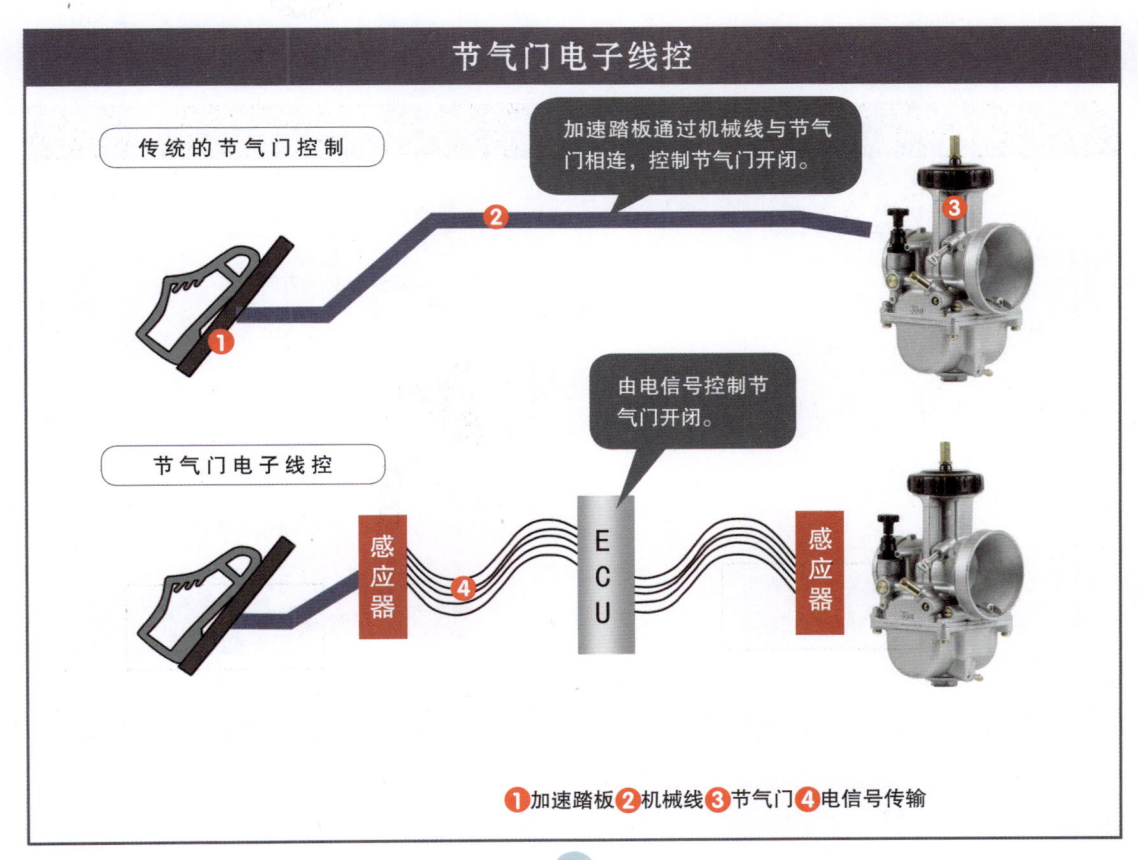

## 节气门电子线控

传统的节气门控制

加速踏板通过机械线与节气门相连，控制节气门开闭。

节气门电子线控

由电信号控制节气门开闭。

❶加速踏板 ❷机械线 ❸节气门 ❹电信号传输

透视汽车会"跑"的奥秘

## 电控转向驱动

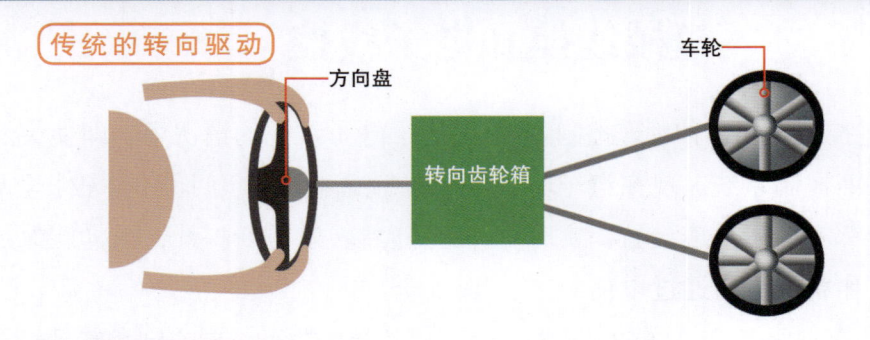

### 传统的转向驱动

方向盘 — 转向齿轮箱 — 车轮

操作方向盘，通过转向齿轮箱控制车轮转向。

### 电控转向驱动

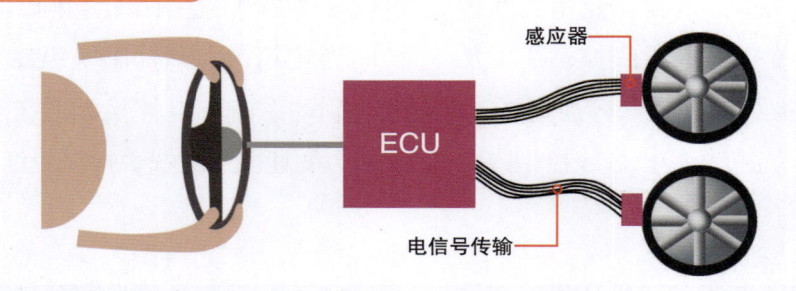

方向盘 — ECU — 感应器 — 车轮
电信号传输

通过电信号控制转向，能进行更精细的操作。

## 电控换挡

### 传统的手动变速

变速杆 — 变速器

操作变速杆，机械控制离合器进行变速。

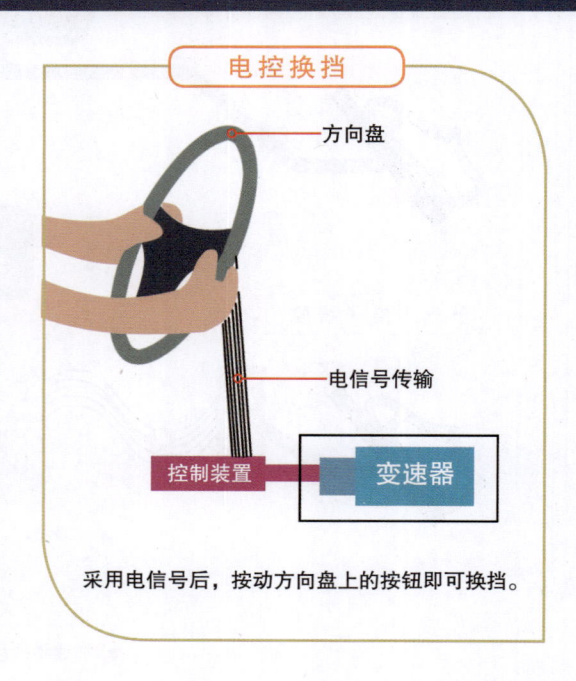

### 电控换挡

方向盘 — 电信号传输 — 控制装置 — 变速器

采用电信号后，按动方向盘上的按钮即可换挡。

第三章 发动机的辅助机构

## 排气歧管

排气歧管能将各个气缸燃烧后的废气集中在一起。废气被活塞运动压出燃烧室后，首先进入排气歧管。排气歧管各个分支管尽可能长，并且合流处远离发动机，使各气缸排气合流时互不干扰。由于废气的温度高达几百摄氏度，因此排气歧管通常由铸铁或不锈钢制成。

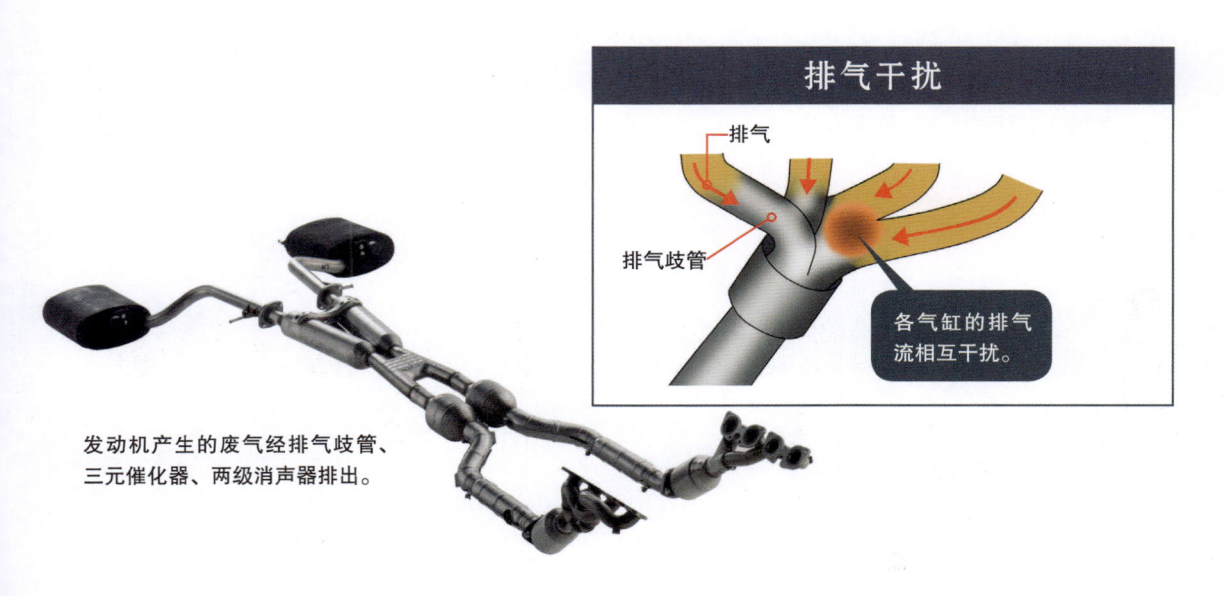

▲排气歧管

### 排气干扰

排气
排气歧管
各气缸的排气流相互干扰。

发动机产生的废气经排气歧管、三元催化器、两级消声器排出。

## 消声器

发动机的废气直接排出时，因为高温高压会急剧膨胀，从而产生噪声，这时就需要消声器进行消声。

消声的方式有三种：第一种是设置多个空盒子，让废气逐级膨胀进行消声；第二种是利用玻璃纤维等吸声材料进行消声；第三种是让噪声在一定空间内不断发射，相互抵消，达到消声目的。汽车上使用的消声器结合了以上三种方式，并且设置主/副消声器的两级消声过程，以达到更好的消声效果。

## 消声器的结构

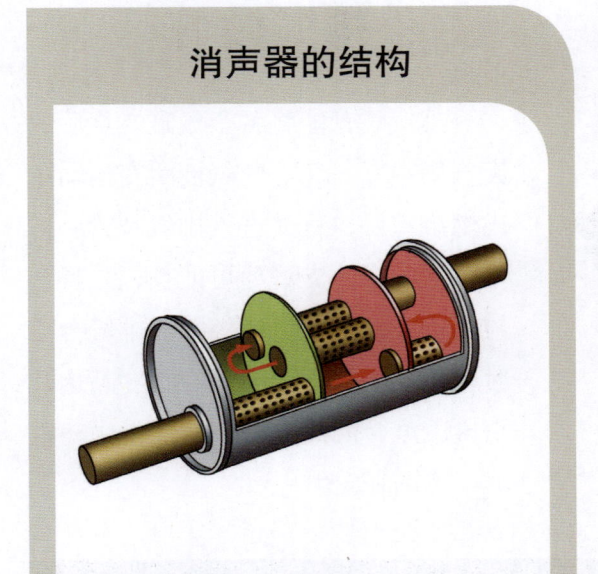

消声器内被分割出多个空间，各个空间使排气逐级降低压力、温度和噪声。

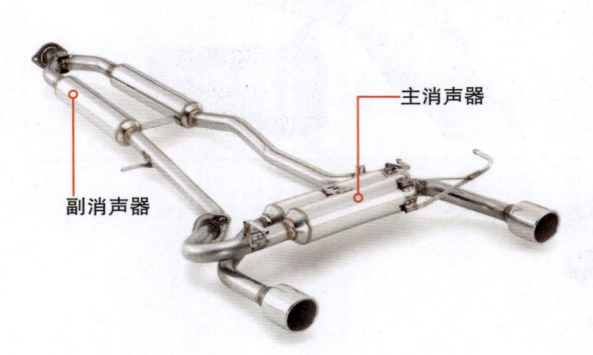

副消声器

主消声器

　　三元催化器能利用化学反应净化发动机废气中的3种有害物质（碳氢化合物、一氧化碳、氮氧化合物）。催化器中的金属铂、铑、钯可以催化以上三种有害物质，使其产生化学反应，生成水、二氧化碳和氮等无害物质。因为废气温度过低时较难引起化学反应，所以三元催化器通常设置在排气歧管和副消声器之间，这里的废气温度较高。

# 三元催化器

## 有害物质

- 碳氢化合物
- 一氧化碳
- 氮氧化合物

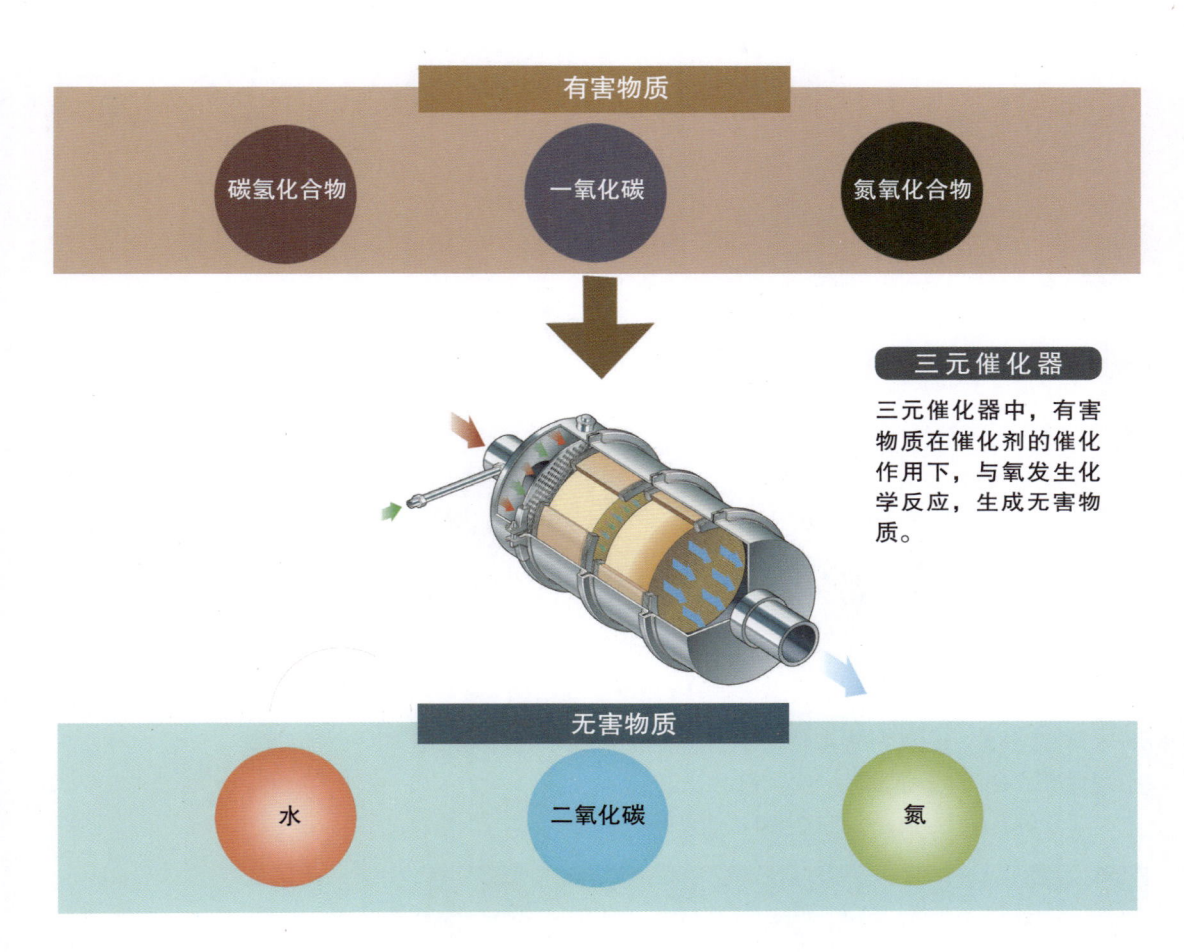

### 三元催化器

三元催化器中，有害物质在催化剂的催化作用下，与氧发生化学反应，生成无害物质。

## 无害物质

- 水
- 二氧化碳
- 氮

▲三元催化器

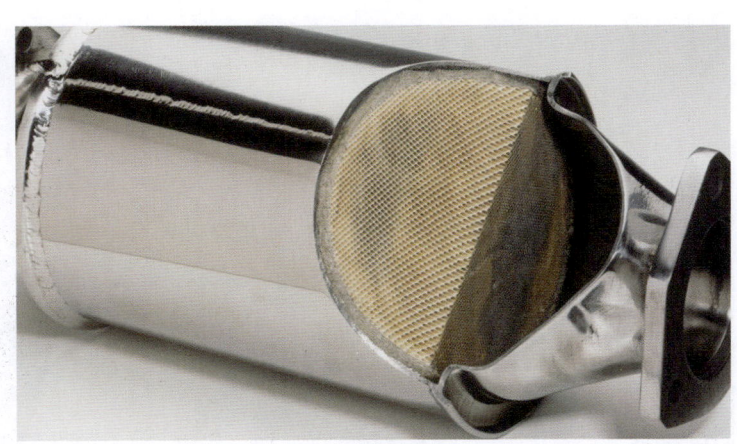

▲三元催化器内蜂窝状的格子，既能提高排气效率，又能提高化学反应效率。

## 05

# 增压装置

## ◁◁ 涡轮增压器 ▷▷

　　涡轮增压器是汽车的增压装置，它通过压缩空气，在不增加排气量的情况下增加发动机的进气。涡轮是主要的增压装置。

　　涡轮叶轮与压气叶轮通过涡轮轴连

◀ 涡轮增压器
❶ 涡轮叶轮
是排气吹动的叶轮。
❷ 压气叶轮
涡轮叶轮转动带动压气叶轮转动，压缩进气。

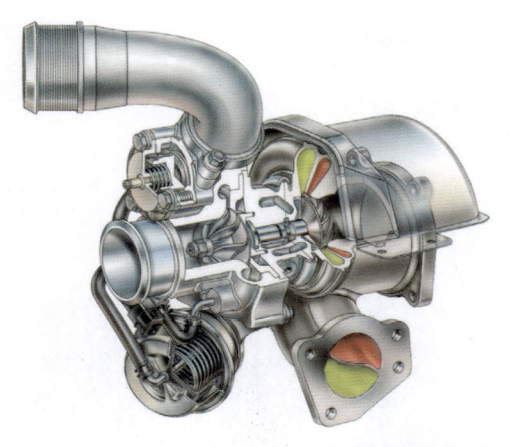

# 第三章 发动机的辅助机构

接，这部分称作增压器转子。增压器转子通过浮动轴承固定在增压器中。发动机工作时，排出的废气以一定角度高速冲击涡轮叶轮，使增压器转子高速旋转。压气叶轮高速旋转，使发动机进气管内的气压升高，达到增压效果。

如此，在进气过程中，空气会受到较大的压力，使压力更大的空气进入气缸，提高燃烧效率，也提高发动机的动力。但涡轮增压也存在发动机负荷较大和热量更大等缺点。

▲ 涡轮增压器剖视图

## 涡轮增压器的工作原理

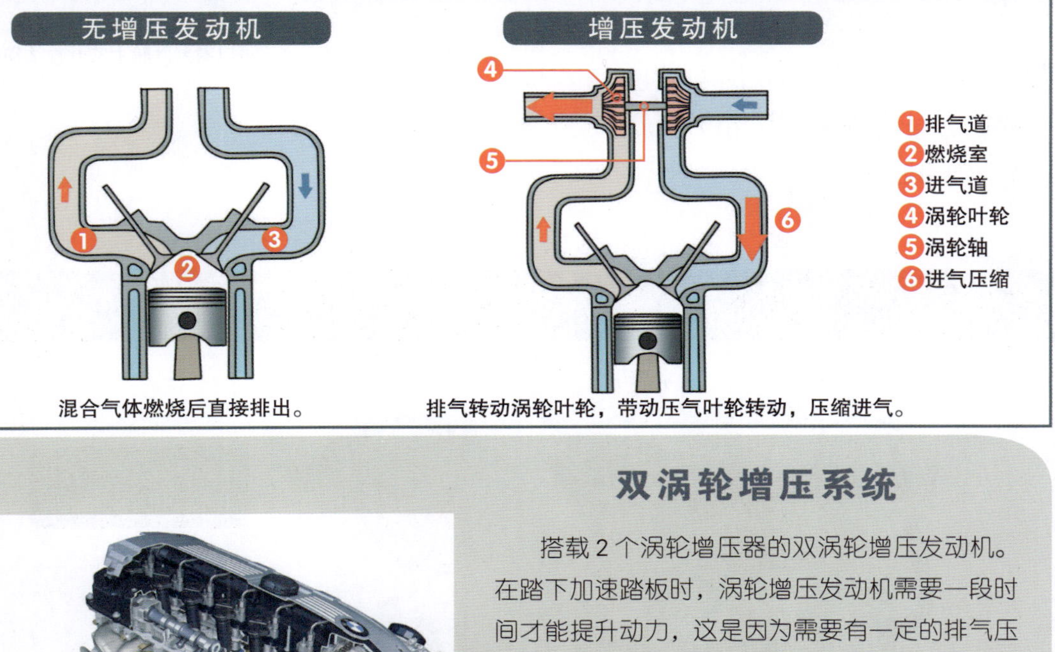

**无增压发动机**

混合气体燃烧后直接排出。

**增压发动机**

1. 排气道
2. 燃烧室
3. 进气道
4. 涡轮叶轮
5. 涡轮轴
6. 进气压缩

排气转动涡轮叶轮，带动压气叶轮转动，压缩进气。

## 双涡轮增压系统

搭载2个涡轮增压器的双涡轮增压发动机。在踏下加速踏板时，涡轮增压发动机需要一段时间才能提升动力，这是因为需要有一定的排气压力才能使涡轮产生足够的转速，进行进气压缩。这一现象被称为涡轮延迟。

这也是导致涡轮增压发动机在低转速下动力不足的主要原因。而双涡轮增压系统是为降低涡轮延迟开始采用的技术。该技术通常在Ｖ型6气缸以上发动机上使用较多。

涡轮

透视汽车会"跑"的奥秘

# 可变截面涡轮增压系统

受到涡轮延迟的影响，处于低转速的涡轮增压发动机无法迅速提高动力。为了解决这一缺点，人们开发出了可变截面涡轮增压系统（VGT：Variable Geometry Turbocharger）。

该系统在涡轮叶轮上设置了一个活动泵，用于调整叶轮上叶片的角度。发动机转速较低时，叶片打开角度较小，气流速度加快，加快涡轮转速。发动机转速逐渐加快时，叶片也逐渐增大打开角，达到一般涡轮增压的效果。由于改变叶片角度能有效控制涡轮转速，因此该系统也起到涡轮过载保护的作用。

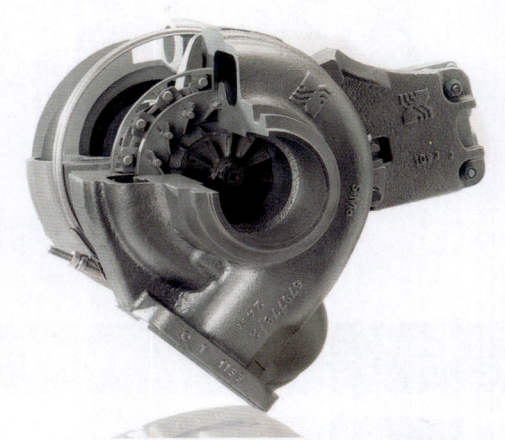

▲ VGT 涡轮增压器，可以看到叶轮上的叶片活动结构。

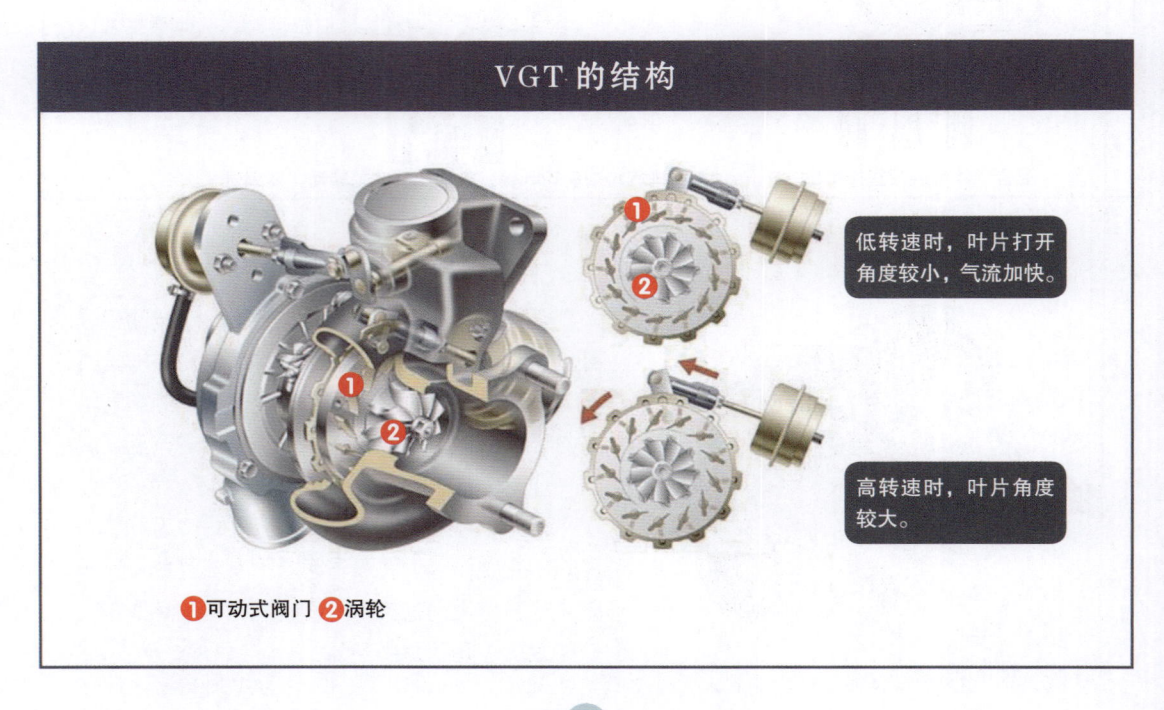

## VGT 的结构

低转速时，叶片打开角度较小，气流加快。

高转速时，叶片角度较大。

❶ 可动式阀门　❷ 涡轮

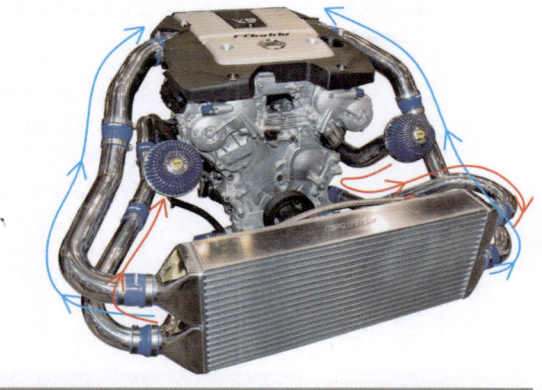

第三章　发动机的辅助机构

▲风冷式中冷器

## 中冷器

中冷器是冷却进气，提高空气密度的装置，是涡轮增压系统中不可缺少的部件。涡轮增压系统中，向发动机输送的高压空气会超过100℃，热胀冷缩会导致氧气量减少。为防止这一现象，需要将经涡轮增压后的空气输送至中冷器进行冷却，随后再输送至燃烧室。

现在主流汽车上都采用结构简单的风冷式中冷器。

## 机械增压器

机械增压器与利用排气增压的涡轮增压器不同，机械增压器是一种利用发动机动力进行增压的系统。

机械增压器中的转子通过传动带与曲轴联动，增压器转子转速与发动机转速是同步的，相比涡轮增压器，机械增压器不存在涡轮延迟现象，有节气门反应迅速、无须中冷器、可靠性高、寿命长等优点，但也存在动力提升不高、影响发动机转速、高转速时噪声大等缺点。

汽车常用的机械增压器有鲁兹式和螺旋式两种。

▲鲁兹式机械增压器体积十分庞大

透视汽车会"跑"的奥秘

## 鲁兹式机械增压器

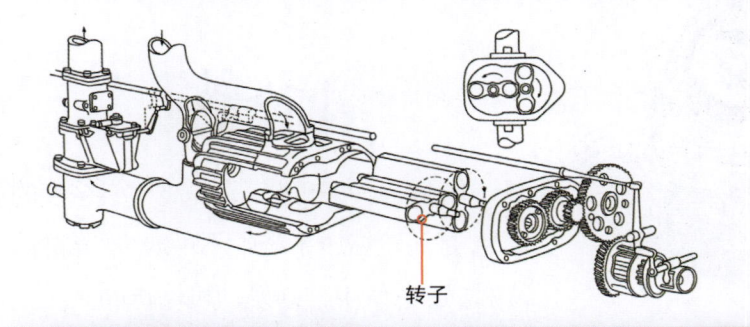

鲁兹式机械增压器由曲轴带动内部的凸缘转子转动，这种增压方式的凸缘转子较为笨重，导致体积庞大，因此常安装于发动机顶部。

转子

## 鲁兹式机械增压器的结构

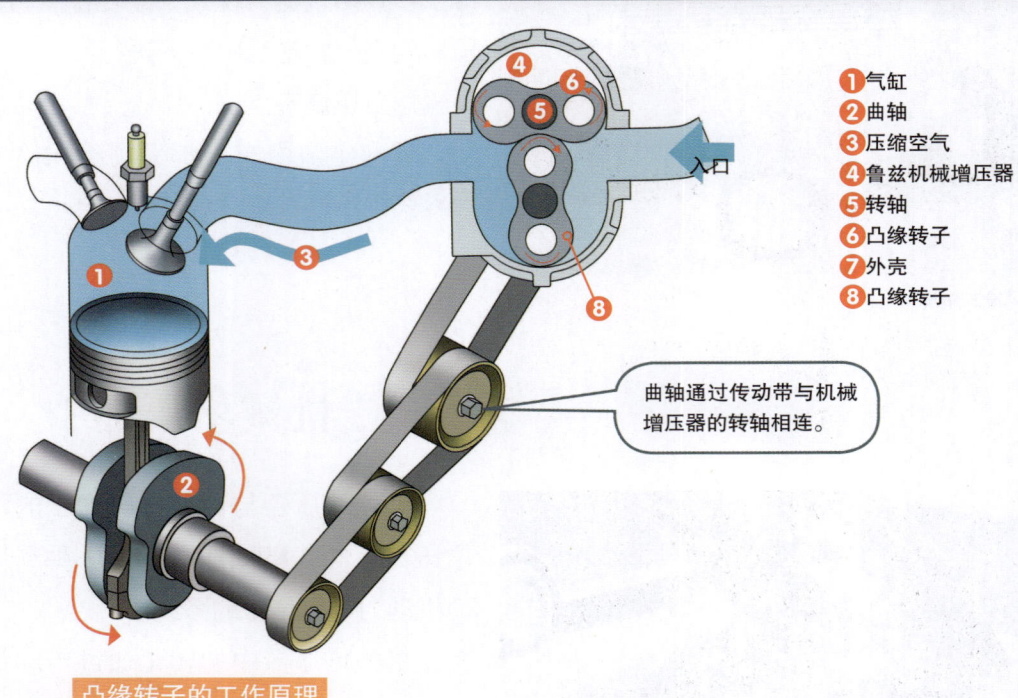

1. 气缸
2. 曲轴
3. 压缩空气
4. 鲁兹机械增压器
5. 转轴
6. 凸缘转子
7. 外壳
8. 凸缘转子

入口

曲轴通过传动带与机械增压器的转轴相连。

### 凸缘转子的工作原理

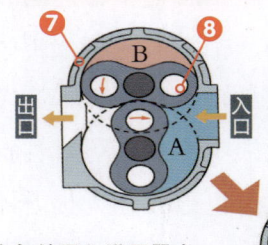

吸入的A部分空气在转子的影响下向压出口靠近。

空气被吸入增压器内，为提高压缩效率，凸缘转子的转速通常为发动机转速的1.5倍。

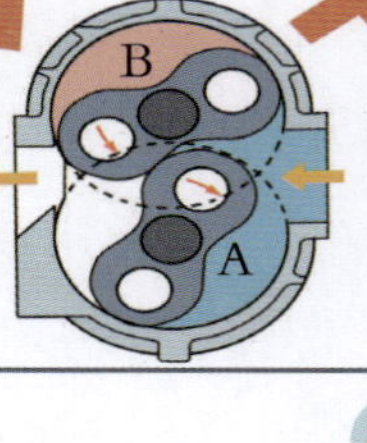

A部分空气在移动时，B部分空气进入增压器内。

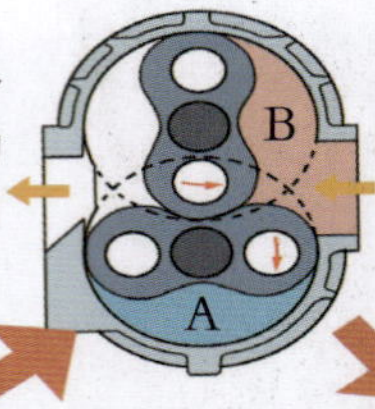

A部分空气被压出后，紧接着是B部分空气，鲁兹式机械增压器的转子转动一圈能完成4次进出气。这样在进气歧管内不断积累提高空气压力。

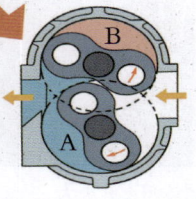

出口　入口

# 双螺旋式机械增压器

双螺旋式机械增压器通过两根类似于一组涡轮传动的啮合凸缘转子吸入空气，增压器中的空气也是通过转子凸缘集中起来吸入的。不同的是，双螺旋式机械增压器还会压缩转子壳体内的空气。其原因在于"雌雄"转子转动，空气从增压器进气口流向排气口，气道会变小。随着气道的收缩，空气便被压入更小的空间，这种设计使空气的压缩可以连续进行，提高增压器的效率，增压器体积也得以减小。

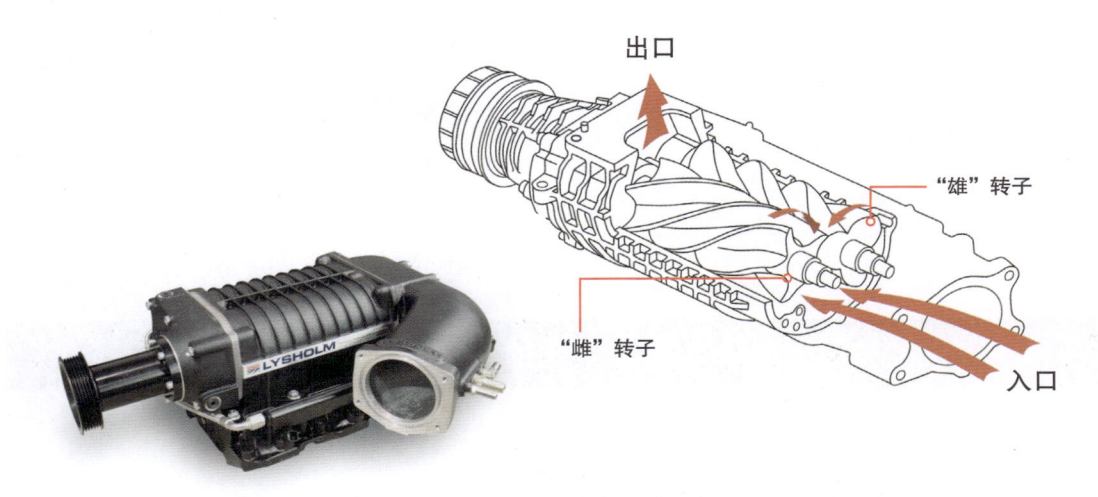

▲ 双螺旋式机械增压器

▲ 采用双螺旋式机械增压器的发动机，在发动机中上部，为增压器。

透视汽车会"跑"的奥秘

## 06
# 润滑系统

发动机工作时，内部的活塞、曲轴等部件都处于激烈运动中，各个部件之间会产生摩擦，会引起金属疲劳，产生热量。为降低摩擦，需要用润滑油进行润滑。润滑油还能起到保护发动机部件不生锈的作用。

润滑系统由存储润滑油的油底壳、过滤润滑油的滤清器，以及循环润滑油的油泵组成。润滑油在油泵的作用下，循环于油底壳和各个需要润滑的部件之间。

### 润滑系统的构造

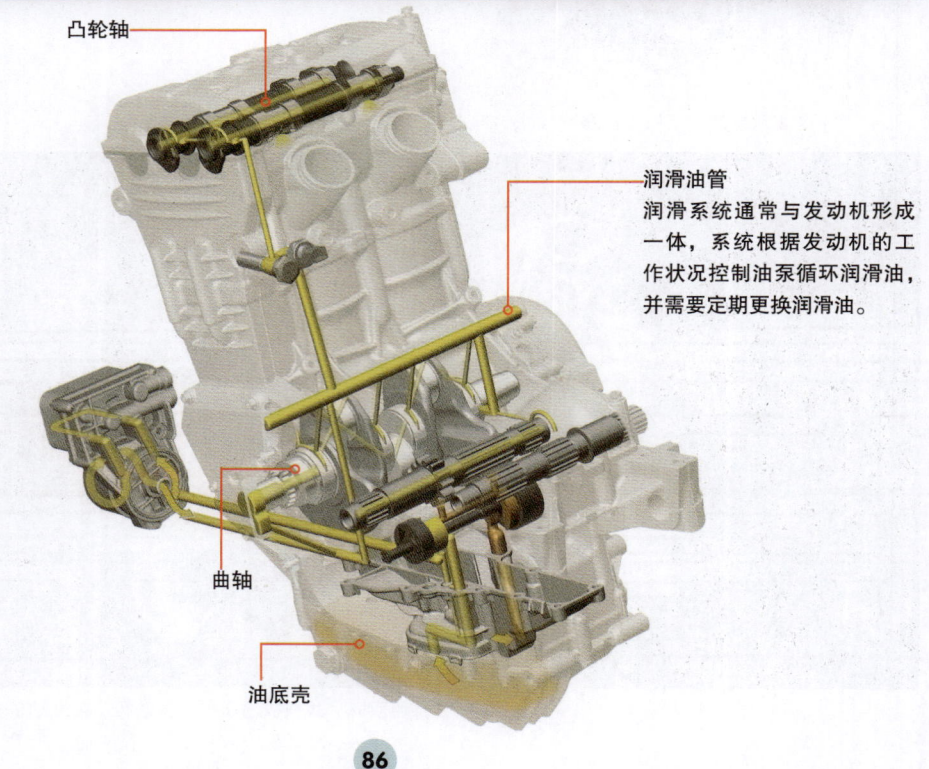

凸轮轴

**润滑油管**
润滑系统通常与发动机形成一体，系统根据发动机的工作状况控制油泵循环润滑油，并需要定期更换润滑油。

曲轴

油底壳

## 润滑油的作用

| 防锈 | 润滑油在部件表面形成油膜，起到防锈作用 |
|---|---|
| 清洁 | 将发动机工作摩擦产生的金属粉末和杂质带到油底壳 |
| 缓冲 | 缓解发动机工作时的振动缓 |
| 润滑 | 解发动机工作时的摩擦 |
| 冷却 | 冷却发动机 |
| 气密 | 防止燃烧后的气体不从气缸中漏出 |

▲拆开油底壳后，能看到油底壳上方就是曲轴。

## 润滑油的过滤方式

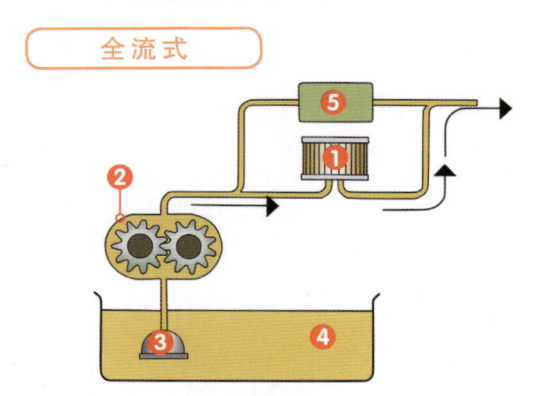

### 全流式

❶润滑油滤清器 ❷油泵 ❸过滤嘴 ❹油底壳 ❺旁通阀

润滑油经过滤清后，在发动机内循环的方式。

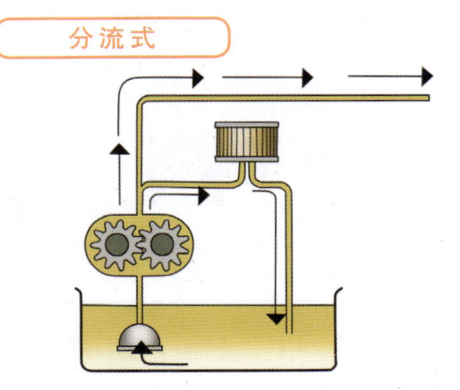

### 分流式

一部分滤清后的润滑油回到油底壳，另一部分则直接为部件进行润滑。

### 合用式

大部分润滑油经过滤清器，供给至发动机，剩下的部分经过滤清后回到油底壳。

## 润滑油泵

润滑油泵是使润滑油循环的部件。现在汽车使用的主流润滑油泵为齿轮泵。润滑油泵由曲轴带动齿轮转动，依靠泵缸与啮合齿轮间形成的工作容积变化和移动来输送润滑油。

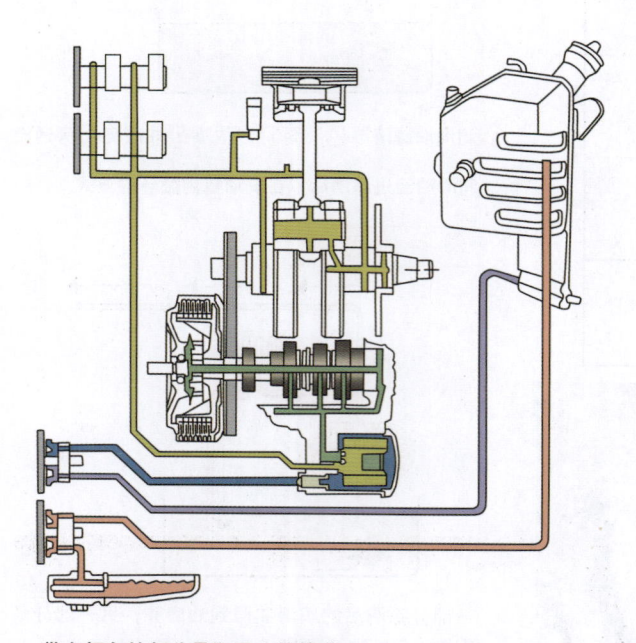

▲带有颜色的部分是润滑油的管道

▲齿轮泵分解后的零件

## 润滑油滤清器

发动机工作时，零件摩擦会产生细小的金属粉末，带有过多金属粉末的润滑油会加剧零件的损耗。这时需要滤清器对润滑油进行清洁过滤。

▲润滑油滤清器内的滤芯，需要定期更换

▲润滑油滤清器

## 油底壳和润滑油过滤嘴

油底壳是存储润滑油的部件，由坚固的不锈钢制成，现在为提高散热效果，逐渐被铝合金材质所替代。润滑油过滤嘴是过滤较大杂质的金属网状部件，设置于油底壳内。

▲润滑油过滤嘴

◀油底壳

透视汽车会"跑"的奥秘

# 07

# 冷却系统

发动机内部燃料燃烧会产生热量,而热量积聚在发动机上,超过一定限度后会导致过热现象,损坏发动机。因此发动机需要配备冷却系统,进行降温。

冷却方式分为风冷式和水冷式两种。风冷式是通风口导向发动机,利用汽车行驶时产生的风阻对发动机进行冷却。水冷式则是使用冷却液对发动机进行冷却。现在采用水冷式的汽车占大多数。

## 冷却液的循环

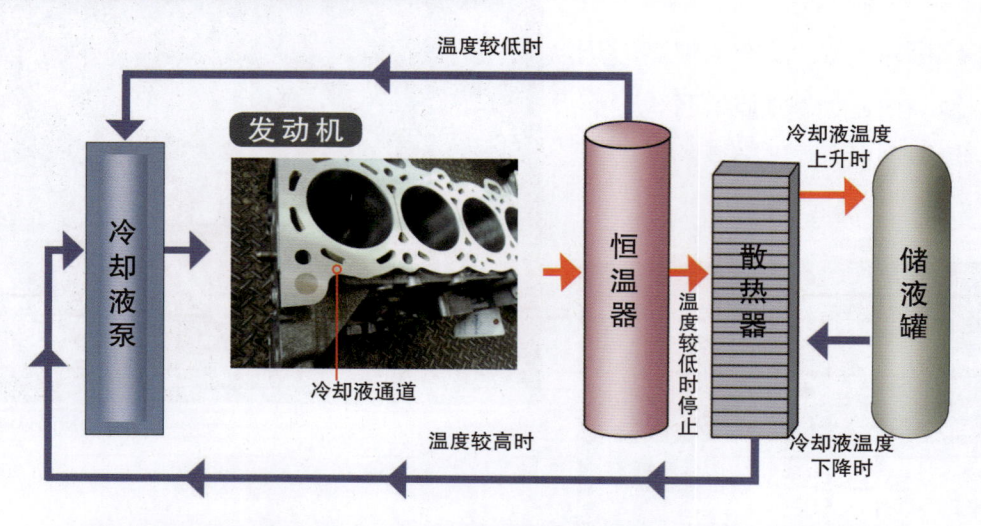

温度较低时 | 发动机 | 冷却液泵 | 恒温器 | 散热器 | 储液罐

冷却液温度上升时
温度较低时停止
温度较高时
冷却液温度下降时

冷却液通道

现在主流的水冷式冷却装置。冷却液在冷却液泵的作用下循环于发动机的冷却液通道中,吸收热量,再通过散热器散热。

第三章 发动机的辅助机构

## 冷却液泵

冷却液泵是循环冷却液的部件，它和润滑油泵相同，都通过传动带与曲轴联动的方式工作。

▲ 冷却液泵

## 恒温器

恒温器是控制冷却液循环的部件。发动机在刚发动或天气寒冷时，由于润滑油温度低，润滑效果差，这时需要尽快提高温度。恒温器能控制冷却液不通过散热器，以便提高温度。

### 恒温器的结构

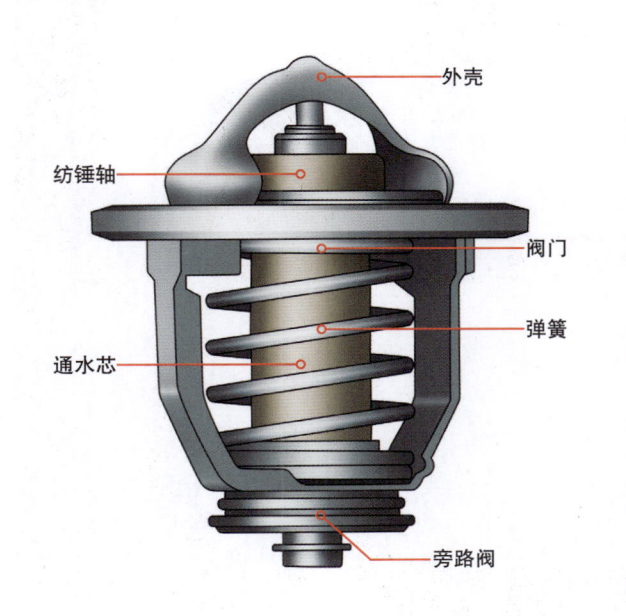

- 外壳
- 纺锤轴
- 阀门
- 弹簧
- 通水芯
- 旁路阀

通水芯和弹簧的上下活动控制阀门。冷却液温度变高时，通水芯上升打开阀门，下降则关闭阀门。

### 发动机过热

发动机温度超过一定限度后会过热。过热导致润滑油附着力减弱，从而导致润滑不良，磨损加大，油耗增加。严重时，还会损坏发动机。而天气寒冷时，发动机温度过低，被称为过冷，过冷会使燃料气化困难，难以形成混合气体，导致燃烧不正常。

透视汽车会"跑"的奥秘

## 散热器

散热器是给冷却液降温的部件。冷却液吸收发动机热量后，进入散热器的进水室，然后通过装有很多散热片的散热器芯进入出水室，再循环至发动机，对发动机进行冷却。

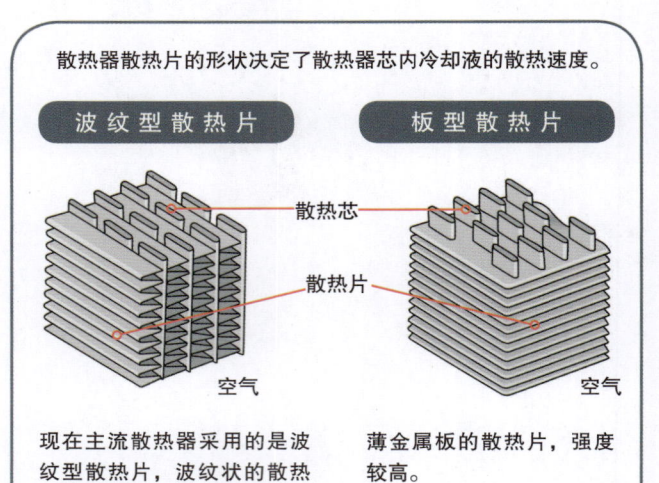

散热器散热片的形状决定了散热器芯内冷却液的散热速度。

**波纹型散热片**　　　　　**板型散热片**

散热芯
散热片
空气　　　　　　　　　　空气

现在主流散热器采用的是波纹型散热片，波纹状的散热片散热面积大，效果好。

薄金属板的散热片，强度较高。

▲ 散热器

## 储液罐和冷却液

储液罐主要用于调整散热器内部压力，是储存冷却液的部件。为了检修方便，储液罐大多采用半透明树脂材料制成。储液罐上标明了最大和最小水线，需要定期进行检查，必要时补充冷却液。

冷却液全称为防冻冷却液，即使气温达到冰点以下也不会冻结，同时为方便检查，冷却液通常被染成各种颜色。

▲绿色的冷却液

# IV

**CHAPTER FOUR**

# 汽车动力总成的结构

## 透视汽车会"跑"的奥秘

在汽车中,动力总成(英文:Powertrain 或 Powerplant)指在车辆上产生动力,并将此动力传送到路面上的一系列元器件的总和。汽车的动力总成由发动机、转向节、离合、变速器、传动轴、差速器、驱动轮等部件组成。这里主要介绍传送动力的驱动系统的各个部件。

**传动轴**
传动轴是传输动力的装置,后轮和四轮驱动汽车必备的部件。

**差速器**
汽车顺畅和精确进行转弯,需要差速器对内外侧轮胎进行调整。

**离合器**
离合盘是控制发动机动力与变速器连接、分离的部件。

**变速器**
变速器有多种类型,是将发动机转速转换成合适转速的部件。

**轮胎**
汽车唯一与路面接触的部件,有一定缓冲作用。

**驱动轴**
驱动轴是传动轴与车轮连接的部件。

**车轮**
车轮与驱动轴相连,与轮胎一同承受车重。

▲动力总成在汽车中的位置

# 01 离合器

▲ 离合器

离合器位于发动机与变速器之间，能控制发动机与变速器之间动力的接合与分离。

离合器可分为摩擦式、液力式和电磁式三种。摩擦式离合器通常使用在手动挡汽车上，它通过离合盘与飞轮的分离与接合控制动力传递。液力式离合器则多用于自动挡汽车，离合器通过液体控制动力接合，液力式离合器除了能控制动力外，还能控制扭力变化。电磁式离合器则是通过通电线圈产生的磁力使离合处于接合状态，从而控制动力传输。电磁式离合器常用于无级变速（CVT）汽车上。

透视汽车会"跑"的奥秘

## 离合器的工作原理

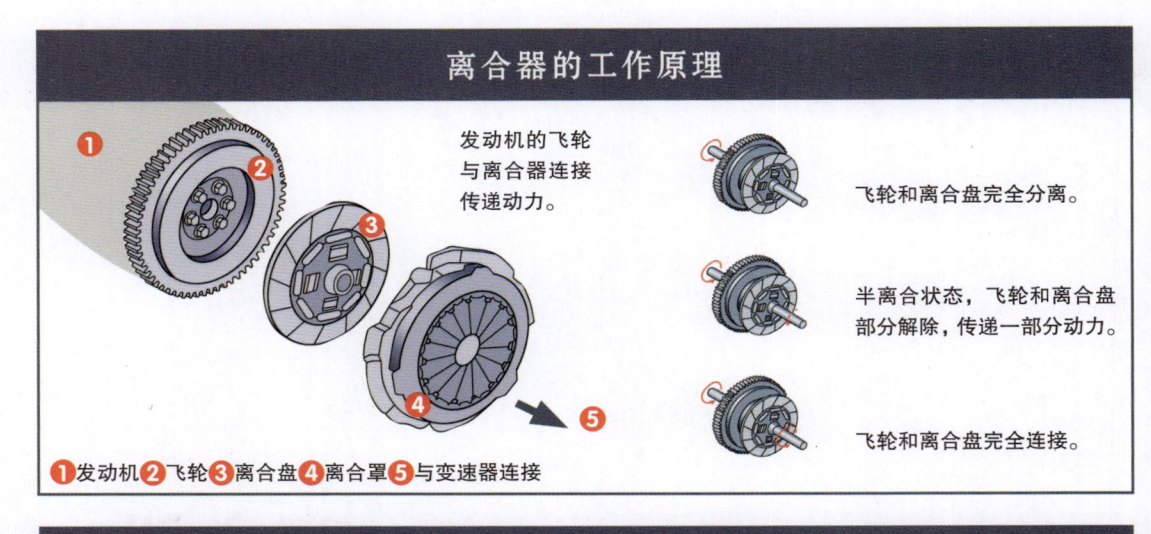

发动机的飞轮与离合器连接传递动力。

飞轮和离合盘完全分离。

半离合状态,飞轮和离合盘部分解除,传递一部分动力。

飞轮和离合盘完全连接。

❶发动机 ❷飞轮 ❸离合盘 ❹离合罩 ❺与变速器连接

## 离合器的种类

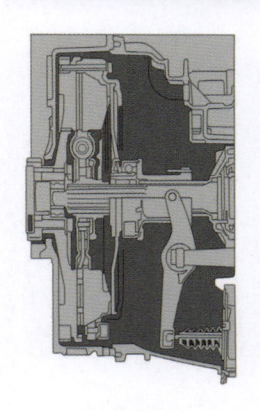

**摩擦式离合器**
用于手动挡汽车的摩擦式离合器,分为干式和湿式。

干式离合器

**电磁式离合器**
利用线圈产生的电磁力控制离合盘的接合。

**液力式离合器**
自动挡汽车通常所使用液力式离合器。同时也是液力变矩器的一种。

## 离合器的作用

因为有了离合器的参与,发动机在变速时能动力分离,完成变速后再接合,汽车行驶就能更加平顺。

自动挡汽车和手动挡汽车需要离合器的原因并不相同。自动挡汽车采用液力式离合器,由内部的液体力学原理实现变速,没有离合器控制液体则无法变速。手动挡汽车理论上不需要离合器也能实现变速,但没有离合器则无法控制驱动力,无法顺畅的起步和停止。手动挡汽车在变速时易产生较大冲击,因此需要离合器进行半离合,实现顺畅地变速。

## 手动挡离合器的工作

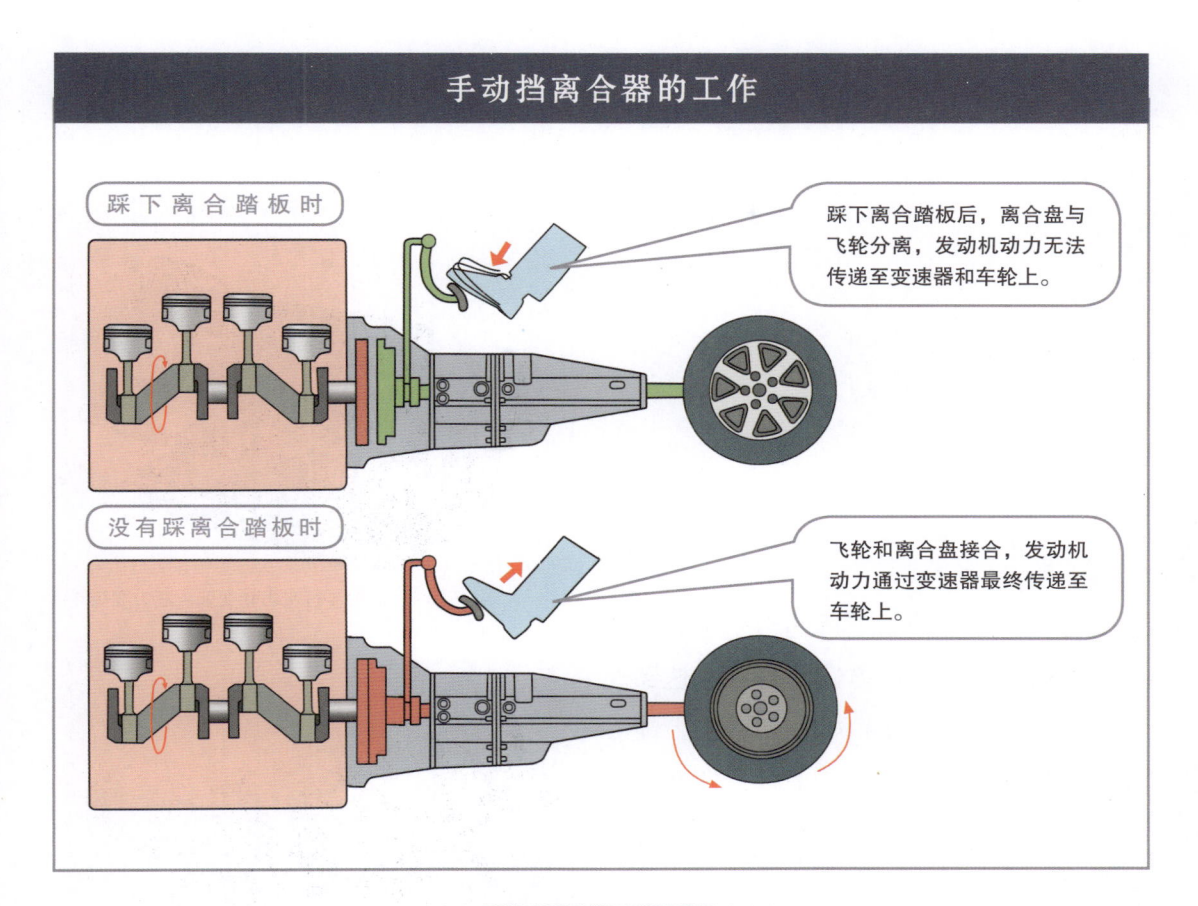

**踩下离合踏板时**

踩下离合踏板后,离合盘与飞轮分离,发动机动力无法传递至变速器和车轮上。

**没有踩离合踏板时**

飞轮和离合盘接合,发动机动力通过变速器最终传递至车轮上。

## 离合盘

离合盘位于变速器前,面向发动机的飞轮。它与发动机相接转动。踩下离合踏板,离合盘与飞轮分离,从而切断动力。离合盘能减轻与飞轮接合时产生的冲击,主要由耐用性高的无石棉钢材料制成,具备较高的耐热性。

▲离合器

◀离合盘
① 固定铆钉
② 离合片
③ 缓冲弹簧
④ 离合器轮毂
⑤ 离合片

透视汽车会"跑"的奥秘

# 02

# 变速器

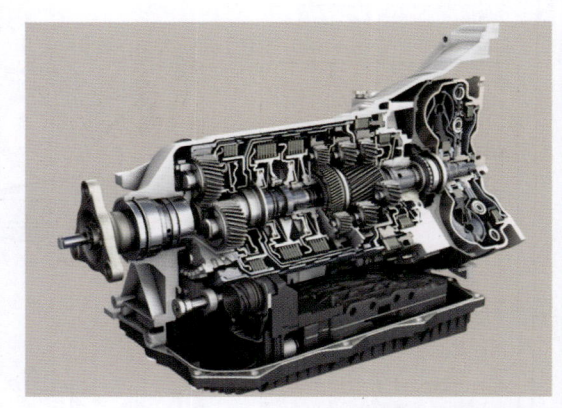

▲ AT（行星齿轮变速 + 液力变矩器）

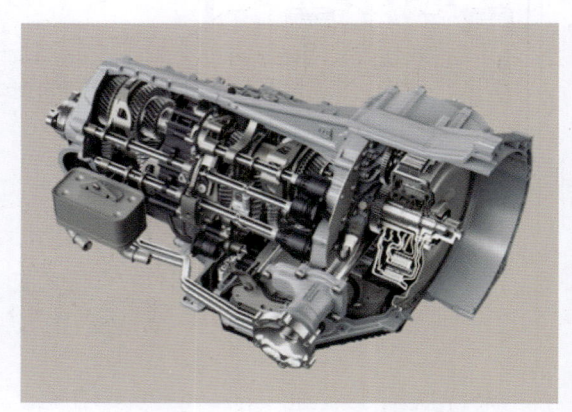

▲ DCT（平行轴变速 + 双离合器）

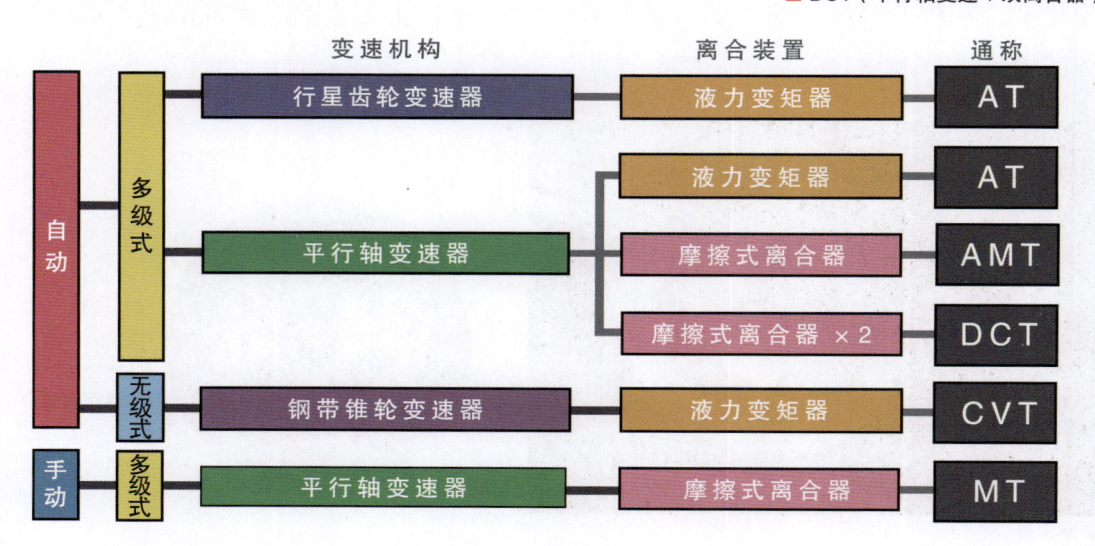

　　变速器是对动力进行适当变速的部件。根据不同的变速方式，可将变速器分为两种：多个可变机构的多级式，能进行连续变速的无级式。多级式变速器又可以分为平行轴式变速器和行星齿轮变速器，其中平行轴式变速器利用平行轴上多个啮合齿轮啮合，行星齿轮变速器使用行星齿轮组。无级式变速器则是采用钢带和锥轮实现不停顿连续变速。

| 　 | 变速机构 | 离合装置 | 通称 |
|---|---|---|---|
| 自动 / 多级式 | 行星齿轮变速器 | 液力变矩器 | AT |
| 自动 / 多级式 | 平行轴变速器 | 液力变矩器 | AT |
| 自动 / 多级式 | 平行轴变速器 | 摩擦式离合器 | AMT |
| 自动 / 多级式 | 平行轴变速器 | 摩擦式离合器 ×2 | DCT |
| 自动 / 无级式 | 钢带锥轮变速器 | 液力变矩器 | CVT |
| 手动 / 多级式 | 平行轴变速器 | 摩擦式离合器 | MT |

# 03 手动变速器

手动变速器（MT：Manual Transmission）是手动操作离合和变速的变速器，又被称为平行轴式变速器，主要由主传动轴（与发动机相连）、平行于主传动轴的两根轴（从动轴和副轴）以及变速齿轮三部分构成。手动变速器通过传动轴以及各轴与变速齿轮的搭配实现变速。

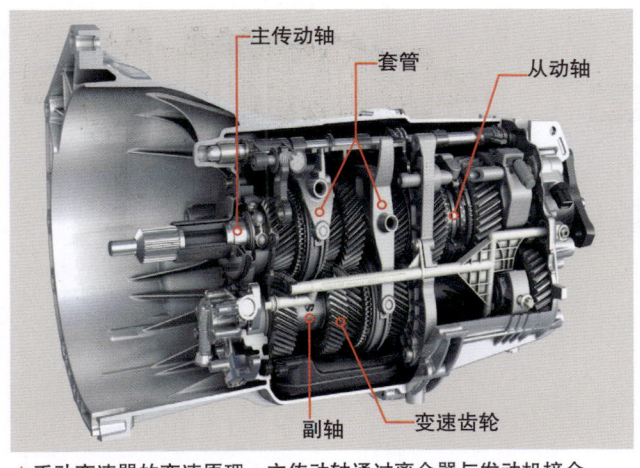

▲手动变速器的变速原理：主传动轴通过离合器与发动机接合，手动换挡杆控制套管前后移动，通过不同变速齿轮的组合完成变速。

## 变速比

变速比是指发动机转速和经变速器变速后转速的比值。例如：减速时，由比驱动轴齿轮齿数多的齿轮连接咬合。此时，被驱动的齿轮转速慢，同时扭力增大。

变速比 = 驱动轴的转速 / 被驱动轴的转速 = 被驱动齿轮齿数 / 驱动齿轮齿数

❶传动轴 ❷传动轴齿轮 ❸被驱动齿轮 ❹扭力增大 ❺被驱动轴

## 4速手动变速器的变速

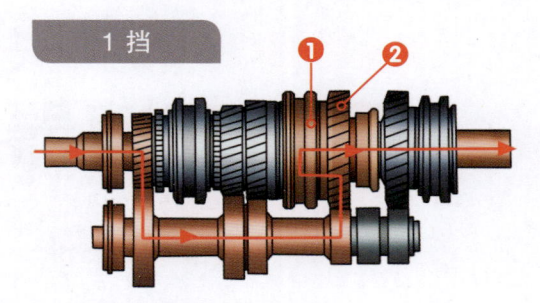

**1挡**

1号管套和低速齿轮咬合连接。

**2挡**

1号管套与2速齿轮咬合连接。

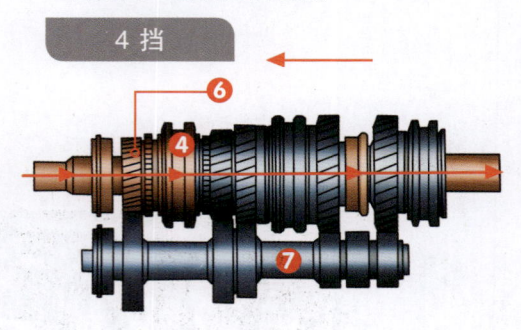

**3挡**

2号管套与3速齿轮咬合连接。

**4挡**

2号管套连接从动轴和主传动轴，不使用副轴。

**后退挡**

3号管套和逆转齿轮咬合连接。为使从动轴逆转，需要逆转齿轮和副轴逆转齿轮。

❶ 1号管套
❷ 低速齿轮
❸ 2速齿轮
❹ 2号管套
❺ 3速齿轮
❻ 主传动轴
❼ 副轴
❽ 逆转齿轮
❾ 3号管套
❿ 倒转惰齿轮
⓫ 副轴逆转齿轮

▲ 手动变速器内轴

▲ 手动变速器

▲ 手动变速杆，可以看出该手动变速器为6速。

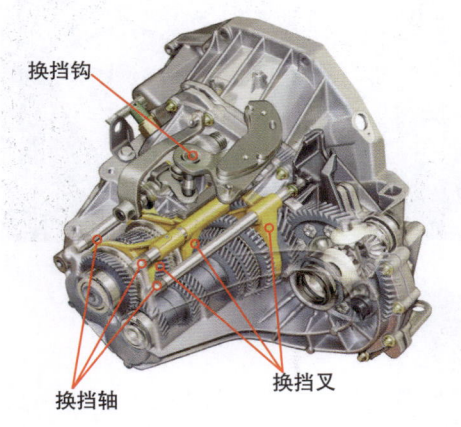

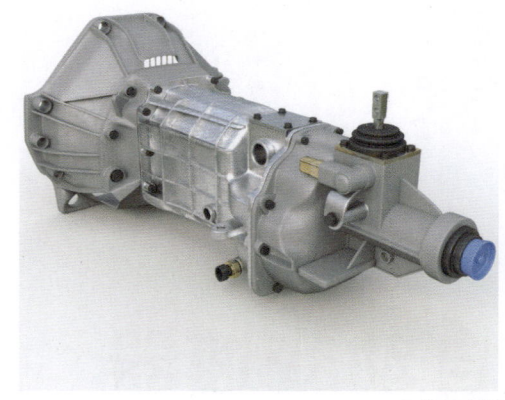

## 换挡机构

手动控制变速器内套管移动变速不可缺少的是换挡机构。最常见的换挡机构分为：机械控制式和线控制式两种。

机械控制式换挡机构的手动变速杆通过换挡叉控制管套移动。而线控制式是通过两条钢线拉动变速器上的换挡钩进行换挡。纵置变速器的位置正好处于手动变速杆下方，通常采用机械控制式。而变速器和发动机一同并列设计在发动机室内时，则采用线控制式换挡机构。

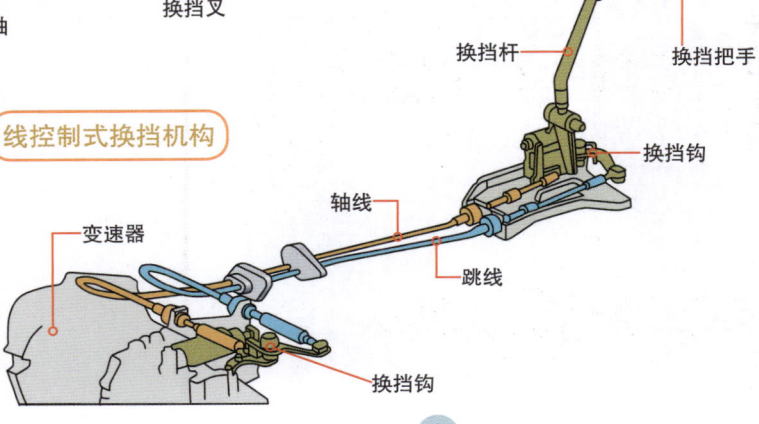

换挡钩
换挡轴
换挡叉

线控制式换挡机构

换挡杆
换挡把手
换挡钩
轴线
跳线
变速器
换挡钩

103

透视汽车会"跑"的奥秘

# 04

# 自动变速器

行星齿轮变速器是由行车电脑控制的自动变速器，主要由液力变矩器、行星齿轮变速器，以及液压控制机构组成。变矩器实现动力离合、扭力和转速变换，多组行星齿轮的配合实现转速比的变化。

▲ 液力变矩器

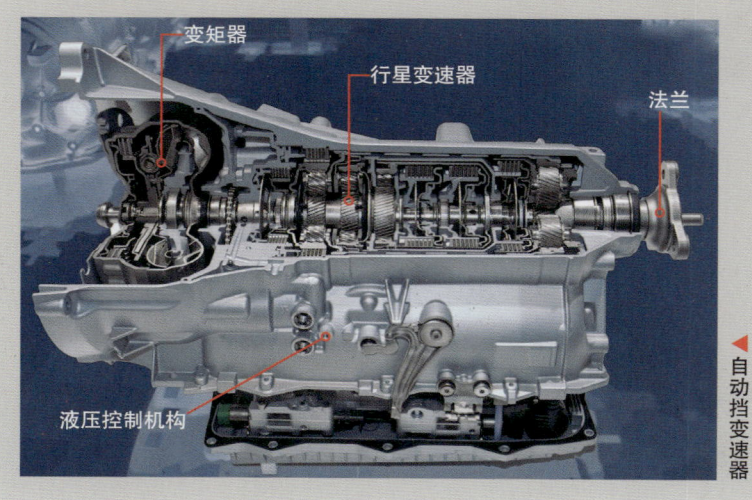

变矩器　行星变速器　法兰

液压控制机构

▲ 自动挡变速器

▲ 液压控制机构由油泵和液压阀体组成 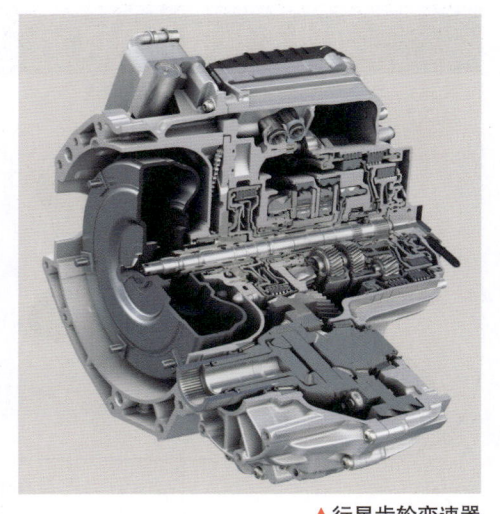　　　　　　　　　　　　▲ 行星齿轮变速器

## 液力变矩器

液力变矩器用于控制和调整变速需要的扭力，主要由涡轮、泵轮和导轮构成。

动力输出之后，带动与变矩器壳体相连的泵轮，泵轮搅动变矩器中的自动变速器油（ATF），带动涡轮转动，自动变速器油在壳体中做一个循环的动作——泵轮旋转时产生离心力，自动变速器油会在离心力的作用下甩向外侧，冲向前方的涡轮，再流向轴心位置，回到泵轮一侧。如此周而复始地循环，变矩器才可将动力传向与齿轮箱连接的涡轮。

而导轮是存在于泵轮和涡轮之间的一个部件，用于调节壳体中自动变速器油的液流方向。导轮通过单向离合器与箱体固定。在泵轮与涡轮转速差较大时，动力输出的扭矩也变大了，此时的变矩器相当于一个无级变速器，它通过转速差来提升扭矩，而此时导轮处于固定状态，作用是调节ATF回流；而当转速差降低，涡轮、泵轮耦合或锁止时，扭矩接近对等，无须增矩，导轮随泵轮和涡轮同向转动，避免自身搅动ATF造成动力的损耗。

▲ 变矩器

透视汽车会"跑"的奥秘

## 液力变矩器的原理

开关 ON

开关 OFF

液力变矩器的工作原理就像相对放置的两个风扇，一个风扇工作，然后将另一个不工作的风扇吹动。A 风扇转速较弱时，就无法吹动 B 风扇。但 A 速度变快后，也会吹动 B 风扇快速转动。变矩器中泵轮相当于 A 风扇，涡轮则为 B 风扇，吹动的空气相当于自动变速器油 ATF。

## 液力变矩器的结构

▲液力变矩器

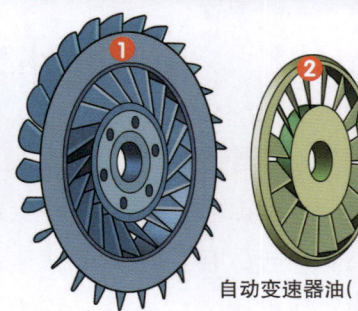

自动变速器油（ATF）

❶涡轮
涡轮与变速器连接，由泵轮通过 ATF 带动传导动力。

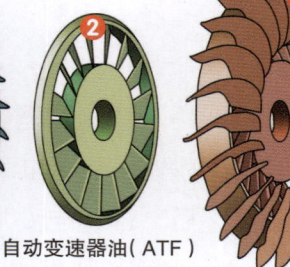

❷导轮
导轮控制 ATF 流动。

❸泵轮
泵轮与曲轴连接。

## 锁止机构

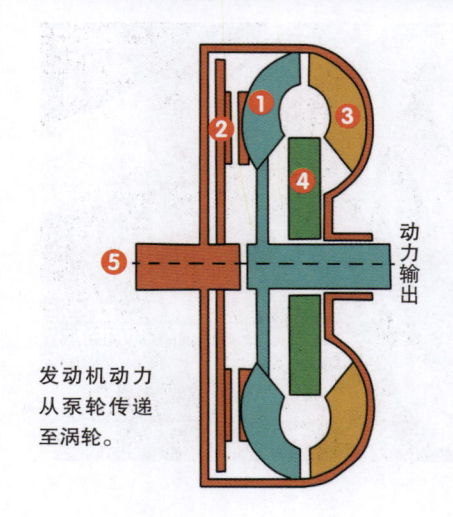

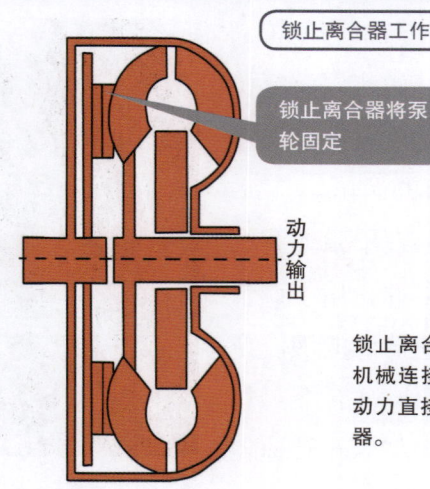

锁止离合器工作时

锁止离合器将泵轮固定

动力输出

动力输出

发动机动力从泵轮传递至涡轮。

❶涡轮
❷锁止离合器
❸泵轮
❹导轮
❺连接发动机

锁止离合器将涡轮和泵轮机械连接在一起，发动机动力直接传递至行星变速器。

## 行星齿轮变速器

自动挡汽车上常使用行星变速器，它由三种齿轮构成，一个或多个外部齿轮围绕着一个中心齿轮旋转。由于三种齿轮的固定关系和齿数的原因，会产生变速作用，达到变速或减速的目的。汽车内部则由行车电脑控制离合器和制动器，使变速过程更加平顺。

行星齿轮变速器的优点有：承载能力大，体积小，纯扭矩传动，工作平稳，而且可以多组行星齿轮互相搭配。现在常见的行星齿轮变速器能实现5~7级变速，而最先进的则达到了9级变速。然而行星齿轮也存在缺点，例如：机械结构复杂，对制造工艺有较高要求，工作效率随着传动比的增加而显著下降等。

▲ 行星齿轮

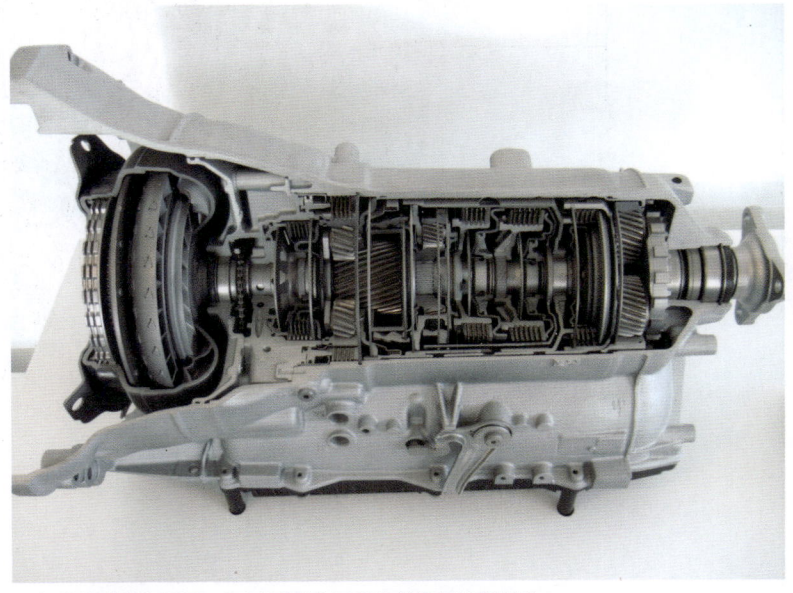

▲ 自动变速器剖视图，可以看到中间部分的行星齿轮结构。

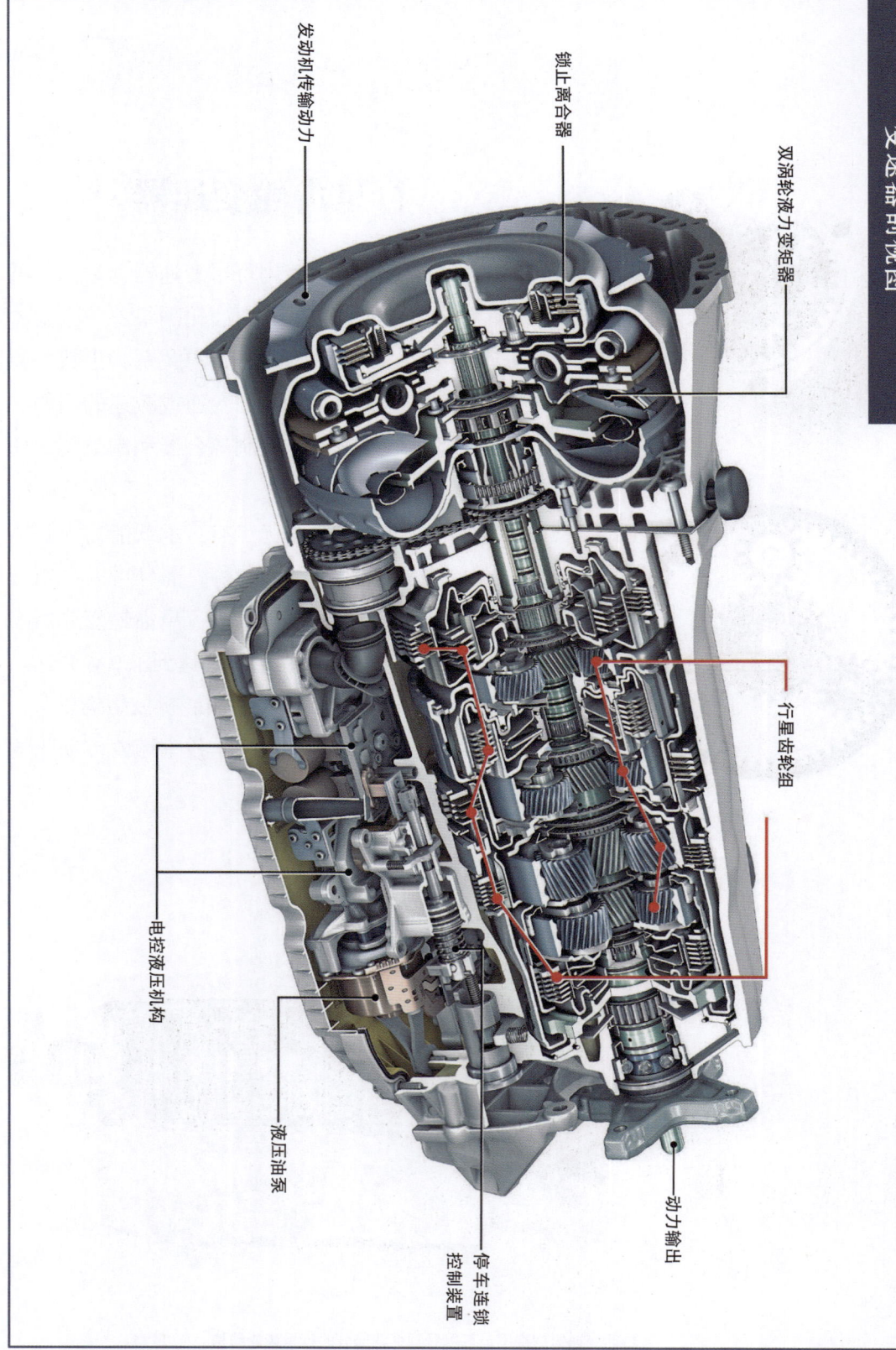

## 变速器剖视图

- 双涡轮液力变矩器
- 锁止离合器
- 发动机传输动力
- 行星齿轮组
- 电控液压机构
- 液压油泵
- 停车连锁控制装置
- 动力输出

## 行星齿轮的变速过程

### 行星齿轮的结构

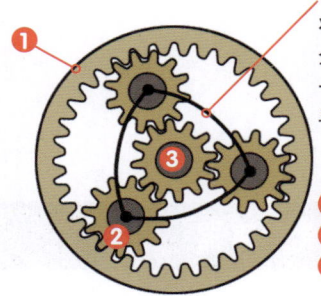

行星齿轮架将行星齿轮全部连接在一起,用于传导动力。

❶ 内齿圈
❷ 行星齿轮
❸ 太阳齿轮

太阳齿轮固定不转,动力从内齿圈传导至行星齿轮架的情况下,行星齿轮自转的同时,围绕太阳齿轮公转,动力由行星齿轮架输出,行星齿轮架转速小于内齿圈。

### 逆转时(后退)时

行星齿轮架固定不转,动力由太阳齿轮传导至内齿圈的情况下,行星齿轮只进行自转,内齿圈转动方向与太阳齿轮相反。

### 加速时

太阳齿轮固定不转,动力由行星齿轮架传导至内齿圈的情况下,行星齿轮自转的同时,围绕太阳齿轮公转,内齿圈转速大于行星齿轮架。

▲行星齿轮变速器上的行星齿轮和行星齿轮架

行星齿轮变速器通过液力变矩器提高扭力,减小变速器的负担。但在采用低转速的情况下也能发挥高扭力的作用,多级变速时不再需要液力变矩器的增力,改用电子控制的湿式多片离合器,能进一步提高传动效率。

透视汽车会"跑"的奥秘

▲ 奔驰的7速湿式多片离合变速器

## 前置后驱车（FR）的6速自动挡变速器

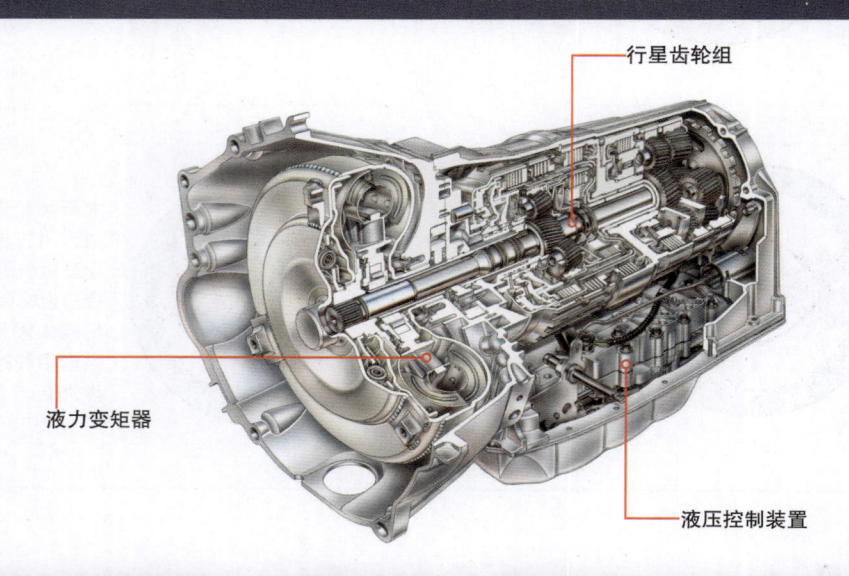

行星齿轮组

液力变矩器

液压控制装置

## 前置前驱车（FF）6速自动变速器

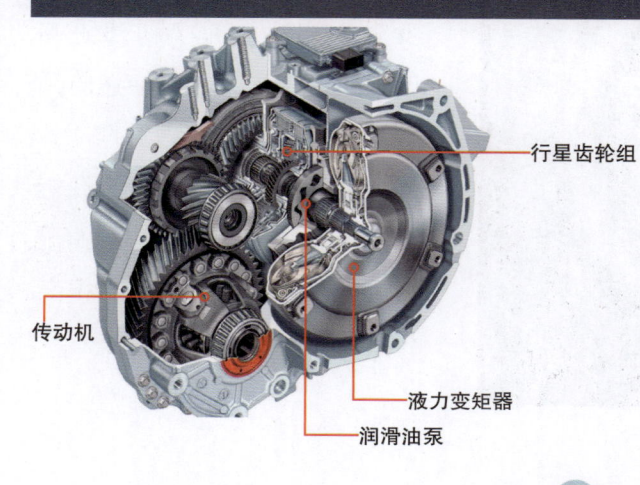

行星齿轮组

传动机

液力变矩器

润滑油泵

自动变速器（平行轴变速器 + 液力变矩器）
自动变速器除采用行星齿轮变速机构和液力变矩器以外，也有使用平行轴变速器和液力变矩器的方式。该种设计最早由日本本田公司发明，其驾驶感和行星齿轮变速器相同。通常平行轴变速机构通过与湿式多片离合器配合，通过电子控制液压实现变速。

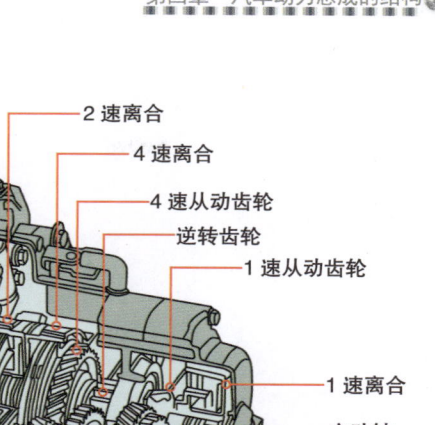

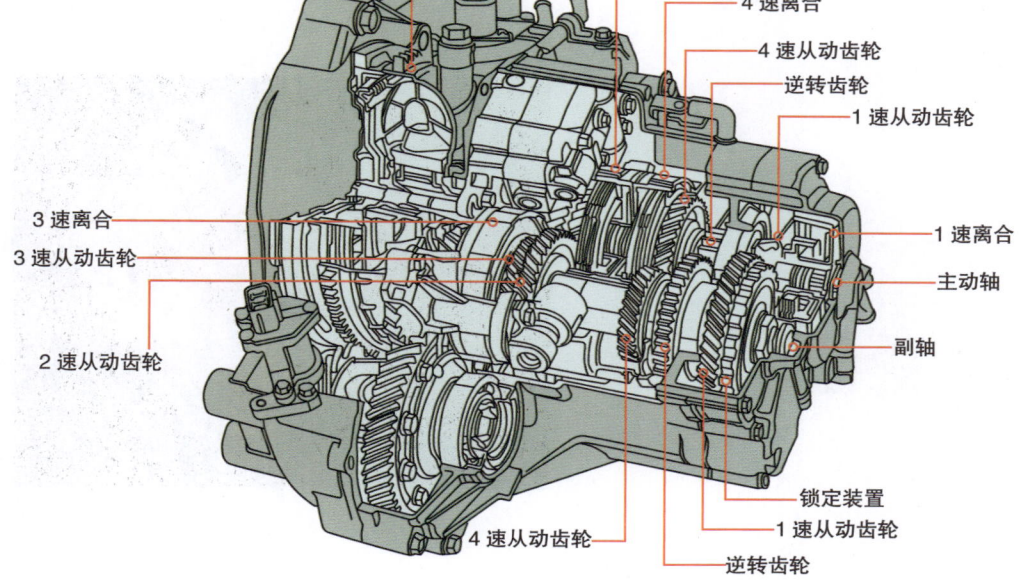

变速器示意图标注：
- 液力变矩器
- 2速离合
- 4速离合
- 4速从动齿轮
- 逆转齿轮
- 1速从动齿轮
- 1速离合
- 主动轴
- 副轴
- 锁定装置
- 1速从动齿轮
- 逆转齿轮
- 4速从动齿轮
- 2速从动齿轮
- 3速从动齿轮
- 3速离合

## 电控机械式自动变速器

电控机械式自动变速器（AMT：Automated Mechanical Transmission），是在传统平行轴手动变速器基础上升级而来，也属于自动变速器。汽车在起步和换挡时，液压系统控制离合器分离、接合以及挡位的转换的操作。手动模式下，驾驶人只需推拉换挡杆即可完成升降挡。自动模式下，行车电脑也能根据车速和发动机工作状况自动切换挡位。现在小型、微型汽车常采用 AMT 变速器。

▲ 双离合器运动自动变速器

▲ AMT 变速器的挡位拉杆

透视汽车会"跑"的奥秘

# 05

# 无级变速器

▲ 钢带式 CVT 无级变速器

无级变速器（CVT：Continuously Variable Transmission）是一种无挡位的变速器，它是利用金属带和可变半径的滚轮传输动力，通过主动锥轮与被动锥轮半径的变化达到齿轮比的变化，最终实现变速。

之前介绍的自动变速器进行挡位变速时，发动机的转速随着换挡齿轮变换产生转速变化，会损失一定的动力。而CVT内部没有变速齿轮，不会损失动力。变速器能随着发动机转速始终保持较佳的变速，最大程度利用发动机动力。

CVT 与其他变速器相比，结构和零件较少，外形和重量都更为轻巧，加速时动力损失少，有利于省油。另外 CVT 存在反应较慢，无法承受较大扭力等缺点。

## 钢带式 CVT 无级变速器的变速过程

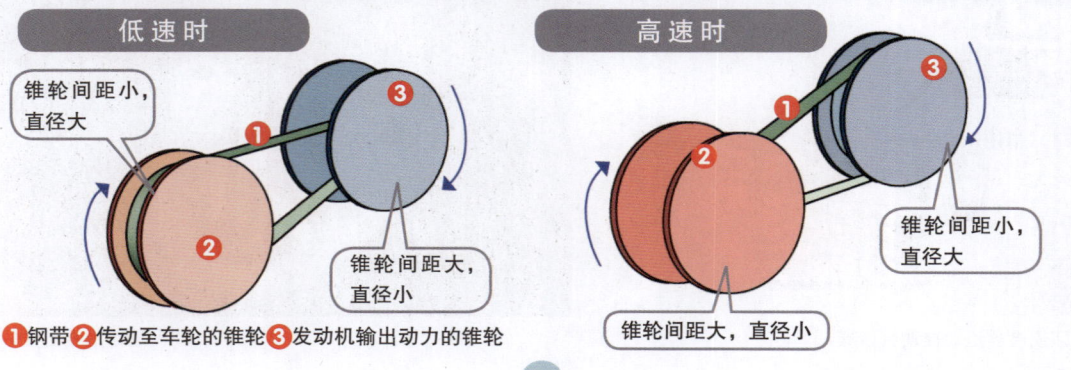

低速时
- 锥轮间距小，直径大
- 锥轮间距大，直径小

高速时
- 锥轮间距大，直径小
- 锥轮间距小，直径大

❶ 钢带 ❷ 传动至车轮的锥轮 ❸ 发动机输出动力的锥轮

112

▲ 钢带式 CVT 无级变速器

### 钢条的结构

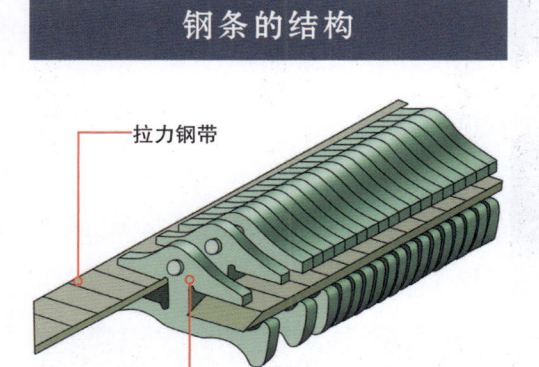

拉力钢带

压力钢片

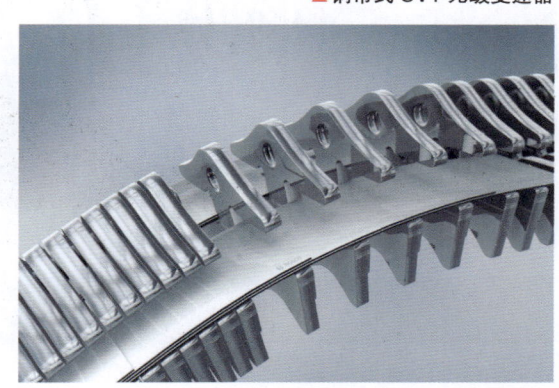

▲ 钢带式 CVT 无级变速器的钢条

## 链条式无级变速器

链条式 CVT 无级变速器的结构和钢带式相同，不同的是链条式 CVT 无级变速器由链条替代钢带。链条式 CVT 无级变速器的低、高速变速比和传导效率提高，锥轮更小，并能承受更大扭力，缺点是工作噪声较大。

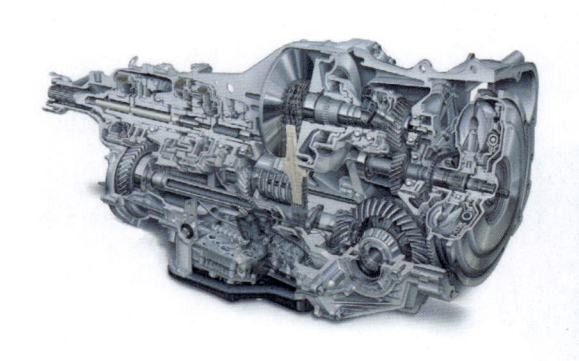

▲ 链条式 CVT 无级变速器

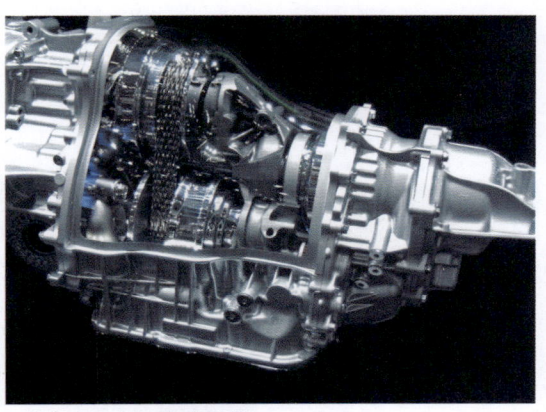

▲ 链条式 CVT 无级变速器

## 滚轮式无级变速器

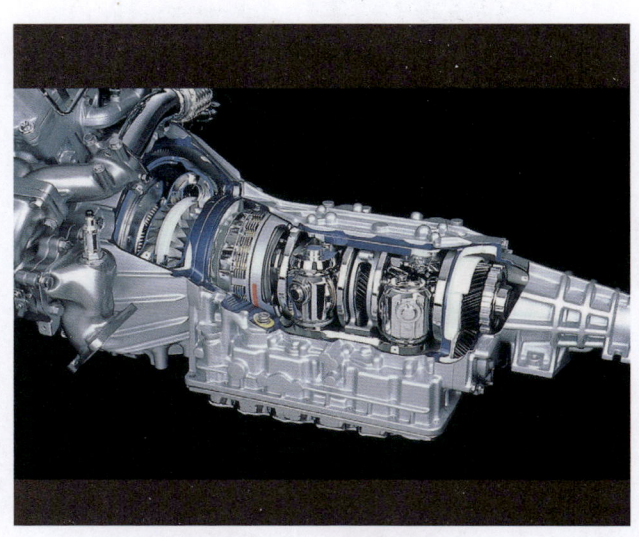

滚轮式 CVT 无级变速器相比前两种 CVT，不需要钢带或链条传递，能传递更大扭矩。发动机通过液力变矩器与输入锥轮相连，通过中间传递滚轮将动力传递至输出锥轮。和其他两种 CVT 不同的是，锥轮之间距离保持不变，通过改变传递滚轮的角度，让输入和输出锥轮的不同部分和滚轮接触，达到变换扭矩和转速的目的。

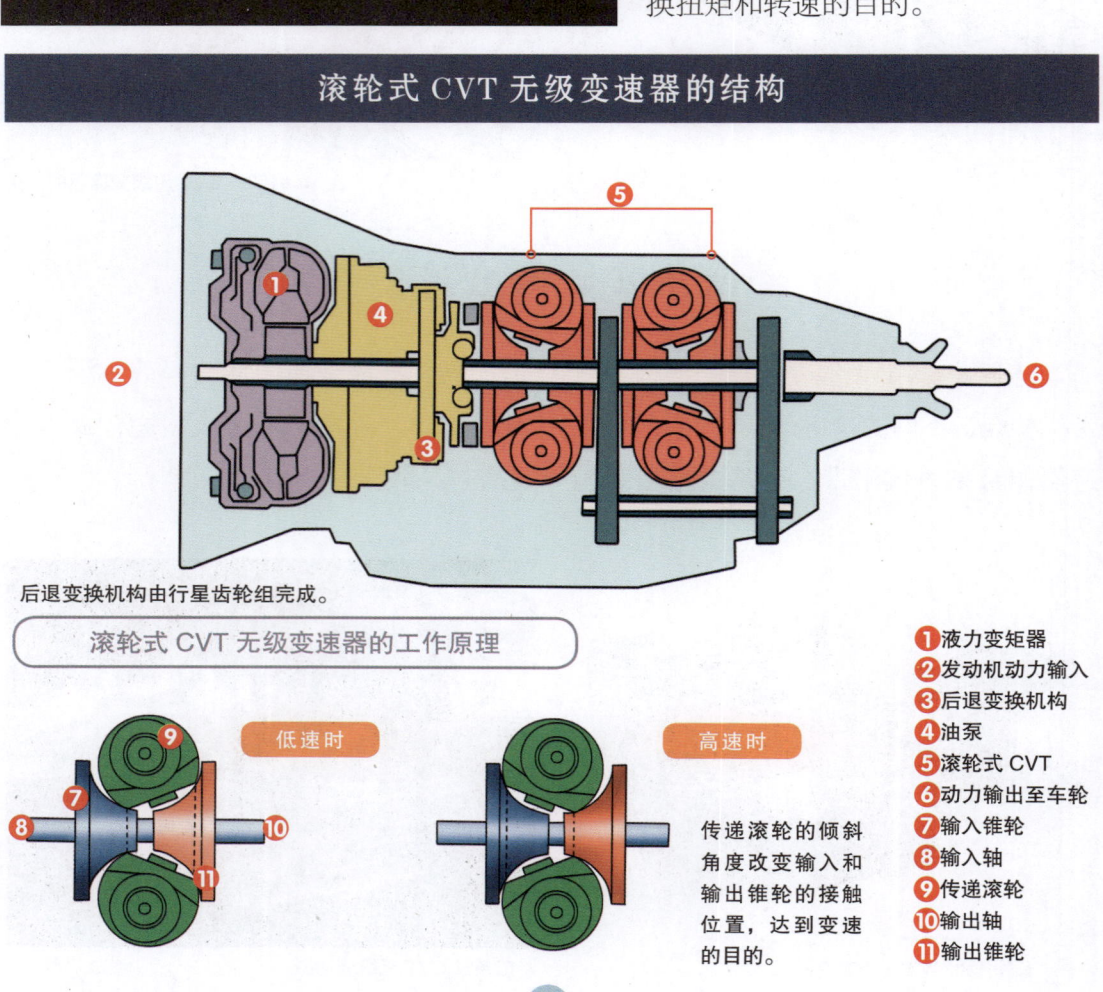

### 滚轮式 CVT 无级变速器的结构

后退变换机构由行星齿轮组完成。

### 滚轮式 CVT 无级变速器的工作原理

低速时　　高速时

传递滚轮的倾斜角度改变输入和输出锥轮的接触位置，达到变速的目的。

**1** 液力变矩器
**2** 发动机动力输入
**3** 后退变换机构
**4** 油泵
**5** 滚轮式 CVT
**6** 动力输出至车轮
**7** 输入锥轮
**8** 输入轴
**9** 传递滚轮
**10** 输出轴
**11** 输出锥轮

## 06 双离合变速器

双离合变速器（DCT：Dual Clutch Transmission），又被称为直接换挡变速器，是一种半自动离合器。简单的理解是由两组 AMT 变速机构组合而来。两组离合器分别对应两组不同的齿轮组，传动轴也分为两部分。

DCT 的工作原理可以简单地理解为两个离合器分别对应奇数和偶数挡位，并通过两组不同的传动轴将动力输出到匹配的驱动轴上。双离合变速器在工作时，一组离合器接合带动驱动轴，另一组分离，同时在行车电脑的控制下提前完成下一组齿轮的咬合。DCT 在变速时只需切断当前离合器，并与另一组待命的离合器接合即可完成，大幅提高了换挡速度。

▲ 6 速双离合变速器

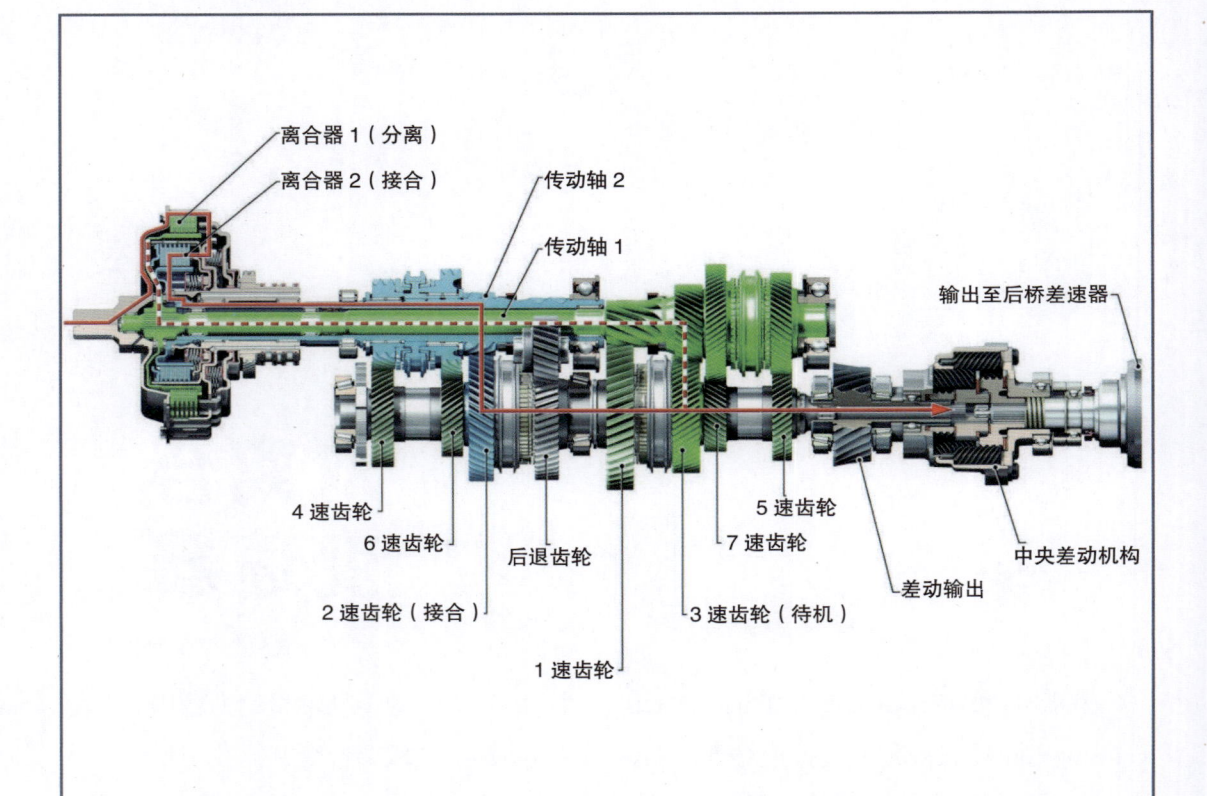

透视汽车会"跑"的奥秘

离合器1（分离）
离合器2（接合）
传动轴2
传动轴1
输出至后桥差速器

4速齿轮
6速齿轮
后退齿轮
2速齿轮（接合）
1速齿轮
3速齿轮（待机）
7速齿轮
5速齿轮
差动输出
中央差动机构

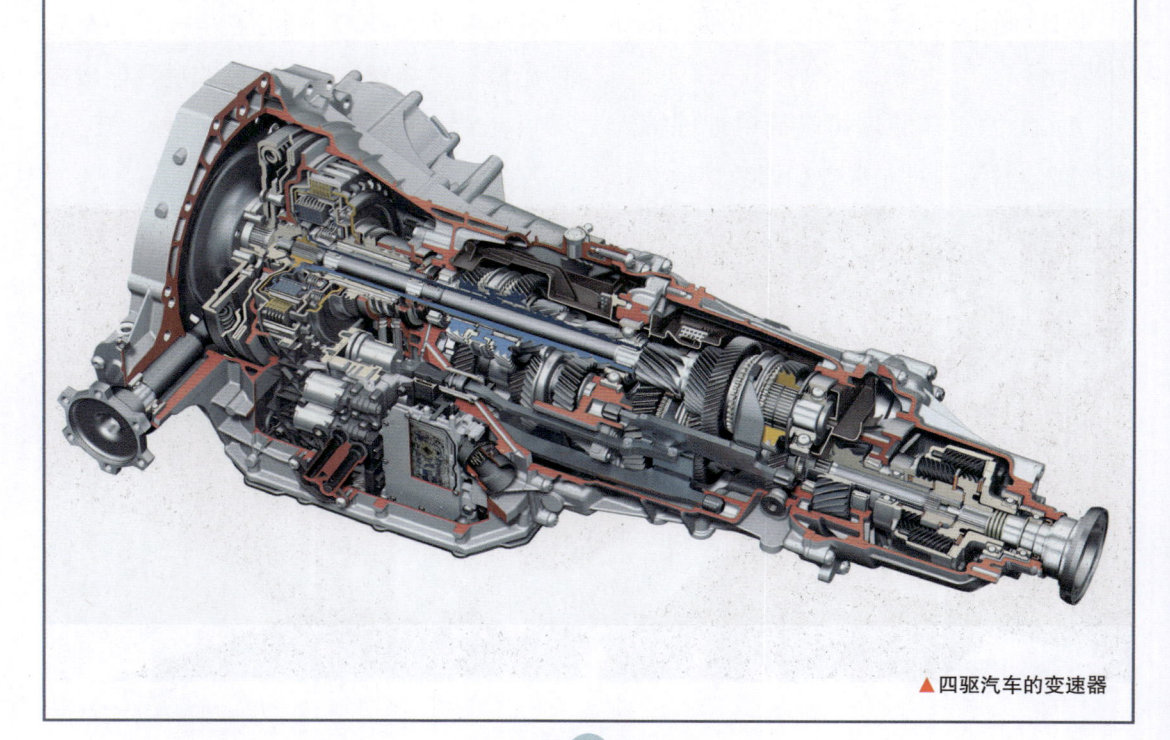

▲ 四驱汽车的变速器

## 07 扭力和功率

在汽车的性能参数表中一定会出现扭力和功率。这两个词都是力学单位，表示的含义却不相同。

扭力指的是汽车开始运动所需要的力，单位通常为 kg-m（正式为 N·m），扭力的大小关系着加速、爬坡、省油等性能。1kg-m 可以简单理解为将 1kg 的物体向上举高 1 米所需要的力。汽车发动机的转速在 0～3000 r/min 的低转速以及 3000～6000 r/min 的中等转速时，扭力较大，加速和爬坡能力较好。

功率是计量功率的单位。单位为 hp、PS 等。以扭螺丝为例说明扭力和马力的关系：转动螺丝的力为扭力，而转动螺丝的速度和时机为功率。在汽车发动机上，驱动车轮转动的为扭力，而汽车行驶时的速度和维持速度的时间则为功率。通常低转速加速快的汽车就是扭力强的汽车，而高速时加速好的汽车就是功率高的汽车。

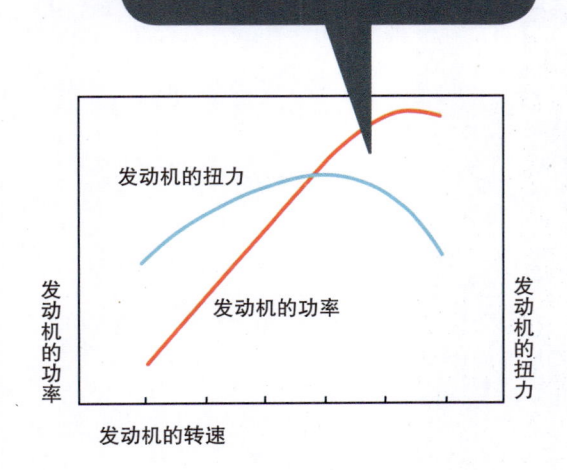

> 发动机扭力在一定转速下达到峰值，之后逐渐减弱，功率则随着转速增大而增大。发动机转速越接近发动机的扭力峰值，发动机越能高效地驱动车轮。

图：发动机的扭力、发动机的功率 — 发动机的转速

# V

CHAPTER FIVE

# 汽车发动机的
# 位置与驱动系统

根据驱动轮的位置可以将汽车的驱动方式分为：前轮驱动、后轮驱动，以及四轮驱动。发动机安装的位置也有多种类型：发动机位于于前车轴，称为前置发动机；发动机置于前后轴之间，称为中置发动机；发动机置于后车轴之后，则称为后置发动机。

结合两种分类方式，可以分为：前置发动机前驱（FF）、前置发动机后驱（FR）、中置发动机后驱（MR）、后置发动机后驱（RR）。

现在主流汽车为前置前驱（FF）和前置后驱（FR）。

## 驱动方式示意图及代表车型

● 前置发动机前驱（FF）

❶发动机 ❷差速器 ❸变速器
前置发动机前驱常见于家用车上。只由前轮驱动，抓地力较好所以在湿滑路面上安全性比前置发动机后驱更好，并且可利用的车内空间更大。

▲日本丰田卡罗拉

▲德国大众高尔夫

● 前置发动机后驱（FR）

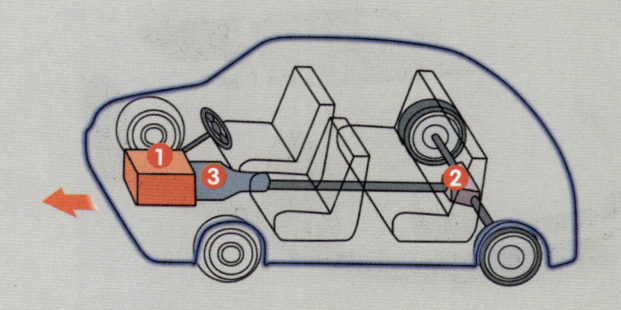

❶发动机 ❷差速器 ❸变速器
前轮转向，后轮驱动的方式，能较好地利用发动机动力。重视性能的运动型汽车常采用前置发动机后驱。

▲德国奔驰C系列

▲日本丰田锐志

● 中置发动机后驱（MR）

▲ 法拉利 488GTB

▲ 兰博基尼 LP550-2

❶ 发动机 ❷ 差速器 ❸ 变速器

超级运动跑车和 F1 赛车采用这种设计。发动机位置处于前后轴之间。前后重量平衡更好，转向和加速性能更优秀。

● 后置发动机后驱（RR）

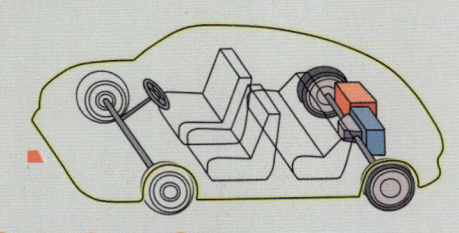

❶ 发动机 ❷ 差速器 ❸ 变速器

发动机置于后轴之后，前轮负荷较小，转向灵活。RR 由于排气、换挡、散热的设计复杂。客车和少数运动跑车采用这种方式。

▲ 保时捷 911

● 四轮驱动汽车 4WD

前后四个车轮同时驱动的汽车称为四驱汽车。最近被称为 AWD（全时四轮驱动）的情况较多。前后四个车轮同时驱动使汽车的安定性和动力表现更好，特别是湿滑的雪地和不平直的路面上的表现更佳。4WD 分为全时四轮驱动和由行车电脑控制任意车轮驱动的适时 4WD，两种类型。

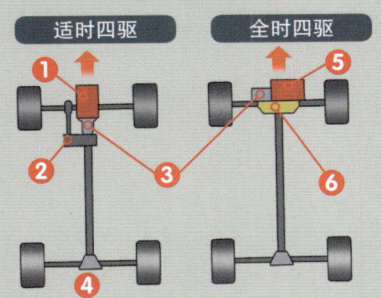

适时四驱　全时四驱

❶ 发动机
❷ 分动箱
❸ 变速器
❹ 差速器
❺ 发动机
❻ 中央分动箱

▲ 全时四驱的代表车型 日本斯巴鲁的"森林人"

▲ 适时四驱的代表车型 日本本田的 CR-V

# 01

# 最终传动装置

最终传动装置由最终传动齿轮和差速齿轮构成。差速齿轮是顺利驱动汽车转向的重要部件，而最终传动齿轮是减轻变速器负荷，达到最终减速的齿轮。前置前驱（FF）车中，变速器内的驱动桥起到最终传动装置的作用。前置后驱车（FR）的最终传动装置设置在后轴中央，四驱汽车（4WD）的前后轴均设置有最终传动装置。

## 后轴上的最终传动装置

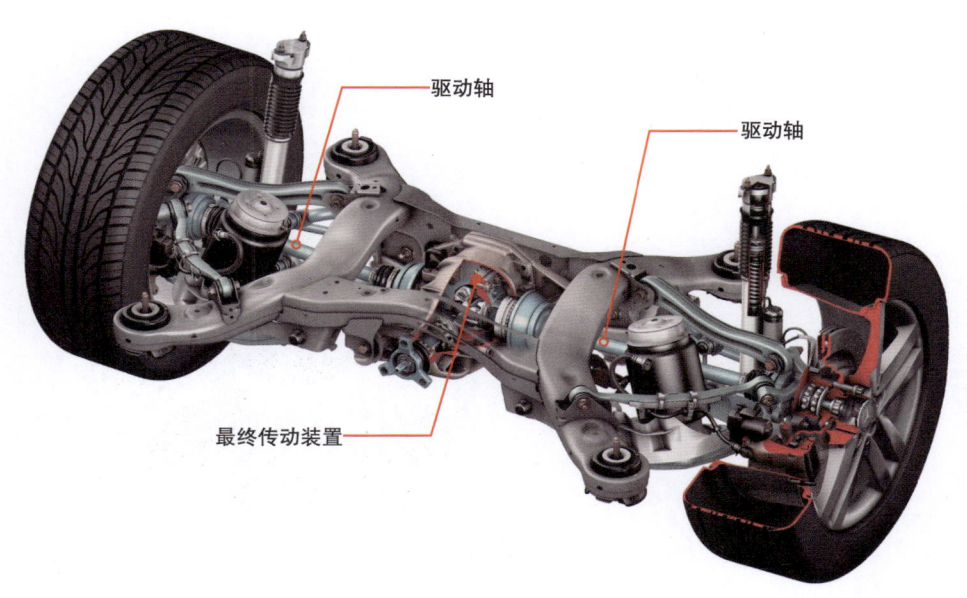

驱动轴

驱动轴

最终传动装置

齿轮是传递动力的重要部件。汽车发动机和变速器在工作时转速很快，如果直接通过变速器减速会增大扭力，就需要更大的变速器，导致汽车质量增加。因此通过最终传动齿轮进行减速可以减轻变速器的负担。

## 最终传动齿轮的种类

### 弧齿锥齿轮

相比直线齿，斜弧形齿的接触面积更大，传动效率高，摩擦较小。

### 准双曲面齿轮

驱动轴设置在动齿轮中心稍偏的位置，这样传动轴的位置更低，重心也更低，可以增大车内空间，提高安定性。

❶驱动轴 ❷从动齿轮

透视汽车会"跑"的奥秘

# 02

# 差速器

差速器是差速装置中的一种,是汽车转向时保持协同性的重要部件。

以进行右转向为例,内侧右轮的转弯半径要小于外侧左轮的转弯半径,右轮滚动距离小于左轮。汽车如果没有差速器,左右两个车轮由同一根轴相连,将很难平顺地转向。

差速器的作用是使左右驱动轮在不同转速的情况下同时转动的机构,在同一根轴的中央安装差速器,能让转向外侧的车轮转速快,内侧车轮转速慢。但如果一侧的车轮离地时,会出现离地轮空转,没有离地的车轮完全无法转动的情况。

▲ 差速器

❶ 差速器 ❷ 与车轮链接 ❸ 与传动轴链接

## 差速器的工作原理

**直行时**

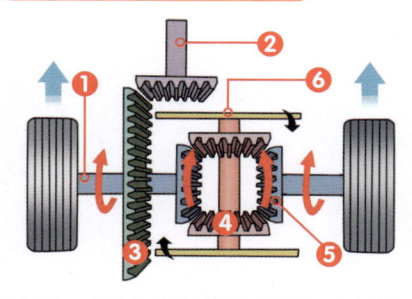

直行时，左右车轮滚动距离相同，左右侧齿轮转速相同，行星齿轮不转，差速箱和侧齿轮一体共同自转。

**转向时（右转）**

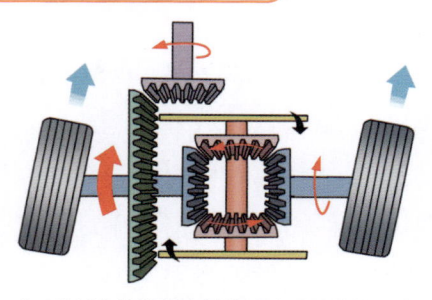

转向时，外侧车轮的侧齿轮转速比差速箱快，内侧车轮的侧齿轮转速慢。左右侧齿轮之间的行星齿轮，向侧齿轮传动。

## 汽车转向的原理

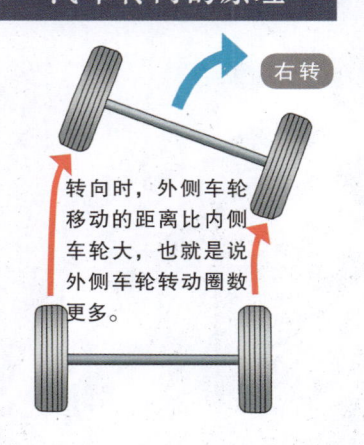

右转

转向时，外侧车轮移动的距离比内侧车轮大，也就是说外侧车轮转动圈数更多。

▲ 电磁式差速器锁止装置

# 差速器锁止装置

安装了普通差速器的汽车一侧驱动轮离地空转时，没有离地的驱动轮无法得到动力。差速器锁止装置有锁定差速器的功能，差速器被锁定后，左右车轮会同时得到动力，重新前进。

但由于在正常过弯时，没有差速器的作用汽车无法顺利转向，因此采用差速器锁止装置的汽车都有功能开关键，在汽车陷入泥地等情况下，一侧驱动轮发生空转时才会开启锁定功能。也由于这一点，现在只有较专业的越野车才会采用差速器锁止装置。

透视汽车会"跑"的奥秘

# 限滑差速器

限滑差速器（LSD：Limited Slip Differential）是控制左右驱动轮转数差的差速器。普通差速器锁止装置虽然能暂时停止差速器的功能，让汽车脱离困境，但需要根据情况手动开启这项功能。LSD则能自动进行限滑差速，抑制空转，将动力转动至没有离地一侧的驱动轮。

## 螺旋齿轮限滑差速器

螺旋齿轮限滑差速器是利用螺旋齿轮进行差速控制的限滑差速器。其内部构造采用了螺旋齿轮，齿轮全为"横向"，也就是和输出动力的半轴运转方向一致，它通过行星齿轮大小减速比的功能达到限速作用。

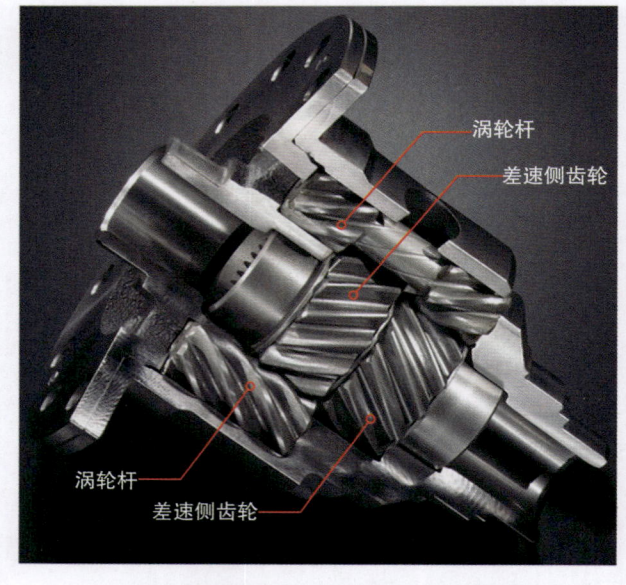

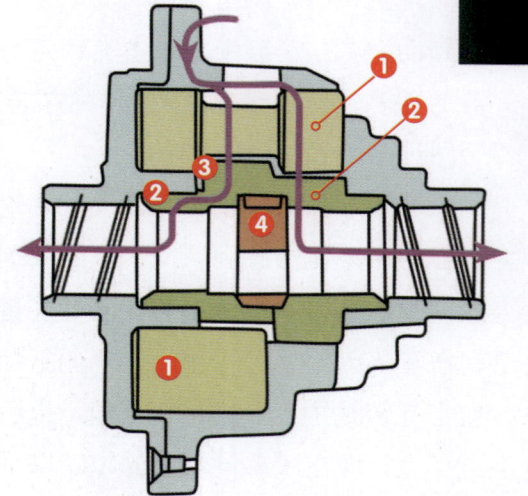

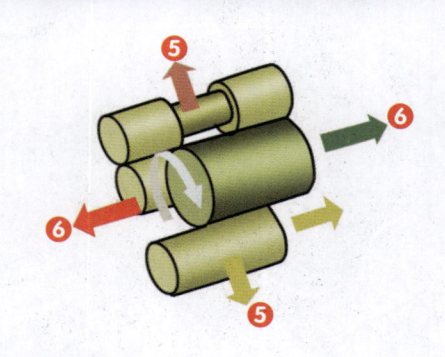

涡轮杆
差速侧齿轮
涡轮杆
差速侧齿轮

### 限滑差速器的工作原理

❶涡轮杆 ❷差速侧齿轮 ❸垫片 ❹推力轴承 ❺推回涡轮杆的力 ❻将侧齿轮推向旋转轴方向的力

第五章 汽车发动机的位置与驱动系统

## 行星齿轮式限滑差速器

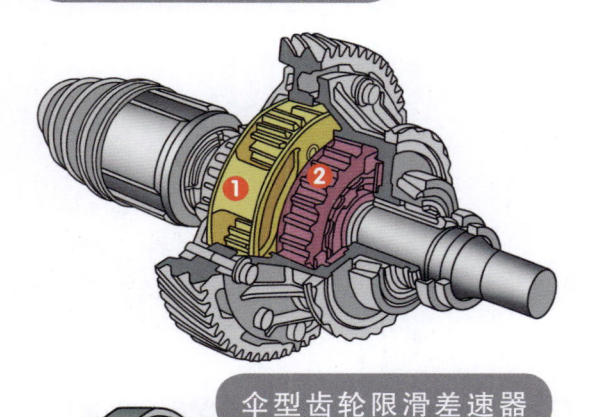

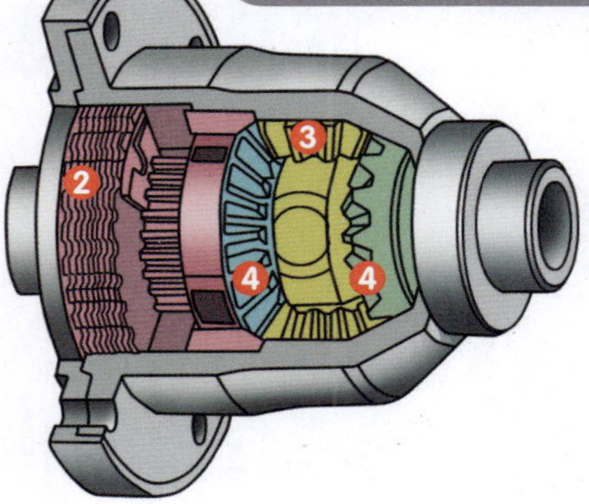

## 黏性耦合式限滑差速器

黏性耦合式限滑差速器是转差感应型传动装置的一种。内部驱动板和传动板相互交叉并注满黏性油。黏性耦合式限滑差速器中，动力通常通过黏性液力传递，当左右驱动轮的转速差变大时，黏性油和内板产生摩擦，产生的热量使黏性油膨胀，将钢片结合在一起，控制左右驱动轴联动，达到限滑差速作用。

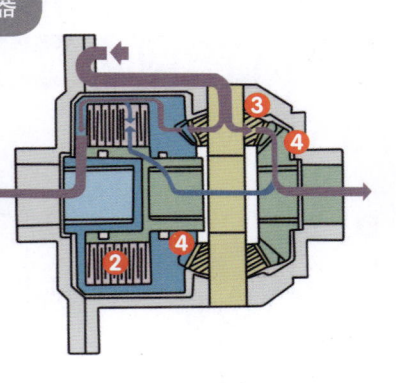

## 伞型齿轮限滑差速器

❶ 行星齿轮组
❷ 黏性耦合器
❸ 差速行星齿轮
❹ 差速侧齿轮

**通常状态**　　　**限滑状态**

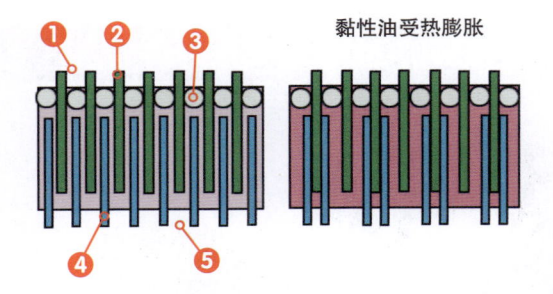

黏性油受热膨胀

❶外壳 ❷驱动板 ❸垫片
❹传动板 ❺传动轴

黏性油传递动力

传动板和驱动板结合，左右驱动轮与传动轴接合。

▲ 黏性耦合器

127

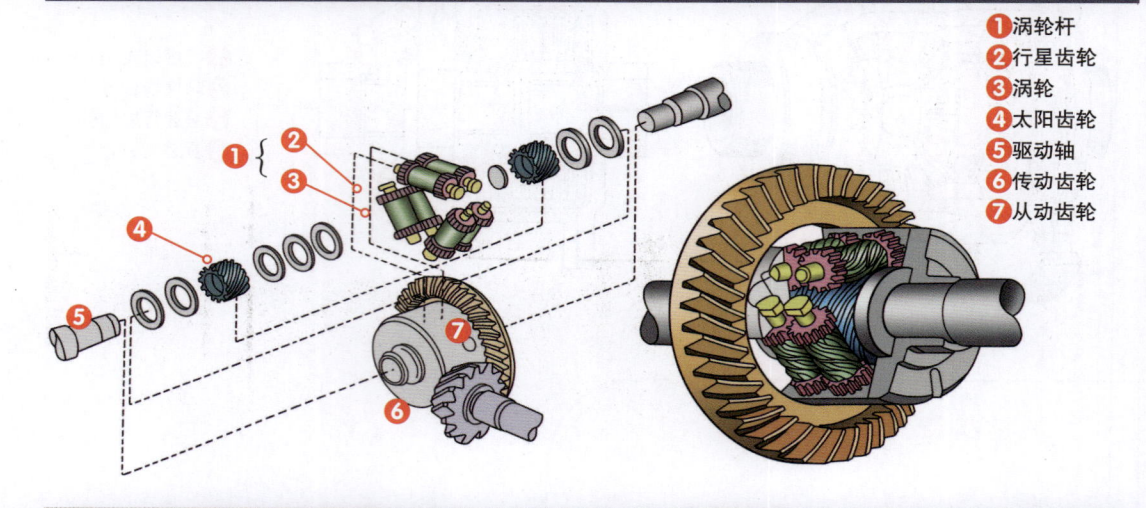

## 托森式限滑差速器

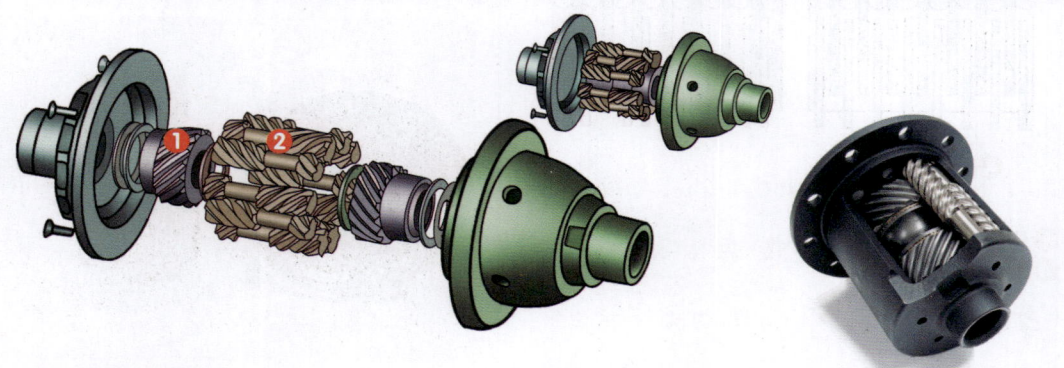

托森式限滑差速器使用涡型齿轮及蜗杆齿轮啮合系统来代替离合器片或者锥型齿轮，托森式限滑差速器的涡型齿轮及蜗杆齿轮啮合系统包括：左右两个涡型齿轮和左右两个蜗杆齿轮。它们之间相互咬合可以使动力从涡型齿轮单向传送到蜗杆齿轮，从而实现差速锁止的功能，达到限滑的目的。

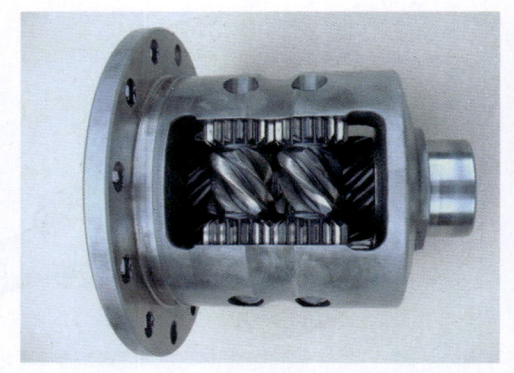

▲ 托森式限滑差速器 A 型

### 托森式限滑差速器 A 型

❶ 涡轮杆
❷ 行星齿轮
❸ 涡轮
❹ 太阳齿轮
❺ 驱动轴
❻ 传动齿轮
❼ 从动齿轮

### 托森式限滑差速器 B 型

❶ 太阳齿轮 ❷ 涡轮杆

▲ 托森式限滑差速器 B 型

## 是否采用限滑差速器 LSD 的区别

**没有 LSD 的汽车**

空转

差速器调整左右驱动轮能力较弱，一侧驱动轮发生空转，消耗了动力。

**有 LSD 的汽车**

抓地性好

车轮要发生空转的瞬间，LSD 调整左右驱动轮的转速，防止空转。

▲ 采用黏性耦合式限滑差速器代表的车型 本田 CR-V

▲ 采用托森式限滑差速器的代表车型 奥迪 Q7

# 电子差速器

为了使电子差速器能精确控制差速效果，引入了电子控制。电子差速器通过电子控制的湿式多片离合对左右轮的驱动力进行控制，特别是转向时改变左右驱动轮的转速，从而提高车辆行驶的稳定性。具备驱动力控制的电子差速器也被称为扭矩矢量分配系统，现在电子差速器被大量采用在四轮驱动（4WD）的汽车上。

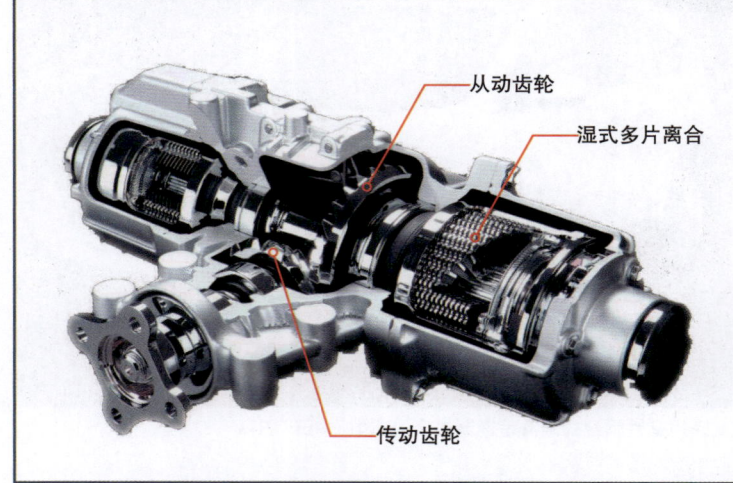

标注：从动齿轮、湿式多片离合、传动齿轮

### 日产 ALL MODE 4×4-i

四驱车利用湿式多片离合分配驱动扭力，所以在后轴上不再需要差速器，而是利用电子控制多片离合即可控制左右车轮的扭力。

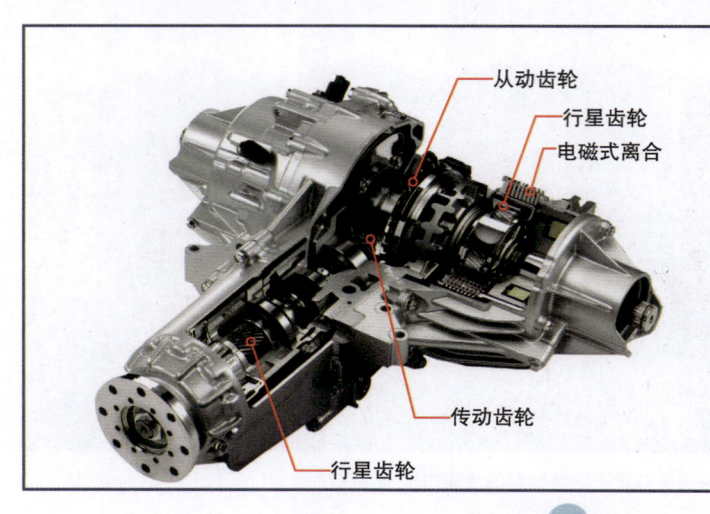

标注：从动齿轮、行星齿轮、电磁式离合、传动齿轮、行星齿轮

### 本田 SH-AWD

控制扭力的 4WD 系统，由左右电磁湿式多片离合替代传统的齿轮结构差速器。后轴的电子差速器具备增加扭力的行星齿轮组，并且在最终传动轴上也设计有行星齿轮。

## 三种电子差速器的结构图

### 宝马 Dynamic Performance Control

宝马所采用的电子差速器,由一对锥齿轮、增速行星齿轮和湿式多片离合组成。增速行星齿轮上只有2个行星齿轮和1个太阳齿轮。工作时,传动轴传递扭力至增速行星齿轮,再由电动机驱动多片离合控制扭力。

❶湿式多片离合 ❷电机 ❸增速行星齿轮 ❹锥齿轮式差速器

### 奥迪 Sport Differential

❶增速齿轮 ❷湿式多片离合 ❸锥齿轮式差速器 ❹电动液压器

### 奥迪 A6 差速器的结构

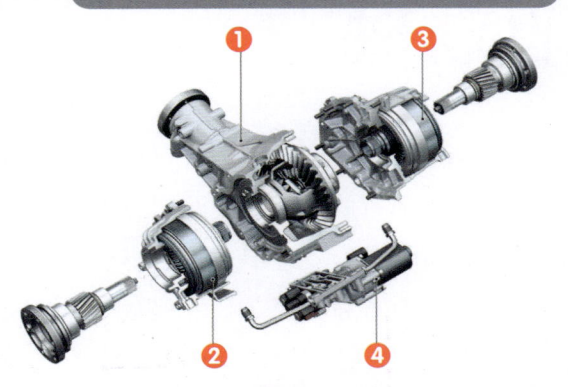

❶后桥驱动单元 ❷左驱动单元 ❸右驱动单元 ❹传感器

## 奥迪 A6 差速器在转向时的动力分配图

奥迪采用的电子差速器,工作时电动液压器驱动多片离合控制增速齿轮与从动齿轮连接获得扭力,从而将扭力分配到各个驱动轮。

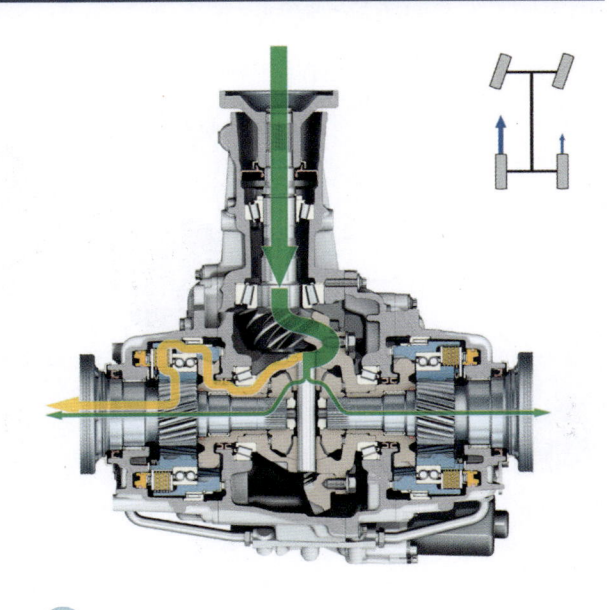

透视汽车会"跑"的奥秘

## 03 传动轴和驱动轴

传动轴是前置后驱汽车和四驱汽车上装备的传动装置，它与变速器连接，将动力传递至差速器。前置后驱汽车和四驱汽车的前部变速器和后轴差速器之间有一定的距离，需要传动轴将动力传递至差速器。而前置前驱汽车上的变速器、差速器等都设置在发动机室内，不需要传动轴传动。

汽车在行驶时，会产生颠簸，因此传动轴分为两段或多段，并由万向节连接。

▲ 传动轴

▲ 传动轴的位置

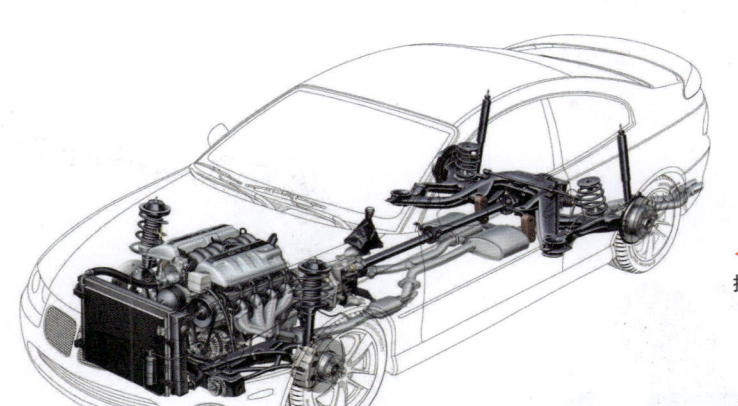

第五章　汽车发动机的位置与驱动系统

◀ 由于有传动轴，汽车后排座位会凸出一些

▲ 多段设计的传动轴由万向节连接

## 驱动轴

驱动轴将发动机动力传递至驱动轮，连接着差速器和驱动轮。由于驱动轴与驱动轮连接，更易受到行驶时的颠簸影响，因此需要有多个等速万向节来减震，保护驱动轴。

❶驱动轴 ❷发动机 ❸变速器 ❹传动轴 ❺差速器

# 万向节

万向节又称为万向接头，是连接两根钢杆或轴的接头。通过万向节连接的轴能保持转速转向任何方向。现在广泛运用于汽车的传动驱动装置中。

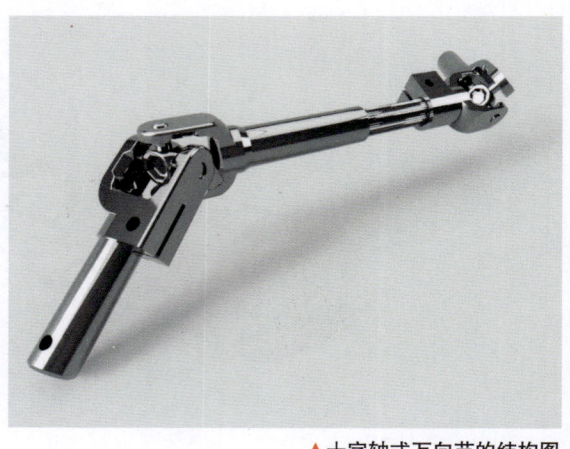

▲十字轴式万向节的结构图

**十字轴式万向节的结构图**

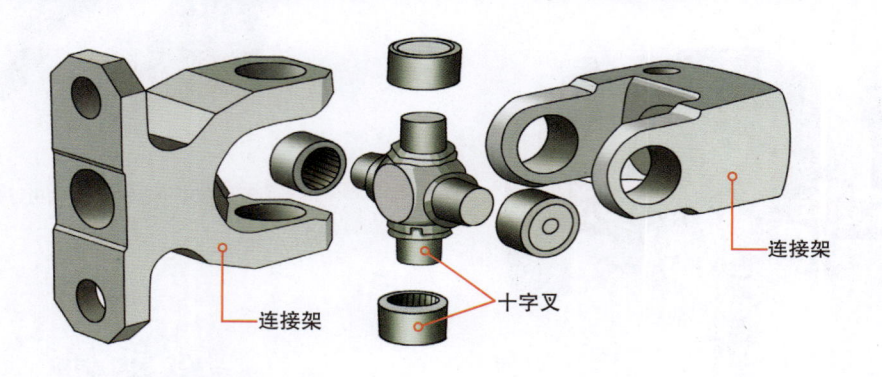

连接架　十字叉　连接架

## 等速万向节

等速万向节的作用是将轴间有夹角或相互位置有变化的两个转轴连接起来，并使两轴以相同的角速度传递动力，它可以克服普通十字轴式万向节存在的不等速的问题，特别适合于转向驱动桥的使用。转向驱动桥中，前轮既是驱动轮，又是转向轮，转向时偏转角度很大，最大可达40°以上，这时就不能采用传统的、偏转角度很小的普通万向节了。

普通万向节在偏转角较大时，转速和扭矩会有很大的波动，汽车发动机的动力很难平稳可靠地传输给车轮，同时也会造成汽车产生震动、冲击和噪声。因此，必须采用偏转角度大、动力传输平稳、角速度均匀的等速万向节才能满足要求。

## 等速万向节的结构图

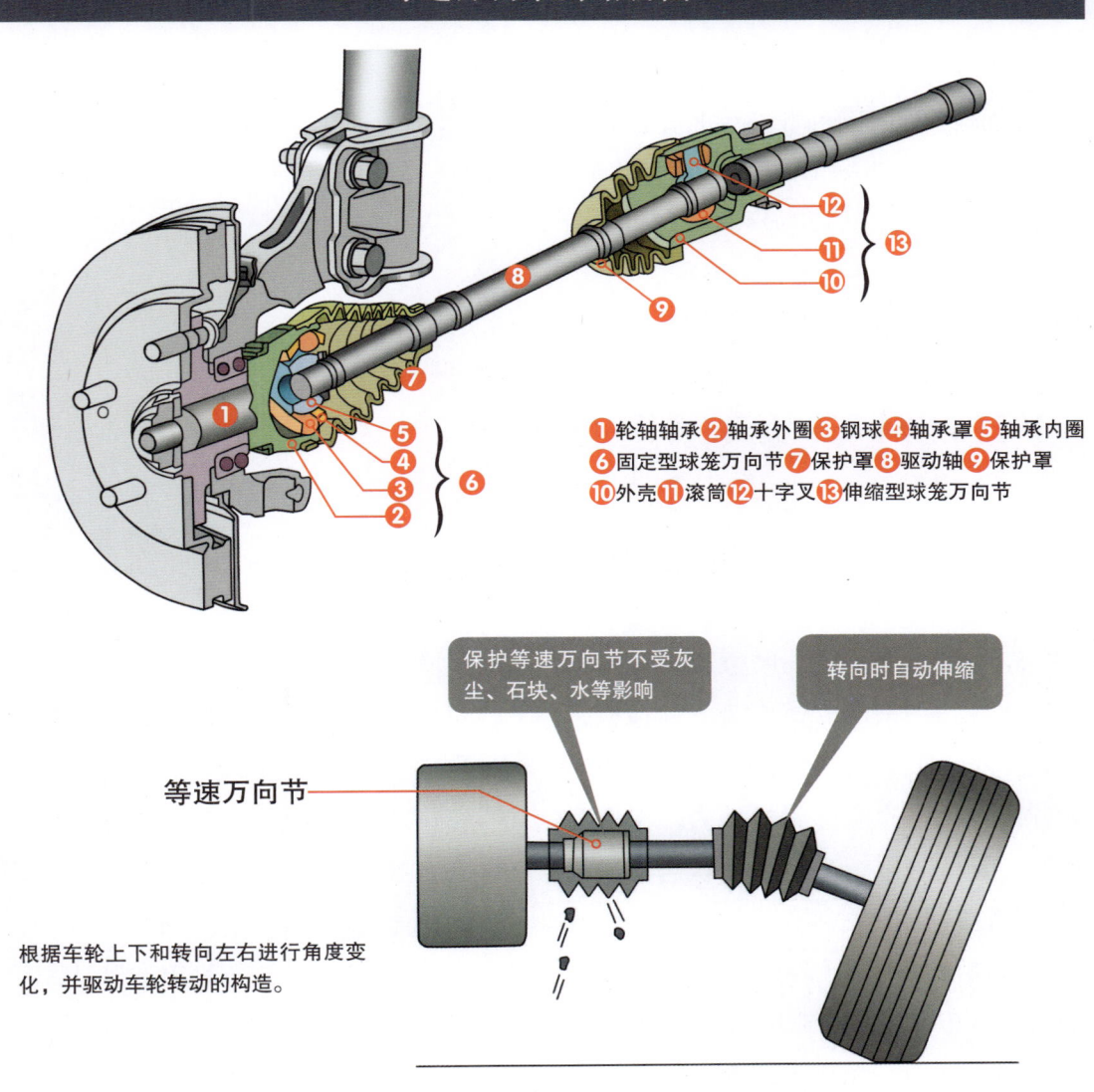

❶轮轴轴承 ❷轴承外圈 ❸钢球 ❹轴承罩 ❺轴承内圈 ❻固定型球笼万向节 ❼保护罩 ❽驱动轴 ❾保护罩 ❿外壳 ⓫滚筒 ⓬十字叉 ⓭伸缩型球笼万向节

保护等速万向节不受灰尘、石块、水等影响

转向时自动伸缩

**等速万向节**

根据车轮上下和转向左右进行角度变化，并驱动车轮转动的构造。

# 04 四驱汽车

由前后四个车轮同时驱动的汽车称为四驱汽车（4WD：4 Wheel Drive）。四驱汽车在恶劣的路面状况下也能发挥出最大动力。但由于四驱汽车的部件较多，这也增大了整车质量，生产成本也随之增加，与此同时，四驱汽车的油耗也更高。

根据四驱形式不同，可将四驱汽车分为：全时四驱（AWD）和适时四驱（XX）两种。

## 四驱汽车的驱动力

轮胎和路面之间的摩擦产生了汽车的驱动力。但车轮和冰面很难产生摩擦，因此会发生打滑、空转无法前进的现象。这样的摩擦力也被称为抓地力，抓地力存在一定的极限，受到路面状态、轮胎状态和轮胎承重的影响。

例如，一辆能产生100个单位的驱动力的汽车，路面的抓地力极限为30个单位的驱动力。如果该车为两轮驱动，各驱动轮施以50个单位的驱动力，便会产生打滑空转。此时只能将发动机的动力控制在60个单位的驱动力才能得以前进。而四轮驱动时，抓地力极限为30个单位的驱动力的条件下，各个车轮获得25个单位的驱动力，共计100个单位的驱动力，也能前进。在雪地等湿滑的路面，四驱汽车能更安定地发挥动力前进。

# 四驱汽车的转向力

汽车在转向时，需要转向力来抵抗离心力。转向力由轮胎和路面之间的摩擦产生，受抓地力极限的影响。驱动力、转向力和抓地力极限的关系是：（抓地力极限）2=（驱动力）2+（转向力）2，由下图表示：抓地力极限为 60 个单位的驱动力，两轮驱动汽车发挥 100 个单位的驱动力，而转向力只有约 33 个单位的驱动力。而四轮驱动时，转向力为约 55 个单位的驱动力。四轮驱动能获得更大的转向力，从而使转向更稳定。

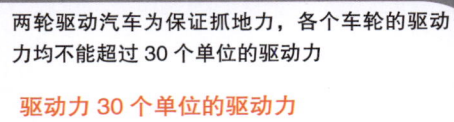

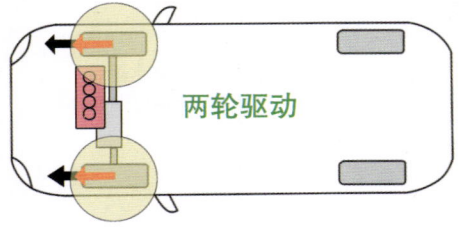

**两轮驱动汽车为保证抓地力，各个车轮的驱动力均不能超过 30 个单位的驱动力**

驱动力 30 个单位的驱动力

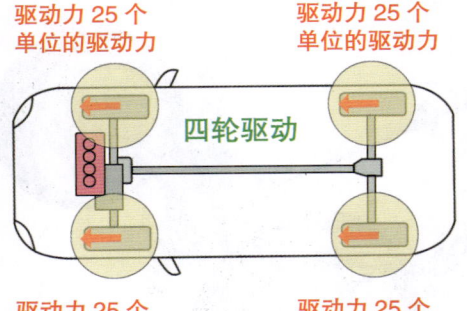

**两轮驱动**

驱动力 30 个单位的驱动力

抓地力极限 30 个单位的驱动力

驱动力 25 个单位的驱动力　　驱动力 25 个单位的驱动力

**四轮驱动**

驱动力 25 个单位的驱动力　　驱动力 25 个单位的驱动力

四轮驱动汽车，各车轮的驱动力为 25 个单位的驱动力，不会超过抓地力极限

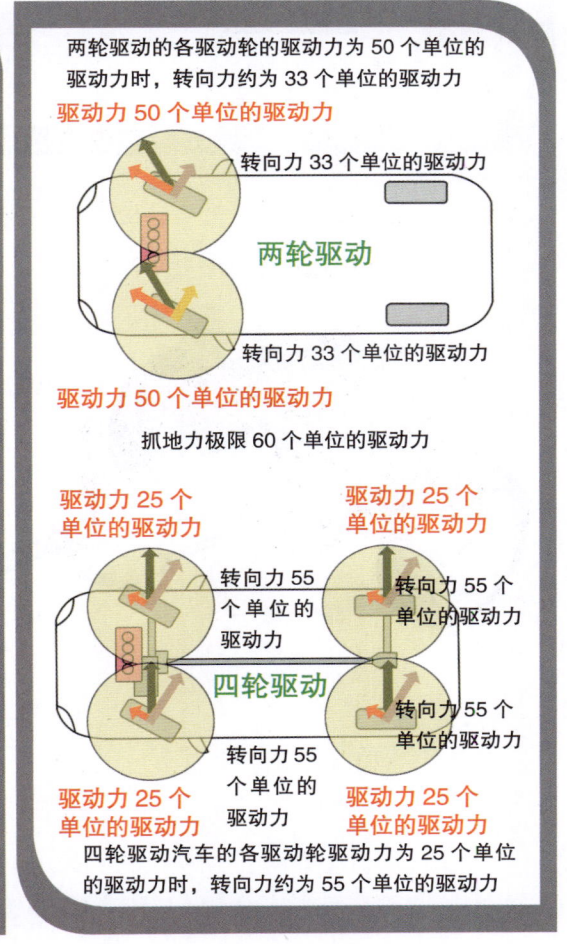

**两轮驱动的各驱动轮的驱动力为 50 个单位的驱动力时，转向力约为 33 个单位的驱动力**

驱动力 50 个单位的驱动力

转向力 33 个单位的驱动力

**两轮驱动**

转向力 33 个单位的驱动力

驱动力 50 个单位的驱动力

抓地力极限 60 个单位的驱动力

驱动力 25 个单位的驱动力　　驱动力 25 个单位的驱动力

转向力 55 个单位的驱动力　　转向力 55 个单位的驱动力

**四轮驱动**

转向力 55 个单位的驱动力　　转向力 55 个单位的驱动力

驱动力 25 个单位的驱动力　　驱动力 25 个单位的驱动力

四轮驱动汽车的各驱动轮驱动力为 25 个单位的驱动力时，转向力约为 55 个单位的驱动力

# 四驱汽车的设计

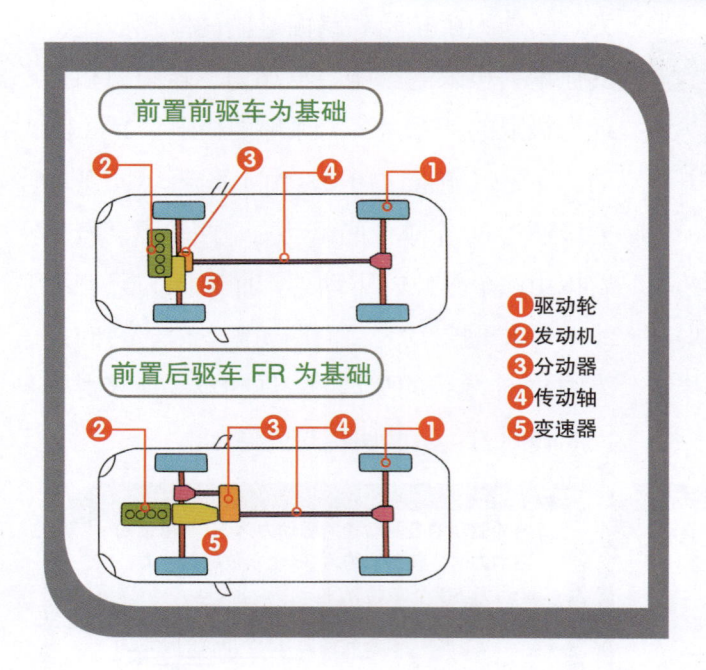

四驱汽车需要进行合理的结构设计和安排，以前置前驱车和前置后驱车为基础，增设分动器和传动轴等部件，实现四驱的功能。

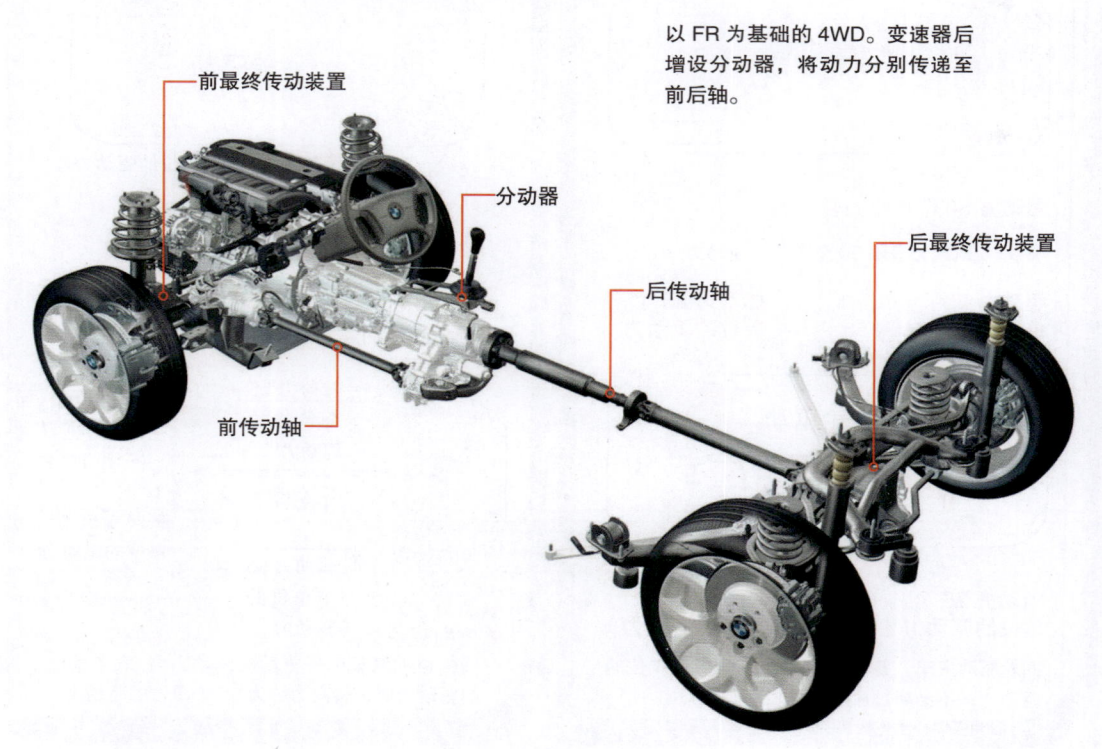

**前置前驱车为基础**

**前置后驱车 FR 为基础**

① 驱动轮
② 发动机
③ 分动器
④ 传动轴
⑤ 变速器

以 FR 为基础的 4WD。变速器后增设分动器，将动力分别传递至前后轴。

- 前最终传动装置
- 分动器
- 后最终传动装置
- 后传动轴
- 前传动轴

# 适时四驱系统

适时四驱系统是根据汽车行驶状况对前后扭力，进行分配的四驱系统。该类四驱系统能简单地从修改前置前驱（FF）设计而来，因此采用适时四驱系统的汽车较多。

适时四驱系统在直行时，为两轮驱动，在遇到转向和湿滑路面时，自动对扭力进行分配转为四驱驱动。适时四驱系统多采用各种扭矩矢量分配装置，现在主要以湿式多片离合器来实现适时四驱。

适时四驱多以前置前驱（FF）为基础设计而来。在前最终传动装置附近新增分动器，再通过传动轴传递至后轴上。而扭矩矢量分配装置设计在后轴上为主流。在直行时，以前轮驱动。在转向时，由于产生车轮的转速差，扭矩矢量分配装置自动工作，对扭力进行分配，最大能以前后比100:0至50:50的范围内分配。

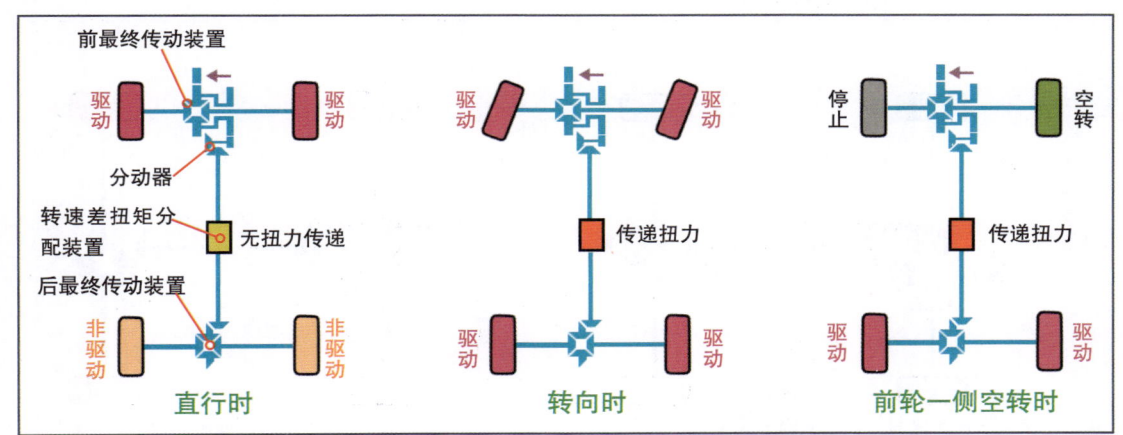

▲ 适时四驱系统

## 全时四驱系统

全时四驱系统通过差速器等差动装置实现全时分配四轮扭力，通常配合差速限滑装置或差速器锁止器，避免单轮空转现象。差速器常采用锥齿轮式、行星齿轮式和托森式差速器和多片离合配合的方式。现在全时四驱系统逐渐开始使用电子控制技术，更有效地确保全时四驱系统的驾驶安全。

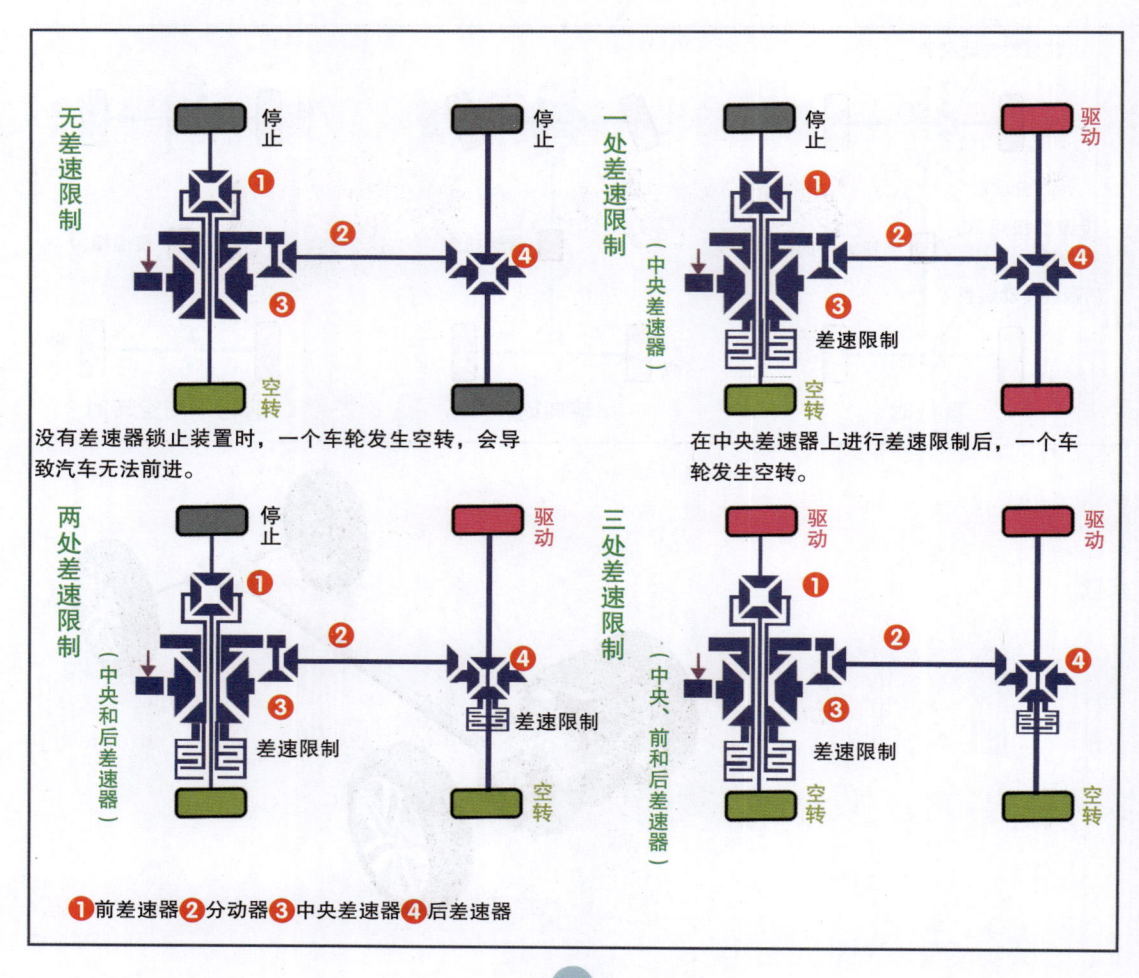

**无差速限制**

没有差速器锁止装置时，一个车轮发生空转，会导致汽车无法前进。

**一处差速限制（中央差速器）**

在中央差速器上进行差速限制后，一个车轮发生空转。

**两处差速限制（中央和后差速器）**

**三处差速限制（中央、前和后差速器）**

❶前差速器 ❷分动器 ❸中央差速器 ❹后差速器

# 冠齿轮式差速器和多片离合器

## 冠齿轮式中央差速器

采用冠齿轮中央差速器的全时四轮驱动（AWD）结构，有结构体积小，重量轻等优点的同时，具有更高的扭矩分配效率。它依靠多片离合器就能灵活地对扭矩进行分配。

- 冠齿轮
- 差速轴齿轮
- 多片离合

# VI

CHAPTER SIX

# 制动系统

制动系统是汽车上减速、停止的装置，最常见的是碟式制动系统和鼓式制动系统。

## 碟式制动装置

碟式制动装置中，与车轮连接的制动盘作为制动摩擦材料，卡钳控制制动块，夹紧制动盘时，进行制动。在进行制动时，制动盘和制动片的温度可能会达到400℃以上，制动盘过热会影响制动效果，因此碟式制动装置的冷却也十分重要，高性能的汽车上普遍采用通风碟盘式制动装置来增强散热功能。

碟式刹车

### 碟式制动装置的工作原理

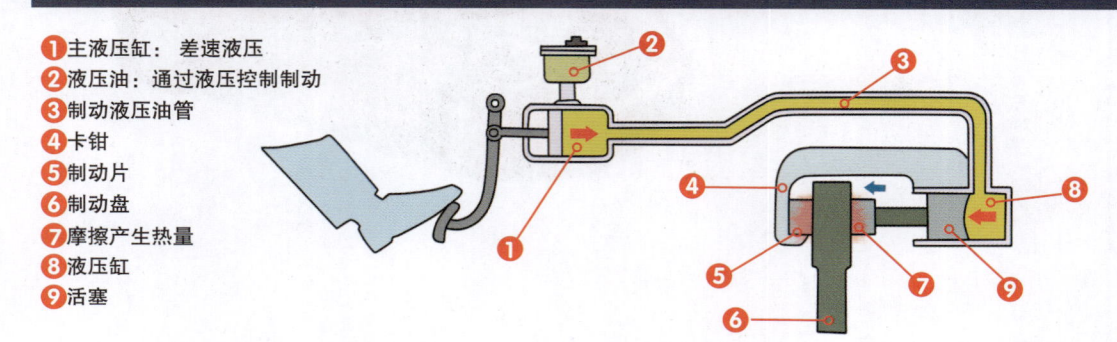

1. 主液压缸：差速液压
2. 液压油：通过液压控制制动
3. 制动液压油管
4. 卡钳
5. 制动片
6. 制动盘
7. 摩擦产生热量
8. 液压缸
9. 活塞

第六章 制动系统

▲ 制动液压油通常存储在发动机室内

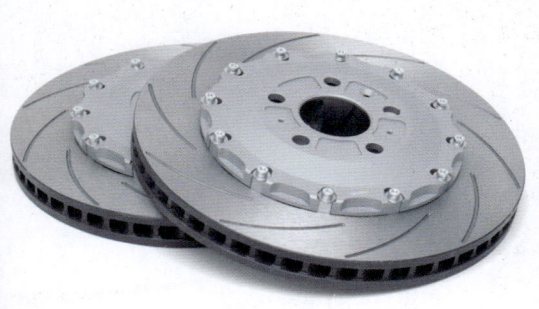

▲ 制动盘

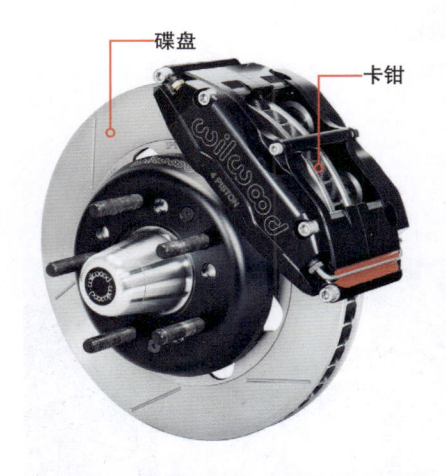

碟盘
卡钳

▲ 碟式制动装置的结构：制动盘直接与车轮相连，材料通常为铸钢。

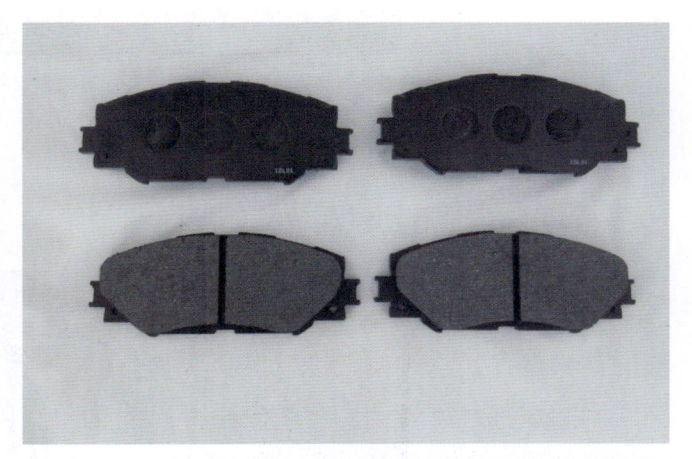

▲ 制动片是磨损零件，主要由金属粉末、金属纤维、树脂、陶瓷等材料制成，对热稳定性和耐磨性要求较高。根据卡钳和活塞的数量多少，制动片有多种形状。在刹车时制动片与制动盘摩擦，逐渐被磨薄，因此需要定期检查更换。

▲ 卡钳
卡钳内有活塞，制动片就安装在活塞上。卡钳通过液压控制活塞，使制动片与制动盘摩擦。单活塞卡钳不能稳定地控制制动。因此增加卡钳内活塞的数量能大幅提高制动性能。

▲ 通风盘式制动装置

透视汽车会"跑"的奥秘

**制动过热现象**

汽车持续处于制动状态下，制动片和制动盘的温度超过300℃后，会出现过热现象，此时摩擦系数下降，制动性能也随之下降。重视制动性能的汽车通常采用耐热的陶瓷制动片和散热较好的通风盘式制动装置来保证制动性能。

## 鼓式制动装置

鼓式制动装置中，有一个称为制动鼓的铸铁部件，它类似于铃鼓。制动鼓与轮胎固定并共同转动，由摩擦衬片与制动鼓摩擦来进行制动。相比碟盘式制动装置，鼓式制动装置有可使用较低液压、成本低廉、安装方便等优点。但它也存在制动反应慢，容易产生过热现象，维修复杂等缺点。

❶刹车液压缸 ❷刹车衬片 ❸刹车底板 ❹回位弹簧

### 领从蹄鼓式制动的工作原理

产生液压

领蹄制动器在液压助力的工作下，产生较大的摩擦，进行制动。

从蹄制动器制动时，该侧的制动鼓会主动与摩擦衬片接触，相比领蹄制动器，从蹄制动器的摩擦力较小。

❶主液压缸
❷制动液压缸
❸制动鼓
❹制动鼓转动方向
❺摩擦衬片

▲领从蹄鼓式制动装置

## 驻车制动装置

汽车驻车时，机械保持停止状态的是驻车制动。广泛采用的机械驻车制动，将驻车制动器操纵杆拉起时，驻车制动系统锁定车轮，保持停止状态。现在出现了电子驻车制动装置，只要将开关拉起，车载电脑自动计算停车位置的倾斜角度，控制驻车制动系统锁定车轮。

▲斯巴鲁的机械驻车制动器操纵杆

▲奥迪的电子驻车制动器开关

透视汽车会"跑"的奥秘

# 01

# 制动助力装置

制动助力装置用于辅助放大踩下制动踏板的力，从而更好地进行制动，通常分为真空式助力、压缩空气式助力和液压式助力，现在主流采用真空式制动助力。

真空式制动助力装置利用低于大气压的负压和大气压之间的压力差作为辅助，放大制动的力。在助力器内部，设置了真空气室和工作气室，用隔膜分开。踩下制动踏板时，工作气室阀门打开，真空气室阀门关闭，形成的负压产生较大的推力，推动活塞控制制动。但只有在发动机工作时，真空气室才能不断保持真空；停车状态时，真空制动助力装置无法工作。

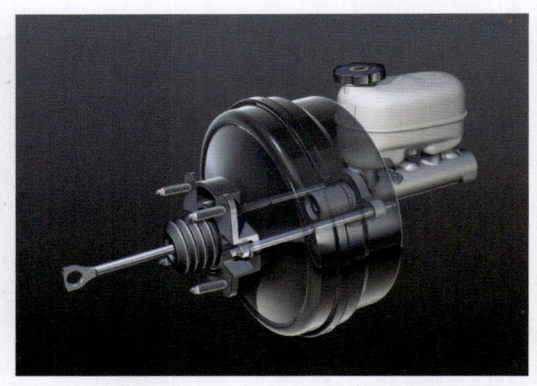

▲ 真空式制动助力装置

真空制动助力的工作原理

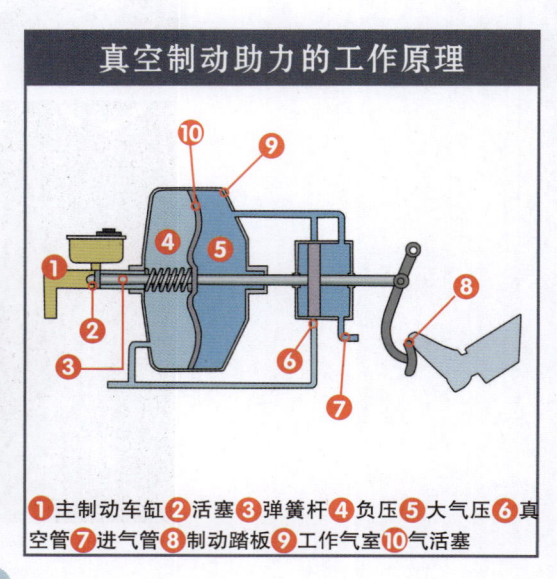

真空式制动助力装置 ▶
❶ 真空气室
❷ 工作气室
❸ 气活塞
❹ 弹簧杆

❶ 主制动车缸 ❷ 活塞 ❸ 弹簧杆 ❹ 负压 ❺ 大气压 ❻ 真空管 ❼ 进气管 ❽ 制动踏板 ❾ 工作气室 ❿ 气活塞

# 02 制动控制系统

▲ 仪表盘上的 ABS 工作灯

想要控制汽车安全的停止，不仅要依靠驾驶员的操作，还需要各种安全驾驶系统的辅助。

## ABS

ABS（antilock brake system）是制动防抱死系统的简称。在湿滑的道路上，汽车紧急制动时，车轮与路面之间的摩擦力不足，车轮会在制动装置锁死时失去附着力而进行滑行，汽车也会产生滑移失控。ABS 可以防止出现这一问题。

在装备 ABS 的汽车上，ECU 监控加速度和车轮速度，一旦出现将要滑移的现象，便会减小制动力，不断保持车轮在滑移和转动之间转变，从而避免出现滑移失控现象。

### ABS 的工作原理

ABS 系统控制制动装置的工作，使车轮保持转动和滑移之间，持续至车轮的摩擦力恢复。汽车低速行驶时，ABS 不工作。

一直到汽车停止为止，一直踩下制动踏板。

瞬间进行刹车

ECU 感知制动锁死车轮，瞬间减弱制动，使车轮恢复转动。

感知车轮转动后，再增强制动，保持最适合的制动力度。

## ABS 系统的结构

1. 控制模块
2. 调节器单元
3. 车轮传感器
4. 齿轮传感器
5. 齿轮脉冲发生器
6. 制动盘

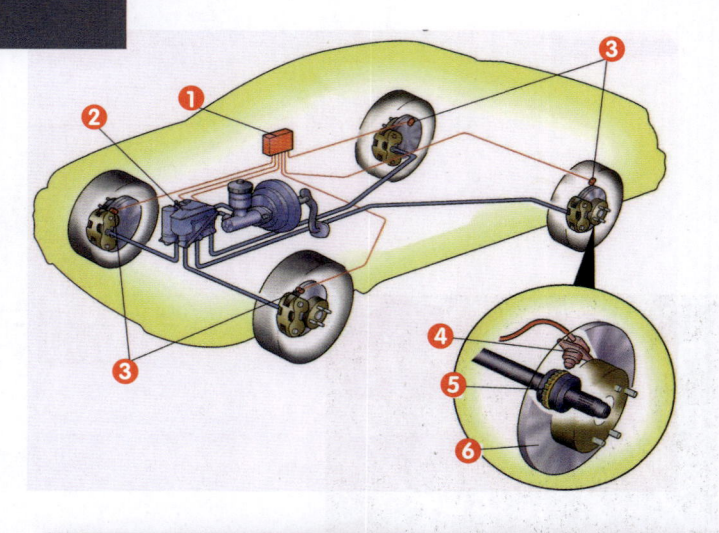

## ESC

车辆电子稳定控制系统（ESC：Electrical Speed Controller）是汽车转向时控制姿势的系统。在转向时，驾驶人根据车速操纵方向盘，在路面状况不好或车速较快时，汽车姿势会变为不稳定状态。这时 ESC 分别控制左右车轮的制动，使汽车姿势保持稳定。与 ESC 具有相同功能的还有 ESP（车辆电子稳定程序）等。

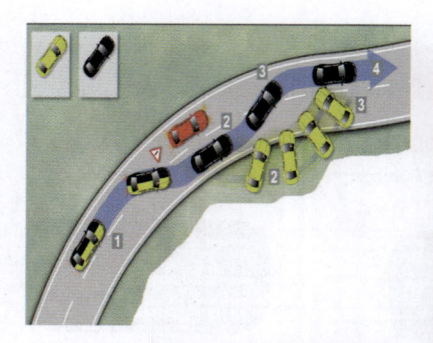

▲上图是装备 ESP 和没有装备 ESP 的汽车在遇到弯道紧急变线转向时的区别。ESP 或 ESC 对车辆稳定地控制，能最大限度地保证车辆在类似情况下的安全。

### ESC 的工作原理

没有安装 ESC 的情况　　安装 ESC 的情况

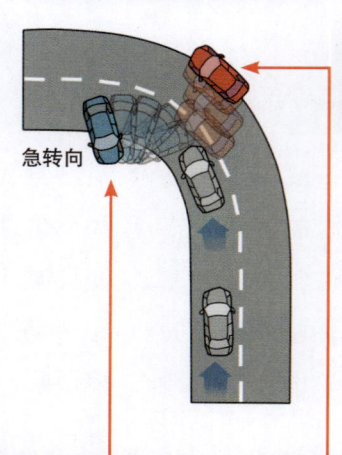

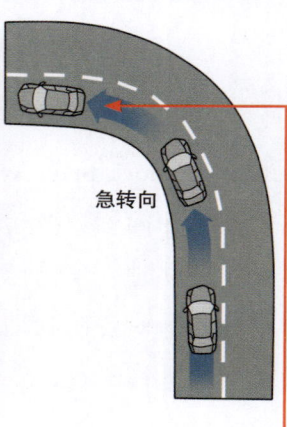

急转向　　急转向

转向过度，车辆在弯道中的实际转向角度比前轮的转动角度大，也就是后轮出现了向外侧的滑动。

转向不足，车辆在弯道中的实际转向角度比前轮的转动角度小，也就是前轮出现了向外侧的滑动。

转向过度时，ESC 控制转向外侧的前轮进行制动，转向不足时，ESC 控制转向内侧后轮进行制动，保证汽车稳定转向。

## 03 转向系统

驾驶人通过转向系统控制汽车行驶方向。

一般的汽车在转向中，通常把前轮与车体中心线之间的夹角称为转向角。但汽车在实际转向时，在离心力的作用下，车辆会偏向外侧，转向角和实际前进的角度产生偏移，偏移的角度也称作滑移角。车辆在进行转向时，车轮受离心力影响，还会与路面产生摩擦力。受到离心力影响变形的轮胎，还会产生恢复原形的力。车辆进行转向时，这些力和离心力相互作用。但过大的离心力会使摩擦力超过极限，产生滑移，因此转向时汽车的速度不能过快。

**❶ 转向操作机构**
由方向盘和转向传动轴等构成，驾驶人转动方向盘带动转向齿轮机构。

**❷ 转向齿轮机构**
方向盘的旋转速度进行适当减速并增大操作力，再传动至转向机构连杆。

**❸ 转向机构连杆**
控制车轮转向的机构，同时保持左右车轮的相对位置。

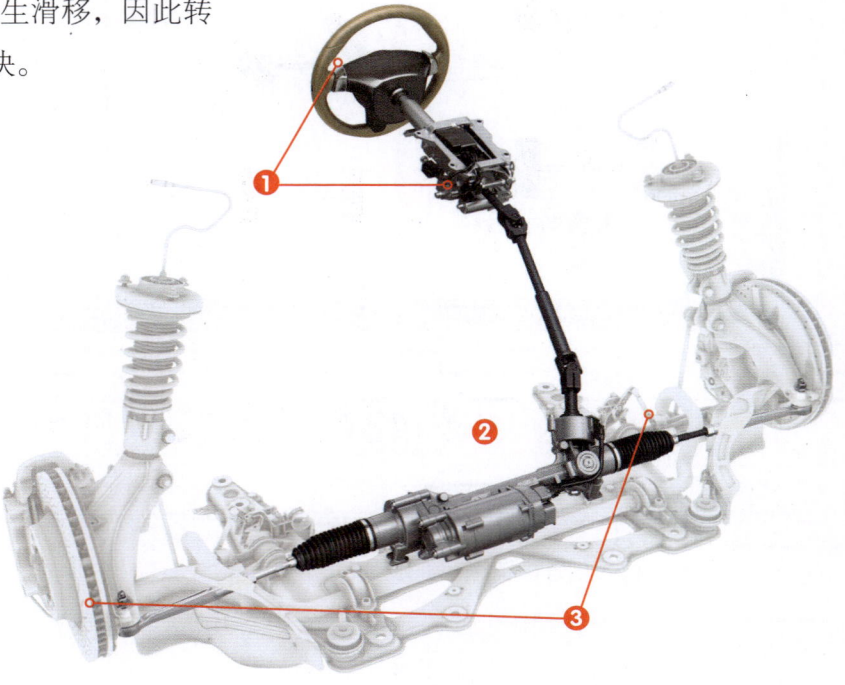

透视汽车会"跑"的奥秘

## 转向角和滑移角

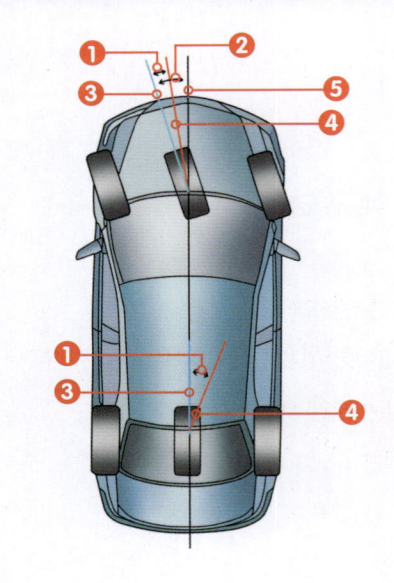

▲ 三辐方向盘

▲ 四辐方向盘

1. 滑移角
2. 转向角
3. 车轮将要滚动的方向
4. 实际前进的方向
5. 车辆惯性

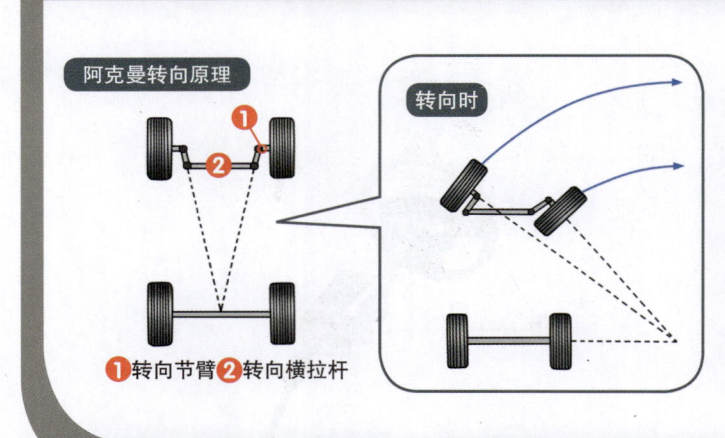

阿克曼转向原理

转向时

1. 转向节臂 2. 转向横拉杆

### 阿克曼转向原理

阿克曼转向原理是指汽车在行驶过程中，每个车轮的运动轨迹都完成自然运动轨迹，从而保证车轮与地面间发生滚动而无滑移现象。依据阿克曼转向原理设计的汽车在转向时，利用四连杆的相等曲柄使内侧轮的转向角比外侧轮的转向角大约2°~4°，使四个轮子路径的圆心大致交汇于后轴的延长线上的瞬时转向中心上，保证车辆顺畅地转向。

## 齿轮齿条式转向机构

齿轮齿条式转向机构主要由方向盘、转向传动轴、转向齿轮机构和转向拉杆构成。转向齿轮机构是最关键的部分，它将方向盘的旋转运动转换成车轮需要的左右往复运动。齿轮齿条式转向机构的齿轮和齿条的齿轮比越小，操作越灵敏，齿轮比越大，所需要的转向力度越小。

## 齿条齿轮式转向装置

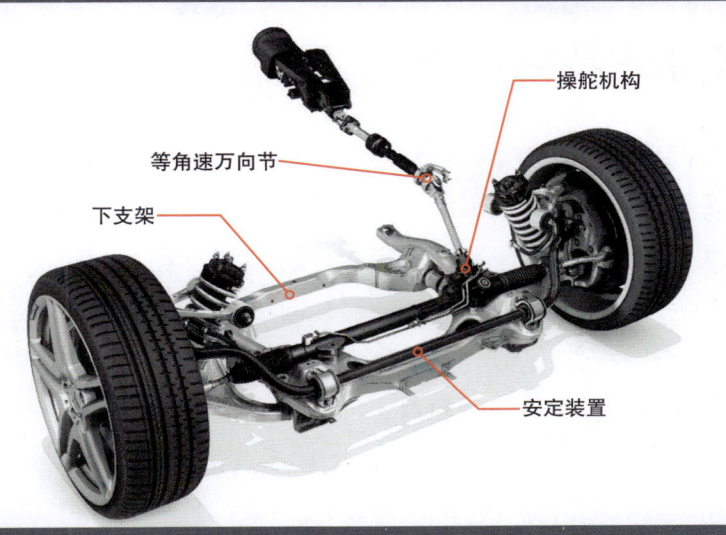

- 操舵机构
- 等角速万向节
- 下支架
- 安定装置

## 齿轮齿条式转向机构的结构

转向齿轮机构中的齿轮转动，带动齿条左右运动，从而使转向轴拉动车轮转换方向。

**齿轮的旋转运动**

**保护罩**
防止转向机构内的润滑油漏油，以及防止外部杂物的接触。

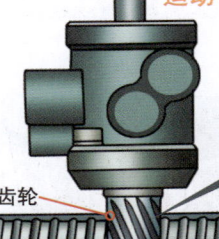

齿轮和齿条咬合

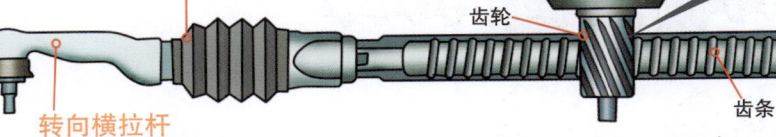

齿轮

齿条

**转向横拉杆**
转向横拉杆与转向机构的转向轴相连，内部的齿轮带动齿条运动，使转向轴左右拉动转向横拉杆。

**齿条的左右往复运动**

▲齿轮齿条式转向机构

透视汽车会"跑"的奥秘

# 循环球式转向机构

循环球式转向机构主要由螺杆、螺母、转向器壳体,以及许多小钢球等部件组成。钢球被放置在螺母与螺杆之间的密闭管路内,将螺母与螺杆之间的滑动摩擦转变为阻力较小的滚动摩擦。当转向传动轴转动起来后,与它连接的螺杆推动螺母进行上下运动,螺母再通过齿轮来驱动转向摇臂进行往复摇动,最后实现转向。与齿轮齿条式转向机构相比,循环球式转向机构在转向时所需要的力度更小,但随着助力装置的发展,现在循环球式转向机构逐渐被齿轮齿条式转向机构所取代。

## 循环球式转向机构的结构

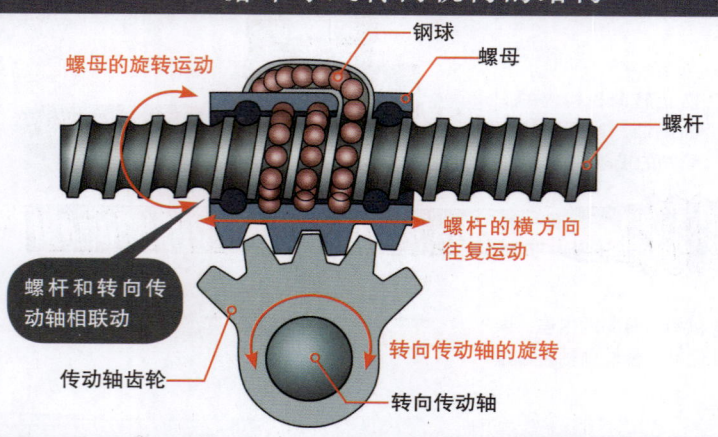

- 螺母的旋转运动
- 钢球
- 螺母
- 螺杆
- 螺杆的横方向往复运动
- 螺杆和转向传动轴相联动
- 传动轴齿轮
- 转向传动轴的旋转
- 转向传动轴

## 可变齿轮比式齿条

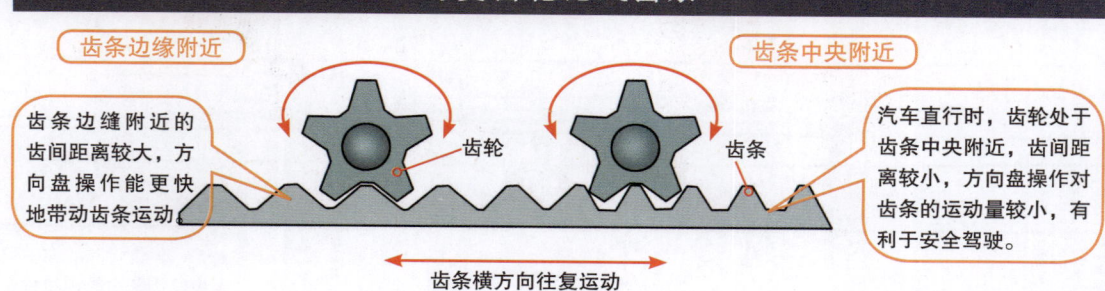

齿条边缘附近 / 齿条中央附近

齿条边缘附近的齿间距离较大,方向盘操作能更快地带动齿条运动。

齿轮 / 齿条

汽车直行时,齿轮处于齿条中央附近,齿间距离较小,方向盘操作对齿条的运动量较小,有利于安全驾驶。

齿条横方向往复运动

# 04

# 转向助力系统

## 液压式转向助力装置的结构

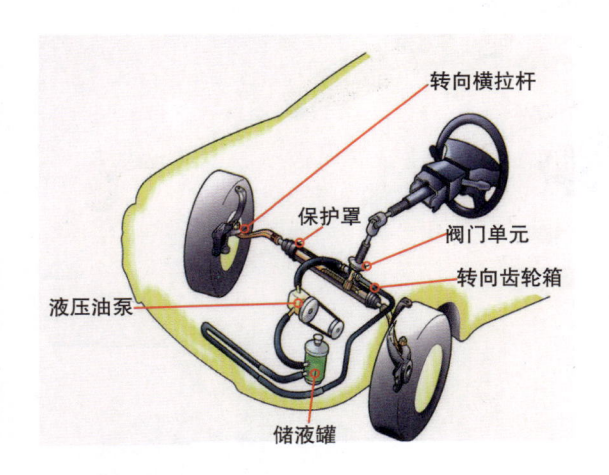

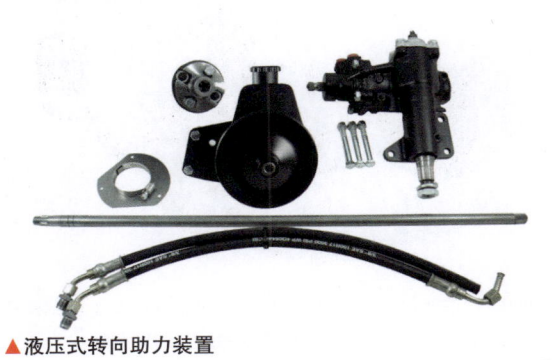

车辆处于停止状态时，驾驶人需要较大的力才能转动方向盘，随着汽车行驶速度的提高，转动方向盘的力度才会变小。为了使驾驶人能够更方便地操控方向盘，则需要转向助力系统辅助操作。现在主流的转向助力系统有液压式和电动式两种。

液压式转向助力系统利用液压油泵所产生的液压辅助转向。而电动式转向助力系统则由行车电脑控制电动机辅助转向。现在生产的汽车绝大多数都搭载了转向助力系统。

▲ 液压式转向助力装置

▲ 液压油泵

# 电动式转向助力系统

电动式转向助力系统不使用发动机动力，而使用电动机辅助转向操作。随着电子控制技术的发展，电动式转向助力装置的性能不断提高，在电脑控制下能进行更精细的操作，因此搭载电动式转向助力的汽车不断增多。

## 电动式转向助力的结构

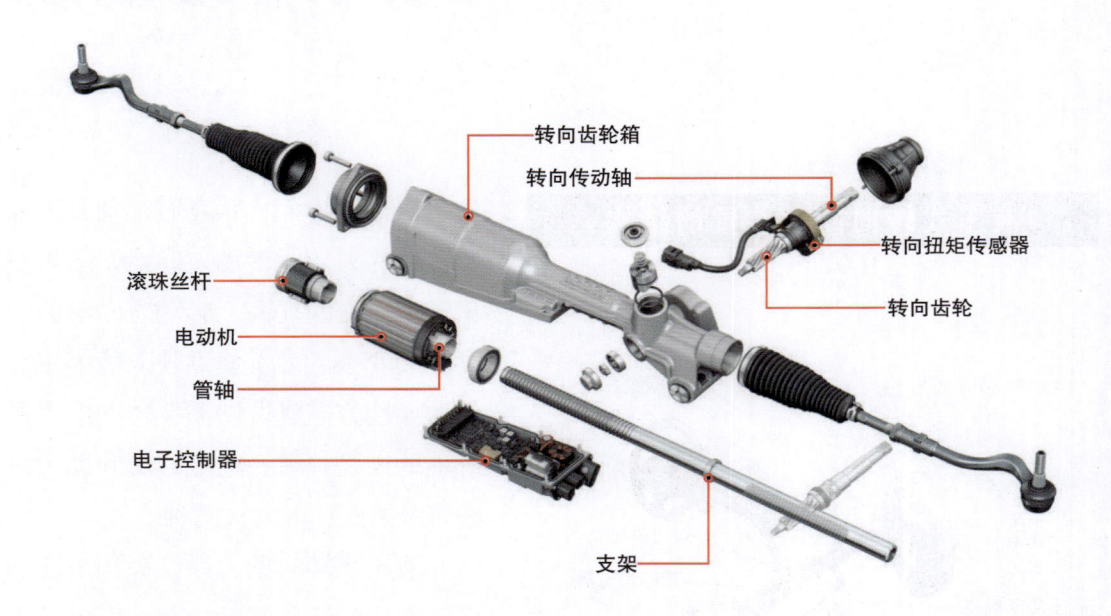

- 转向齿轮箱
- 转向传动轴
- 转向扭矩传感器
- 转向齿轮
- 滚珠丝杆
- 电动机
- 管轴
- 电子控制器
- 支架

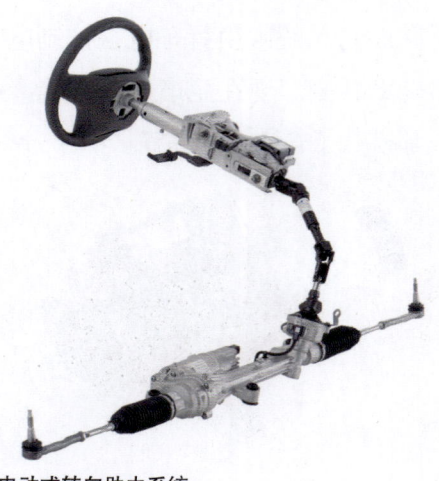

▲ 电动式转向助力系统

采用电动式转向助力系统后，驾驶人可以通过各种传感器监控车辆的行驶状态，有利于提高车辆行驶的安全性。

# 悬架系统 05

汽车在凹凸不平的路面行驶时，会受到冲击。轮胎只能吸收一部分冲击力，而绝大部分的冲击力需要车体和轮胎之间的悬架装置来缓冲。悬架装置主要由吸收冲击力的弹簧筒和减轻车体振动的避振器构成。根据左右两侧车轮的连接关系，可将悬架系统分为独立悬架系统和非独立悬架系统。

## 汽车所受到的惯性力矩

汽车在加速、刹车以及转向时受到的力，都通过悬架系统进行缓冲。

### 仰俯稳定性
在进行加速和制动刹车时，车体受惯性影响产生前后下沉。

### 横侧稳定性
汽车在转弯时，车体产生左右倾斜。

### 方向稳定性
汽车在转弯时，车体以中心为垂直轴进行左右转动。

透视汽车会"跑"的奥秘

独立悬架　　　　　　　　　非独立式悬架

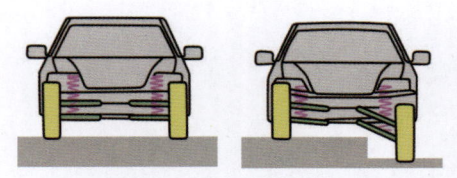

独立悬架的左右车轮能独立活动不相互影响　　　非独立式悬架左右车轮活动时会相互影响

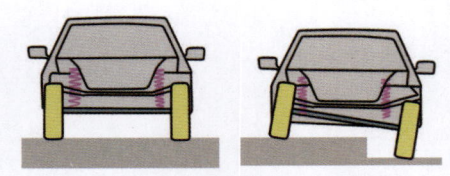

## 非独立悬架系统

非独立悬架是一种结构简单的悬架，该结构特点是采用车轴或钢梁刚性连接进行缓冲的方式，结构简单，坚固耐用。但当汽车行驶至有落差的路面时，非独立悬架不能完全缓冲振动，一侧车轮的颠簸运动还会影响到另一侧的车轮，此时舒适性和操控性较差。

非独立式悬架系统分为：钢板弹簧式、副钢板弹簧式和螺旋弹簧式三种。现在小型汽车和卡车等大型汽车主要采用非独立式悬架系统。

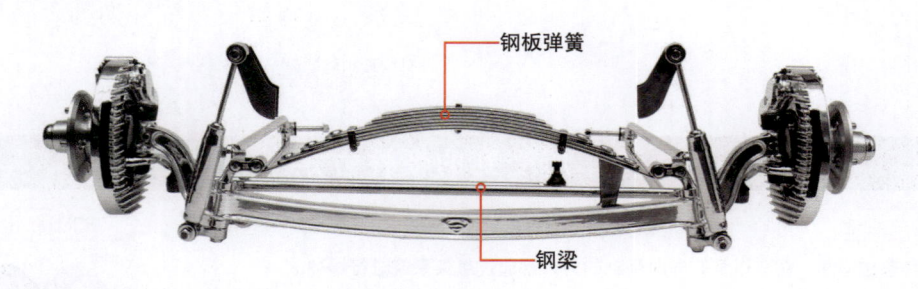

▲前轴为独立悬架，后轴式非独立悬架。

钢板弹簧

钢梁

▲副钢板弹簧非独立式悬架

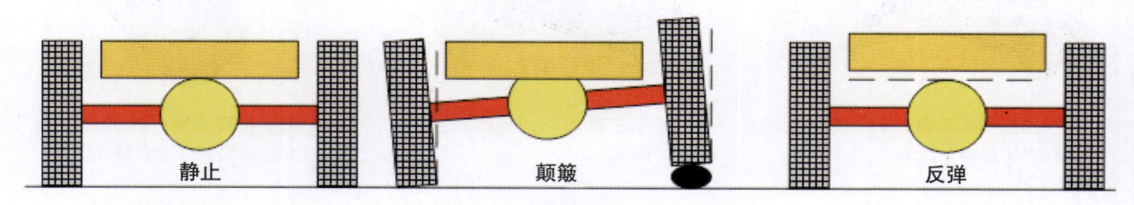

静止　　　颠簸　　　反弹

第六章 制动系统

▲ 越野车上的螺旋弹簧非独立式悬架
螺旋弹簧
传动轴

▲ 为保证载重能力，大型卡车普遍采用坚固耐用的非独立式悬架。

## 拖曳臂式悬架

拖曳臂式悬架是非独立悬架系统的一种，该悬架系统由一根粗大的扭力梁将左右车轮的纵臂焊接在一起，结构简单实用，占空间小，制造成本低，但也存在避振性能差，舒适性有限等缺点。

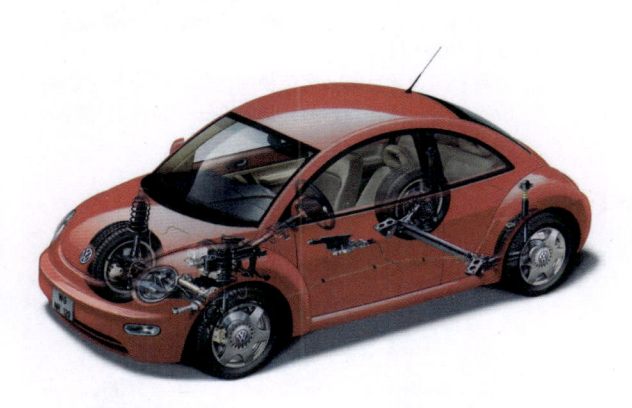

▲ 后轴采用拖曳臂式悬架的大众"甲壳虫"汽车

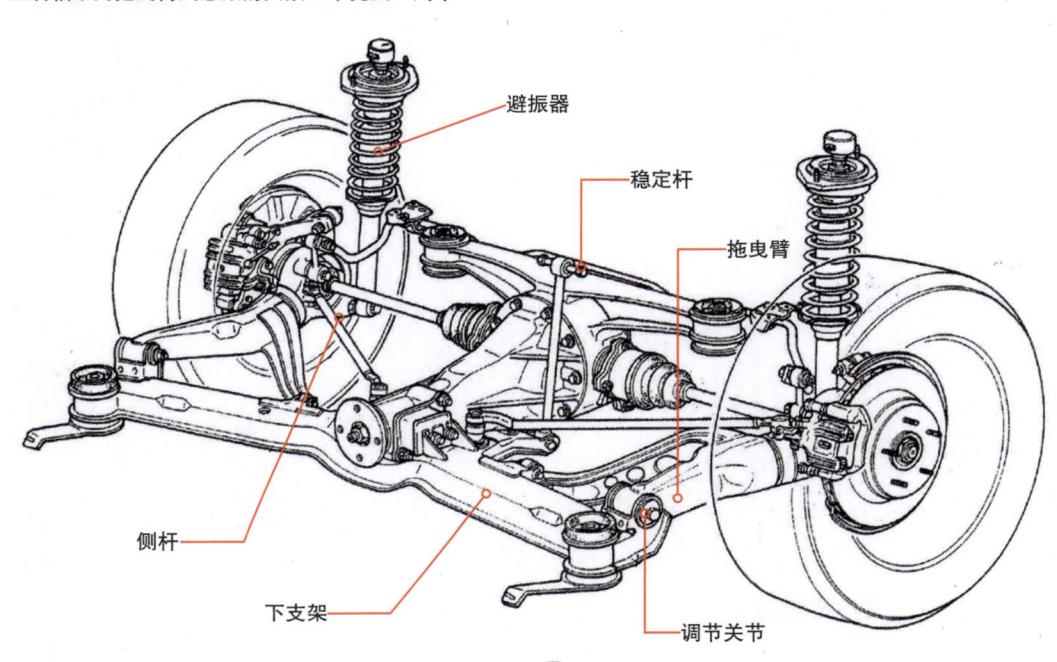

避振器
稳定杆
拖曳臂
侧杆
下支架
调节关节

159

## 扭力梁式悬架

扭力梁式悬架是汽车后悬架的一种，该系统中，钢梁搭配左右两支纵臂，纵臂与扭力梁之间可在一定范围内活动。在路面起伏不大时，左右车轮相互影响很小，算是半独立悬架系统。中小型车的后悬架常采用该种悬架。此外采用扭力梁式悬架能明显增加车后行李箱的空间，同时具备较大的载重性能。

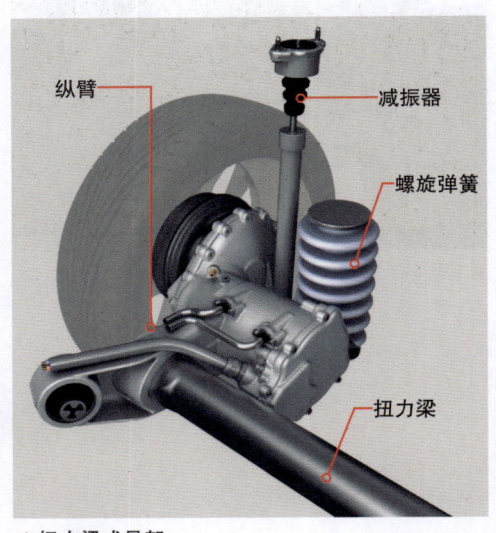

▲扭力梁式悬架

纵臂和扭力梁可在一定范围内活动，两个车轮之间没有硬轴直接连接，扭力梁能在一定范围内扭转，保证汽车的横向稳定性。

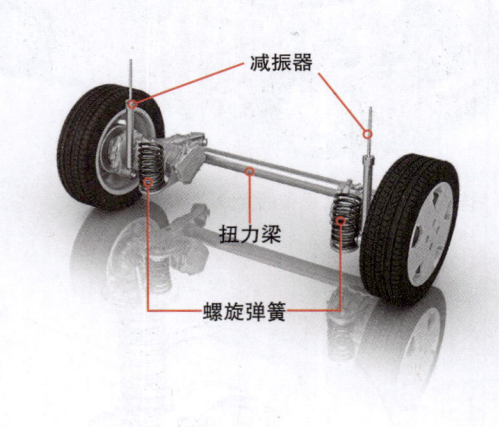

## 独立悬架系统

独立悬架是指每个车轮都单独与车体连接的一种悬架系统，现在主流汽车基本都采用这种悬架方式。独立悬架系统整体重量轻、体积小、缓冲性能较好，能提高车辆的地面附着力，乘坐舒适性较高。但该系统也存在结构复杂，成本较高等缺点。最常见的独立悬架类型有：麦弗逊式、双叉臂式、多连杆式等。

## 麦弗逊式独立悬架

麦弗逊式独立悬架是美国福特公司开发的悬架系统。它通过简单的机械构件组合而成，采用螺旋弹簧和避振器相结合的一体式设计，使避振器成为转向和结构支臂的一部分。麦弗逊式独立悬架的一个下摆臂在避振器的下方，并与它连动，因此该悬架系统具有较好的横向稳定性。现在常用于汽车的前悬架。

▲ 麦弗逊式独立悬架设计

### 典型的前轴麦弗逊式悬架

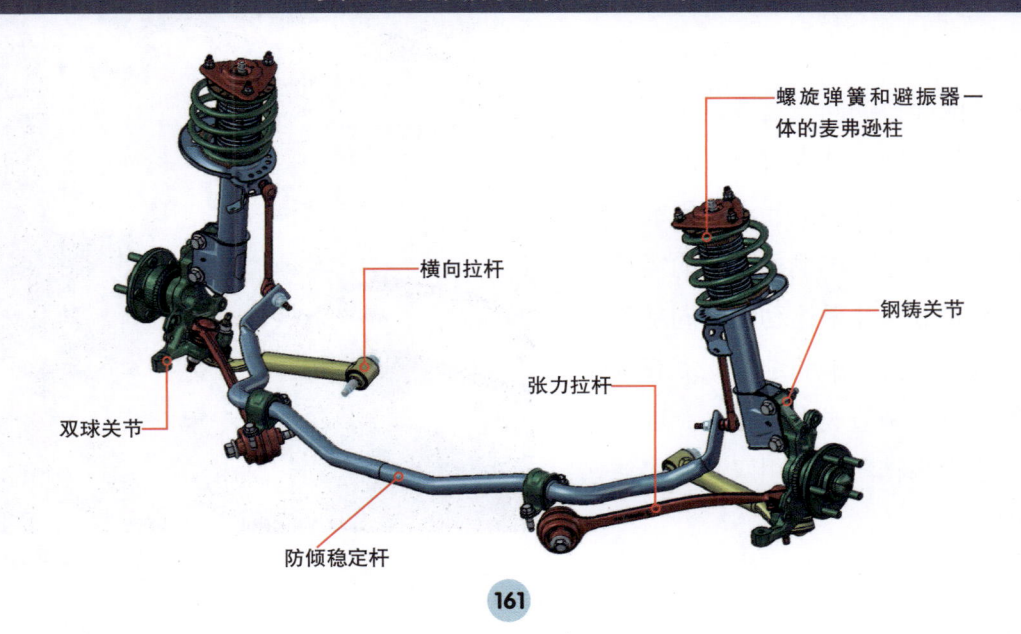

- 螺旋弹簧和避振器一体的麦弗逊柱
- 横向拉杆
- 钢铸关节
- 双球关节
- 张力拉杆
- 防倾稳定杆

透视汽车会"跑"的奥秘

**别克"君越"的前轴麦弗逊式悬架**

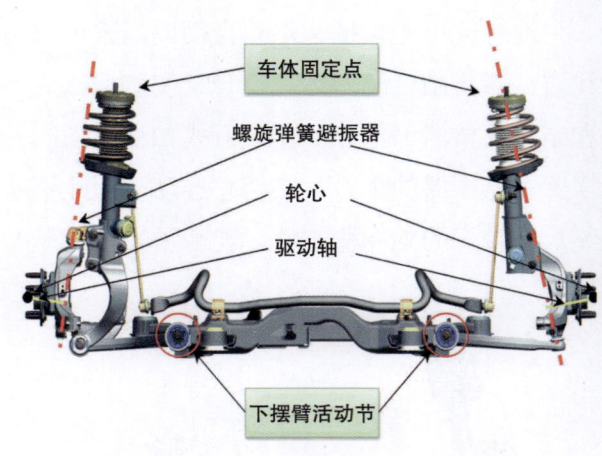

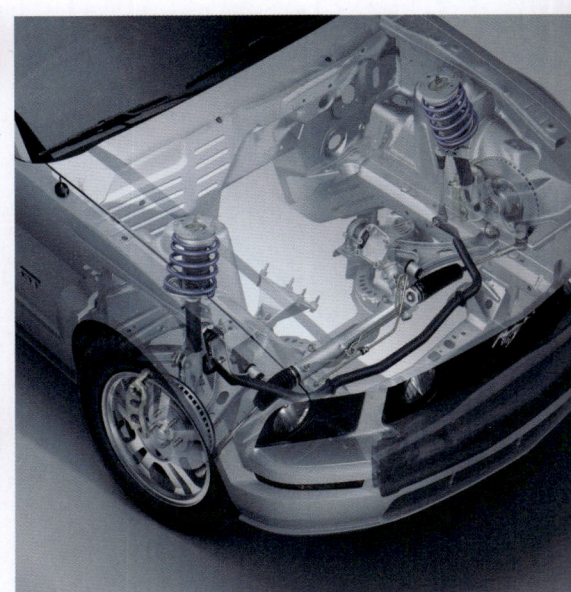

- 车体固定点
- 螺旋弹簧避振器
- 轮心
- 驱动轴
- 下摆臂活动节

▲ 麦弗逊式悬架

## 双叉臂式悬架

双叉臂式悬架又被称为"双A臂"式悬架，这是一种使用两个平行叉臂的独立式悬架系统。双叉臂式悬架系统的每个叉臂有两个可动关节与车体连接，能保持横向稳定性，装备的避振器和弹簧能缓冲垂直方向的运动。采用双叉臂式悬架能让汽车更细微精确地控制车轮在车辆行驶时的运动状态，它是非常注重运动性能的悬架系统。双叉臂式悬架的结构比麦弗逊式悬架复杂，制造成本也较高，现在只有一些中高档汽车采用双叉臂式独立悬架系统。

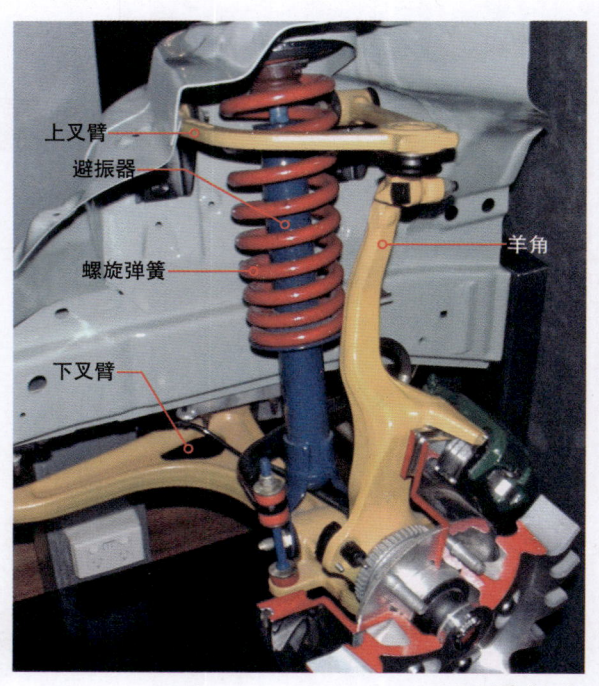

- 上叉臂
- 避振器
- 螺旋弹簧
- 羊角
- 下叉臂

▲ 双叉臂式悬架

第六章　制动系统

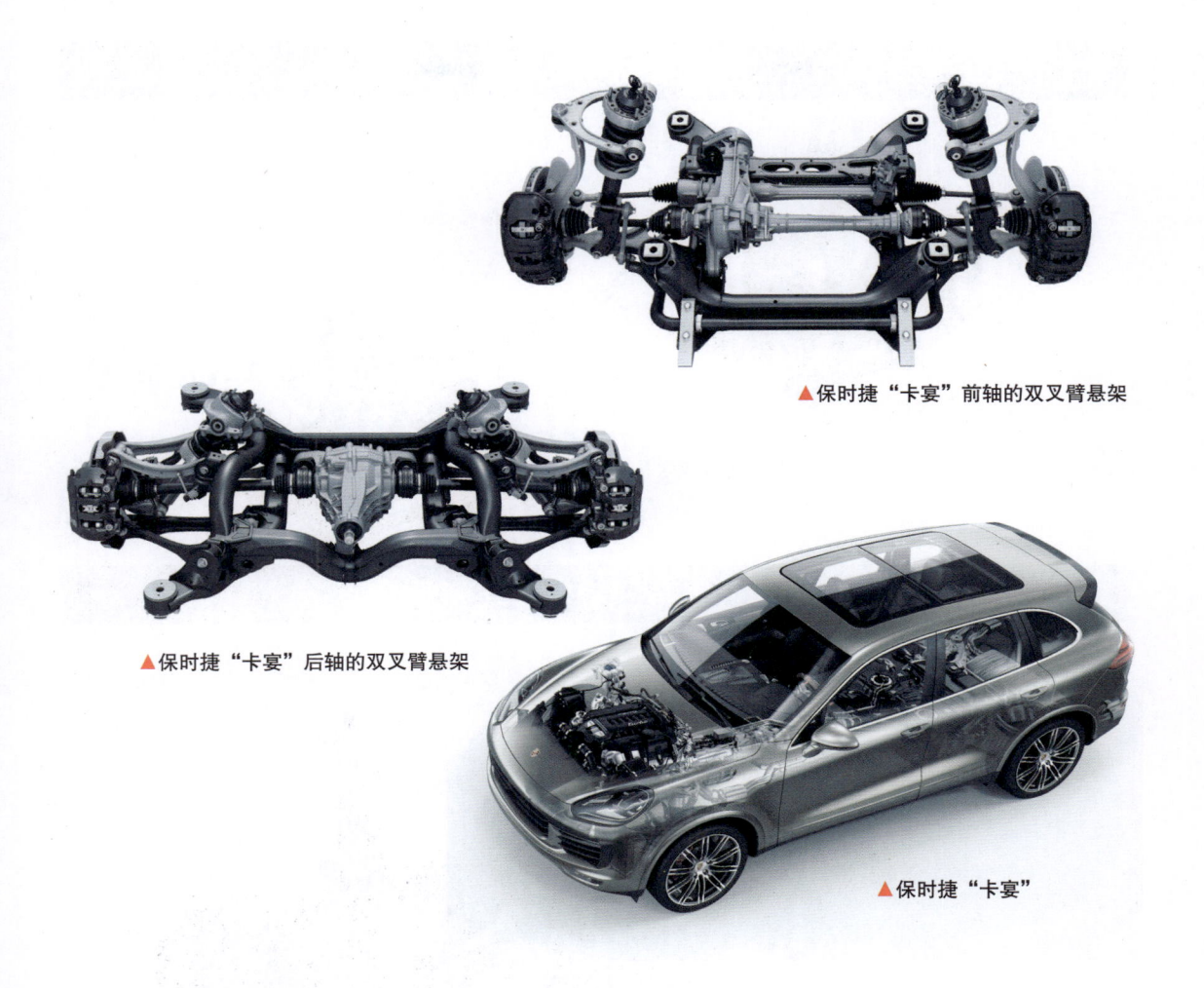

▲ 保时捷"卡宴"前轴的双叉臂悬架

▲ 保时捷"卡宴"后轴的双叉臂悬架

▲ 保时捷"卡宴"

## 多连杆悬架

多连杆悬架是由三根或三根以上连接拉杆构成的悬架系统，它能提供多个方向稳定的控制力，使车轮更稳定地与地面接触。常见的有三连杆、四连杆、五连杆等。连杆数量越多，悬架控制更精确、定位更准，同时结构也越复杂，成本也越高。

## 典型后轴多连杆悬架

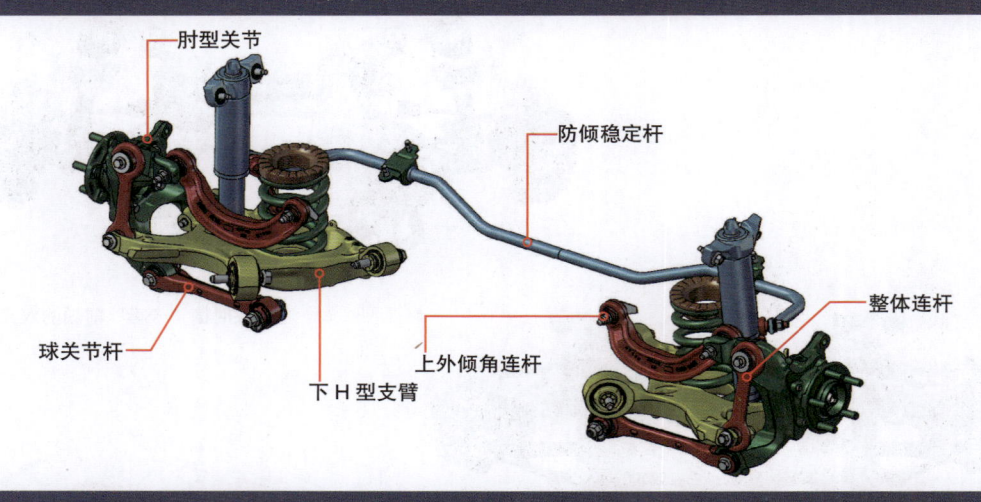

- 肘型关节
- 防倾稳定杆
- 整体连杆
- 球关节杆
- 下 H 型支臂
- 上外倾角连杆

## 福特"野马"后轴多连杆悬架

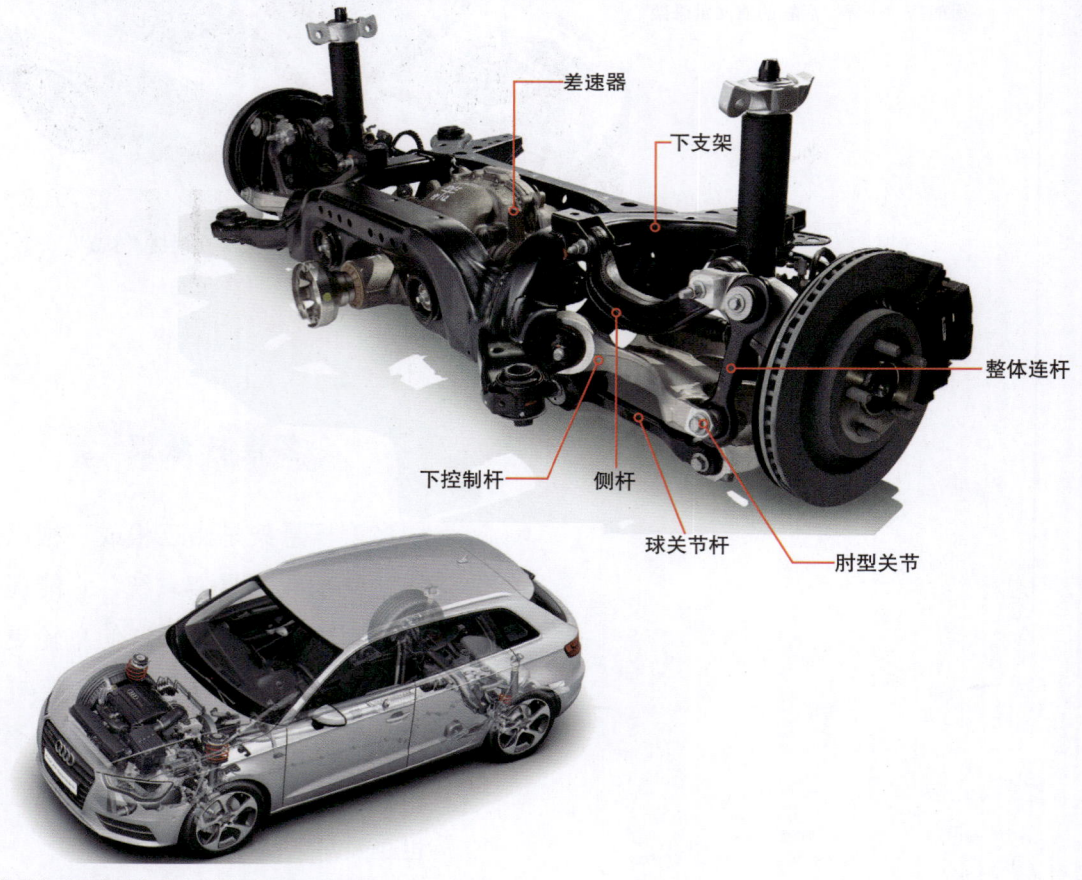

- 差速器
- 下支架
- 整体连杆
- 下控制杆
- 侧杆
- 球关节杆
- 肘型关节

▲ 前后均采用多连杆悬架的奥迪 A3 Spoertback

## 避振器

现在主流汽车的悬架采用螺旋弹簧和避振器一体式设计。螺旋弹簧在吸收路面冲击力时，会上下重复伸缩，车体也会随着上下振动，避振器就是用于吸收振动的关键部件。

避振器分为单向式和双向式，现在主流汽车采用的是双向式避振器，它由轴筒、活塞阀杆和自由活塞组成，活塞阀杆和自由活塞将避振器内部分为两个液压室和一个气压室。两个液压室内，液压流动对气压室进行压缩和释放，从而达到减振的作用。

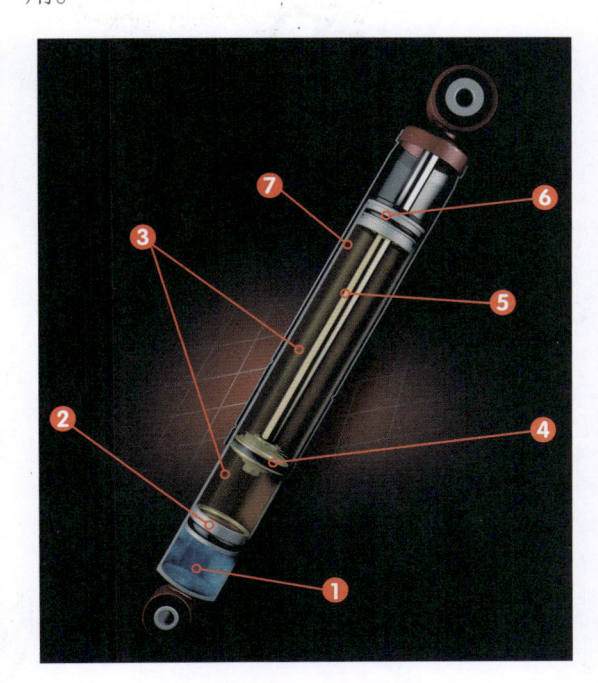

▲避振器常设计成螺旋弹簧一体式

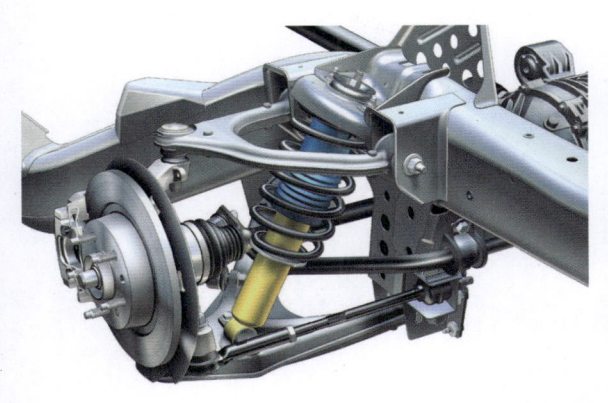

❶气压室❷自由活塞❸液压室❹活塞阀❺活塞杆❻活塞杆导承❼外壳

## 空气悬架

汽车的悬架上通常使用螺旋弹簧来吸收路面的冲击力，空气悬架则是替代螺旋弹簧的部件。普通的螺旋弹簧载重量不会改变，在载重较大时，缓冲力会大大减弱，乘坐舒适感较差。而空气悬架即使在载重较大时，也能保持较好的缓冲力，保证了乘坐舒适性。空气悬架也能通过调整内部的空气量来控制车体的高度。

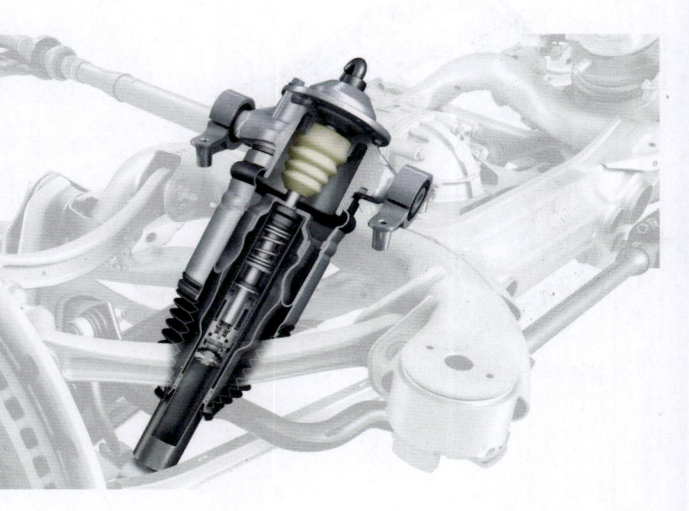

▲ 奥迪 Q7 前后轴均采用空气悬架

## 前轮定位

前轮定位指的是车轮与车体的位置、角度、方向的整备项目，是保证车辆行驶安全稳定的重要项目。车轮滚动的角度存在较小的误差时，就会出现不能直线前进、轮胎磨损快、行驶时有振动、方向盘操作感重等问题。前轮定位主要有主销内倾、主销后倾、前轮外倾、前轮前束等4个项目。

主销，是传统汽车上转向轮转向时的回转中心，传统上是一根较粗的销轴。目前许多独立悬架的汽车已经没有主销这个元件了，但在前轮定位中，仍然沿用主销这个名词，把它作为转向轮转向轴线的代名词，即当转向轮在转向时，是以主销为轴线方向而转动的。

### 主销内倾角和外倾角

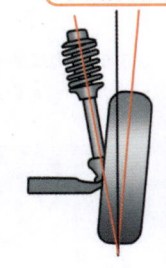

在车前后方向看轮胎时，主销轴向车身内侧倾斜，倾斜角度与垂直地面线之间的角度称为主销内倾角。车轮转向时，滚动轴外倾，轮胎与垂直地面线之间的角度称为外倾角。

### 主销后倾角

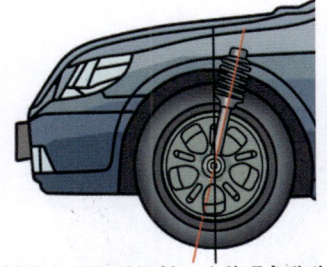

主销轴线上端向后倾斜，这种现象称为主销后倾。主销轴线与垂线之间的夹角叫主销后倾角，其值大小对汽车转向与操纵性能密切相关。

### 前束角

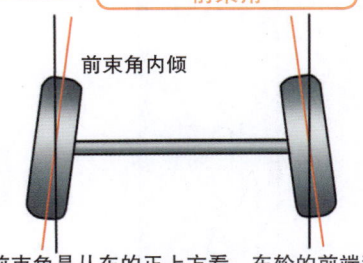

前束角内倾

前束角外倾

前束角是从车的正上方看，车轮的前端和车辆纵线的夹角。车轮前端向内侧倾斜（内八字），称为前束角内倾；车轮前端向外倾（外八字），称为前束角外倾。束角的功用在于补偿轮胎因外倾角及路面阻力所导致向内或向外滚动的趋势，确保车子的直进性。前束角内倾会造成转向过度，前束角外倾则会增大转向不足的趋势。

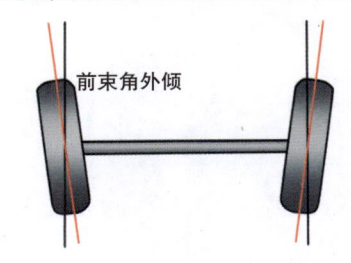

透视汽车会"跑"的奥秘

# 车轮

车轮是驱动轴带动滚动的部件。一般我们说的车轮是包括轮胎和钢圈等所有滚动的部分，而车轮正确的解释是指用金属等坚固材料做成的圆形构件。车轮通常由铝合金或钢制成。现在主流工艺是采用重量较轻的铝合金材质，如果采用较重材料制造的车轮，会使汽车的加速和方向盘的操作变慢。现在通常根据材质的不同，车轮也被称为钢圈或铝圈。

## 车轮的结构

**车轮各部分的名称**

❶ 轮缘
轮胎装入的部分

❷ 轮毂
与车轴相连，承重部分

❸ 凸缘
固定轮胎的部分

**车轮的规格**

❹ 轮缘宽
也为车轮的宽度

❺ 轮缘直径
车轮的直径，也是轮胎的内径

❻ 螺栓孔直径
与车轴固定的螺栓的直径

❼ 车轴空直径
与车轴连接的直径

❽ 螺栓孔圆直径
车轮与车轴固定的固定螺栓构成的圆的直径，通常简称为 P.C.D（Pitch Circle Diameter：节圆直径）。

| 车轮尺寸表例 ||
| --- | --- |
| 1 轮缘直径 [1 英尺 (ft)=30.48cm] | 4 螺栓数 |
| 2 轮缘宽 [1 英尺 (ft)=30.48cm] | 5 P.C.D（mm） |
| 3 凸缘形状 | 6 车轮内偏距（mm） |

## 铝圈和钢圈

▲ 铝圈
以铝为主要原材料的铝合金材质，重量较轻，具备较好的刚性和散热性，加工过程简单，设计多样。

▲ 钢圈
以钢为材料，能大量生产，生产成本低廉。相比铝圈，散热性较差，也更重。

## 车轮的外偏距、零偏距、内偏距

**外偏距**
轮缘宽的中心线
轮毂
内侧　外侧
轮毂处于轮缘中心线的内侧

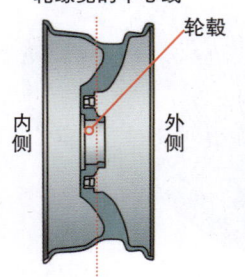

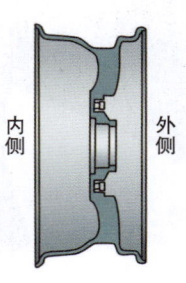

**零偏距**
内侧　外侧
轮毂位置与轮缘中心线相重合

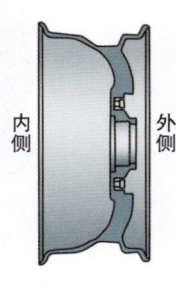

**内偏距**
内侧　外侧
轮毂位置处于轮缘中心线的外侧

## 轮胎

轮胎是汽车唯一接触路面的部件，主要由支撑轮胎形状的胎体层、防止受到振动拉伸而脱离的胎冠保护层，以及最外面的橡胶胎冠组成。根据不同的情况，轮胎表面的橡胶层会采用不同性质的橡胶：与路面接触的部分使用耐磨性好的橡胶，侧面使用能经受路面颠簸伸缩的橡胶，与车轮连接的部分使用接触气密性好、强度高的橡胶等。轮胎也不全是由橡胶制成，胎体层的骨架多使用钢线、尼龙等纤维编制成，用于承重。根据胎冠保护层的不同，又可以分为子午线轮胎、斜交轮胎等种类。

## 轮胎结构分类

**子午线轮胎**
胎体层内的钢线从轮胎中心呈辐射形状，有摩擦热较小，稳定性好、耐用省油等优点。

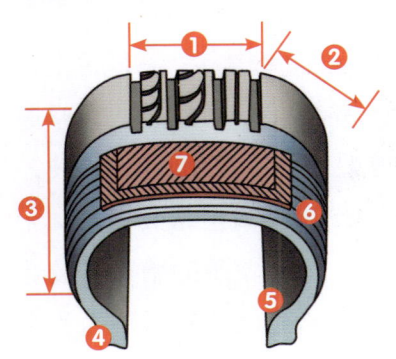

**斜交轮胎**
帘布层与胎冠中心线成30°～40°的交角，有乘坐舒适的优点，但阻力较大，高速操控性稍弱。

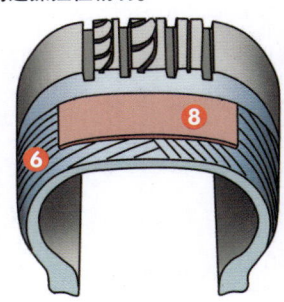

❶ 胎冠
❷ 胎肩
❸ 胎侧
❹ 趾口
与车轮接触的部分，将轮胎与轮缘固定在一起，内部有趾口钢丝支撑。
❺ 气密层
防止漏气的橡胶层。
❻ 胎体层
轮胎的骨架
❼ 胎冠保护层
辐射状的结构，辅助增加轮胎强度。
❽ 高强度帘布层
轮胎充气后获得足够的刚性和延展性。

透视汽车会"跑"的奥秘

▲ 子午线轮胎

▲ 斜交轮胎

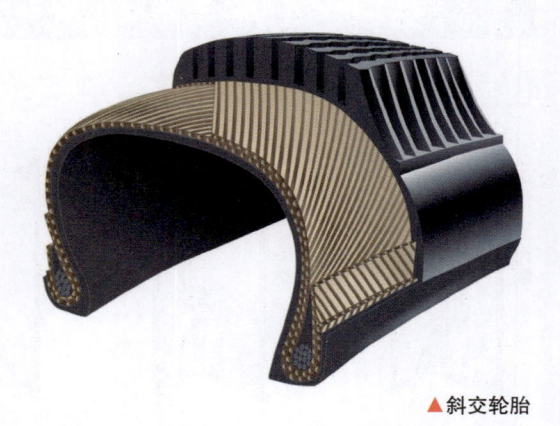

## 轮胎规格参数

以 195/65 R15 91S

**1. 轮胎宽（mm）**
轮胎宽是在无载重时，充入规定量空气时，轮胎的宽。

**2. 扁平率（%）**
轮胎横断面的高度/横断面的宽度×100%

**3. 轮胎的结构**
子午线轮胎代号为R，斜交轮胎的代号为"−"

**4. 轮缘直径** [1英尺(ft)=30.48cm]
所适用的车轮尺寸

**5. 载重指数**
该数值在 21～74，数值越大，载重能力越强。

**6. 速度标识**
表示该轮胎的最大时速，S代表180km/h，U代表200km/h，H代表210km/h等。

## 轮胎的运动

轮胎中的空气能吸收来自路面的冲击力，可以提高乘坐舒适性。轮胎与地面之间产生的摩擦力，也被称为抓地力，使驾驶人能够进行加速、刹车、转向等操作。轮胎与没有凹凸的光滑路面接触时，摩擦力的最大值较小（摩擦系数较小），在粗糙的路上行驶时，摩擦力的最大值较大（摩擦系数较大）。理论上，轮胎的胎冠与路面接触面积越大，摩擦力也越大，但如果在积水的环境下行驶，轮胎由于水的作用无法与路面接触，无法产生摩擦力，因此轮胎的胎冠上设计有各种各样的胎沟，以便应对路面积水的情况。

## 抓地力和摩擦圆

### 抓地力

抓地力指的是轮胎与地面之间的摩擦力。汽车在行驶时，轮胎受到驱动力、制动力、左右侧偏力的影响。

### 摩擦圆

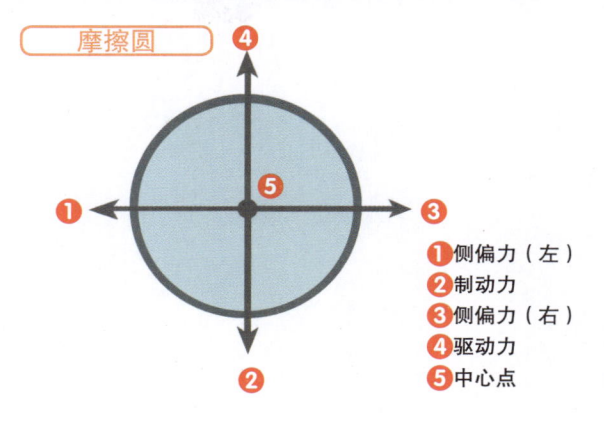

❶ 侧偏力（左）
❷ 制动力
❸ 侧偏力（右）
❹ 驱动力
❺ 中心点

摩擦圆是将抓地力的变化制成标图的形式。圆代表着轮胎抓地力的极限。当轮胎相互之间力的关系超出极限时，就会产生空转。

## 轮胎会产生的危险现象

轮胎并不能保证在任何路面状况，以及在任何速度下都能安全行驶。轮胎受力超出摩擦圆后，会发生危险。这里介绍几种有代表性的危险情况。

### 滑水现象

**高速行驶中**

形成水膜

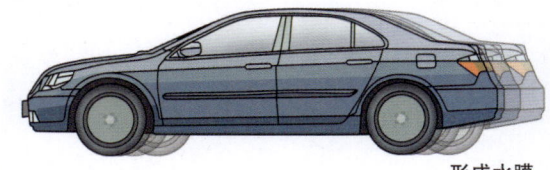

滑水现象容易出现在高速通过积水路面时。轮胎上的胎沟无法及时排除水分，加上高速行驶，轮胎和地面之间会出水膜，轮胎失去抓地力，出现制动和方向都无法控制的现象。产生滑水现象后，应松开制动踏板，握紧方向盘，等待轮胎抓地力恢复。

### 驻波现象

**高速行驶中**

变成波浪形

汽车高速行驶时，轮胎所受的压力非常大。当受到压力大于轮胎内部气压时，轮胎会产生变形。若轮胎继续行驶，轮胎后方会不断变成波浪形状，容易爆胎。为预防驻波现象，需要加强日常对轮胎气压的检查。

▲产生驻波现象后，变形无法恢复圆形的轮胎。

# VII

**CHAPTER SEVEN**

# 安全的车体结构

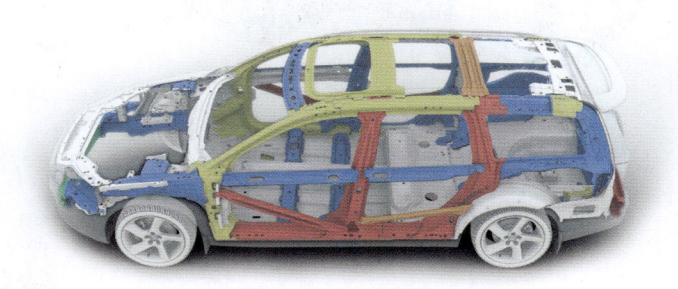

汽车的车体结构能在汽车遭遇事故时保护搭乘人员的安全。以前的汽车常采用单纯的坚固构造，以便保护搭乘人员的安全，车体不能吸收冲击力，导致冲击力也会使乘员受伤。现在汽车都采用能吸收冲击力的安全结构。

汽车吸收冲击结构包括缓冲区和安全区。缓冲区是吸收冲击力的区域。车辆前后的结构都具备缓冲区，可以吸收冲击力并随之变形，从而保护安全区内人员的安全。但前后缓冲区的设计无法缓解来自侧面的冲击，因此只能通过设计较为坚固的横梁结构，以及运用各种缓冲材质来对应侧面冲击。

现在绝大多汽车都为前置发动机设计，在受到冲击时，发动机会向后下方移动，能避免发动机侵入车内，从而对人员造成威胁。

## 安全结构的例子

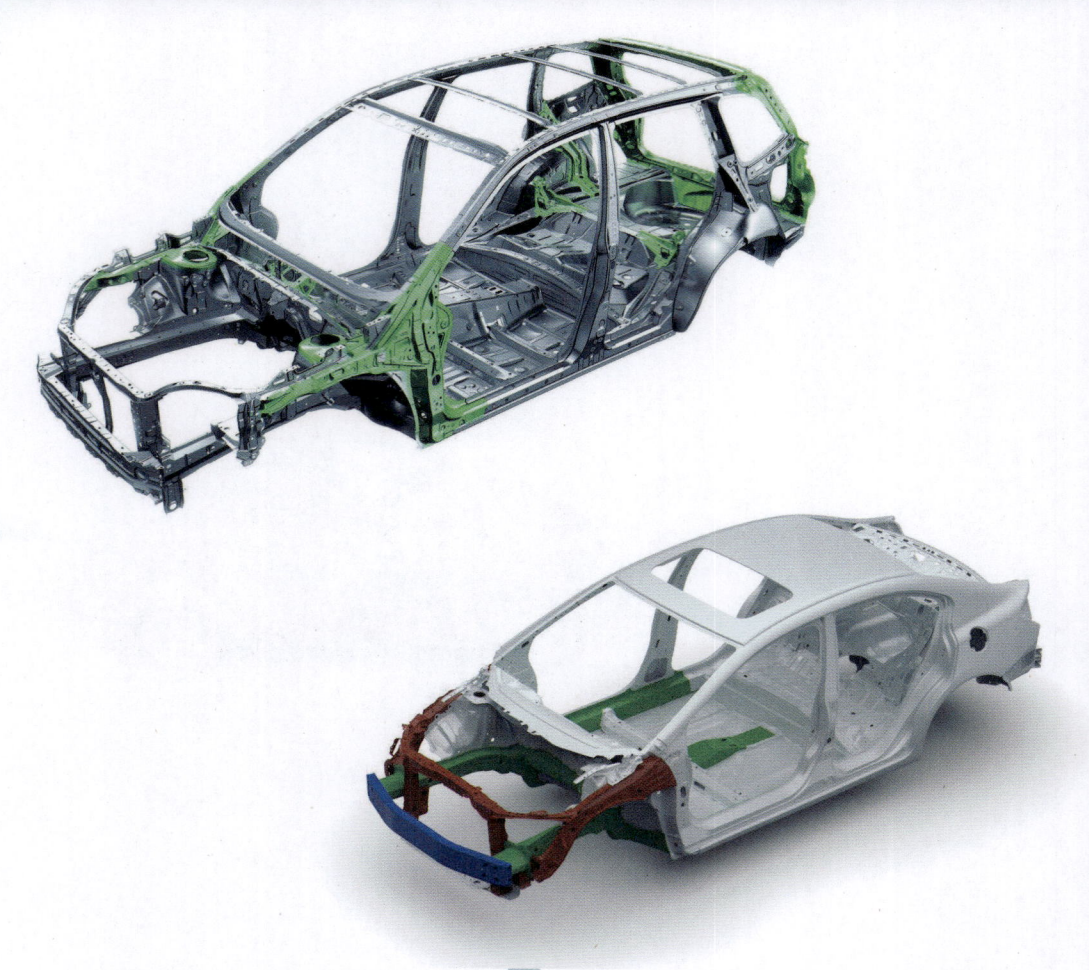

## 常见的车体结构材料

- 极高强度钢
- 特高强度钢
- 超高强度钢
- 高强度钢
- 低碳钢
- 铝合金

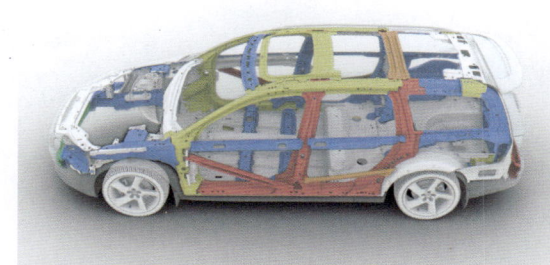

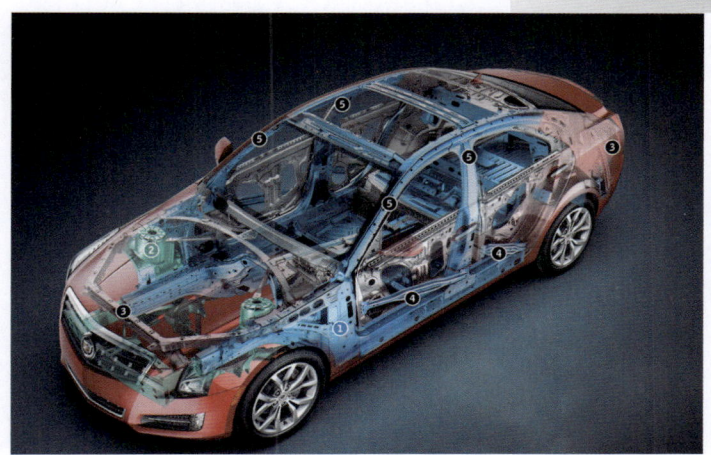

### 凯迪拉克 ATS 的安全车体结构

1. 高强度和超高强度钢保护乘员安全
2. 铝结构以减轻车重提高燃油经济性
3. 前后缓冲区，吸收碰撞产生的冲击能量
4. 车门内设计下横梁和门槛抗侧面冲击
5. 增强 A 柱和 B 柱，保护车内形状

### 奥迪 RS7 的车体构造材料

- 铝片
- 铸铝
- 铝型材
- 热成型钢
- 冷轧钢

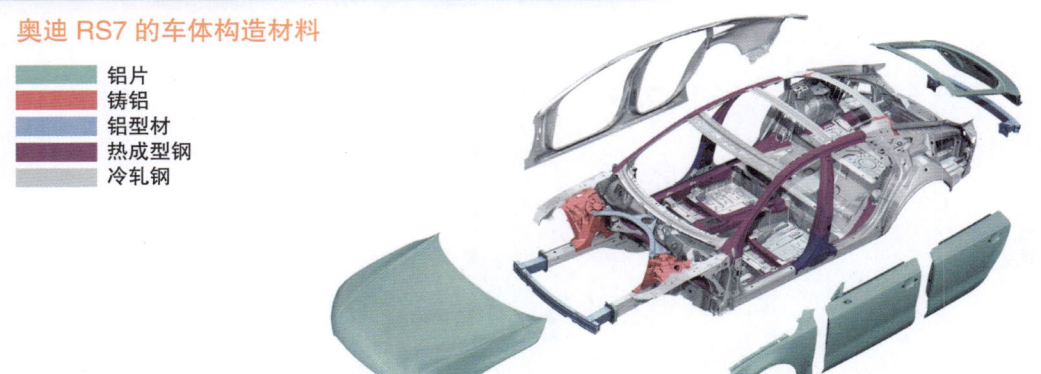

高性能跑车需要更安全的车体结构的同时，尽可能地减轻车重，因此多采用多种复合材料。奥迪 R8 跑车使用高强度铝合金和碳纤维材质的车身。

# VIII

**CHAPTER EIGHT**

# 混合动力汽车

混合动力汽车是指搭载了多种动力来源的汽车。现在常见的混合动力汽车为汽油发动机和电动机双动力，这种汽车最主要的特点是拥有极佳的燃油经济性，对保护空气环境也有一定的帮助。

根据发动机和电动机不同搭配的形式，可将混合动力系统分为3种类型：串联式混合动力系统、并联式混合动力系统、混联式混合动力系统。无论哪种混合动力系统，都是以提高能源利用率、降低噪声、减少排气污染为目的而设计开发的。发动机与电动机配合使用后，氮化物、二氧化碳等气体大幅减少，而且更省油。

● 串联式混合动力系统

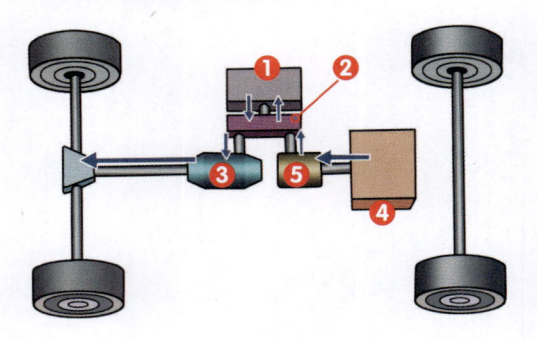

发动机带动发电机发电，并将电力存储在蓄电池中。电动机利用电池中的电力工作，驱动汽车。为弥补纯电动汽车一次充电续航距离较短的缺点而开发出了串联式混合动力系统。

● 并联式混合动力系统

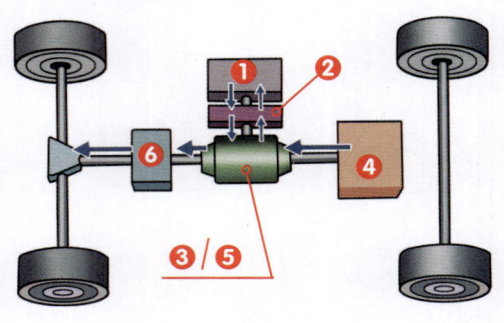

发动机和发电机并联驱动汽车。两种动力方式能单独驱动或共同驱动汽车。普通行驶时，主要由发动机作为动力，而在起步和加速时电动机辅助提供动力。

● 混联式混合动力系统

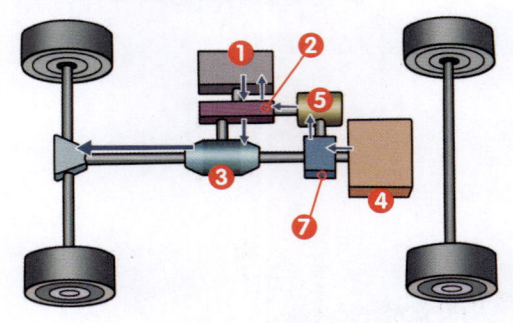

混联式混合动力系统是将以上两种混合系统合并而成的。起步和低速时电动机工作，普通行驶和加速时采用电动机和发动机混合驱动。

❶电池 ❷变频器 ❸电动机 ❹发动机 ❺发电机 ❻变速器 ❼动力分配机构

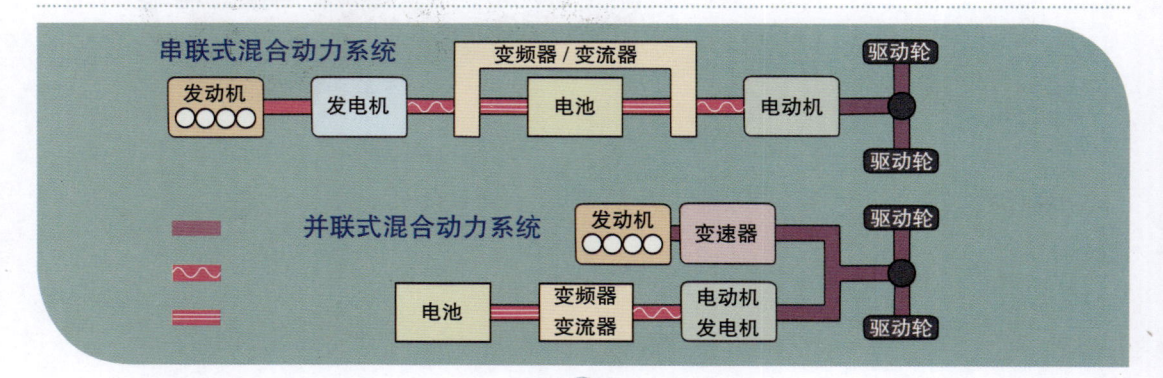

第八章 混合动力汽车

## 01
# 串联式混合动力系统

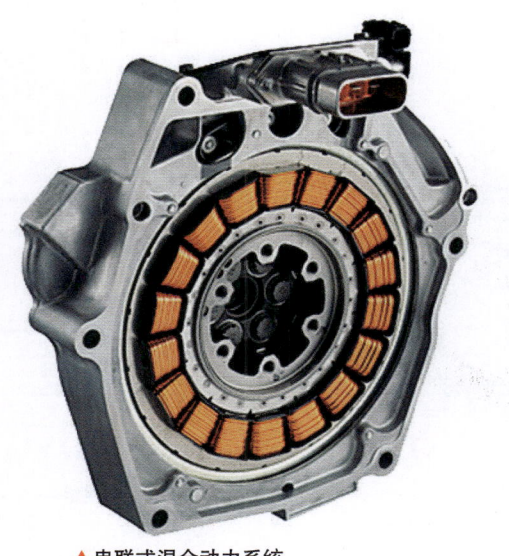

▲ 串联式混合动力系统

　　串联式混合动力系统中，发动机带动发电机发电，产生的电力储存在蓄电池中，供给电动机，用于驱动汽车。内燃机形式的发动机的工作效率会随着转速和负荷的变化而变化。但在串联式混合动力系统中，发动机不直接驱动汽车，而是在配合发电机将容量较大的充电电池充电后，采用电动机替代发动机驱动汽车，发动机长时间保持高效率的状态下为电动机提供电力，达到最优的工作状态。

## 电动机

主流混合动力汽车采用高效率的永磁同步电动机。由于混合动力系统结构的关系，电动机受到空间限制，薄形电动机常被用于混合动力汽车上。

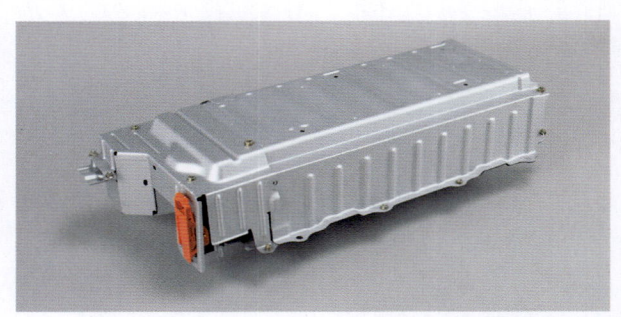

▲ 混合动力汽车的充电电池

## 电池

因为成本关系，混合动力汽车多采用镍氢电池，大容量的混合动力汽车则逐渐开始采用锂电池。由于充放电发热，电池过热会使性能下降，因此电池也需要散热设计。

2010年，奥迪发布的A1 e-tron采用的是串联式混合动力系统搭载了12kW·h的锂电池和45kW的电动机，纯电动续航距离约为50km，同时搭载的254mL的转子发动机和15kW的发电机，以及12L油箱为锂电池持续充电，续航距离达到200km。

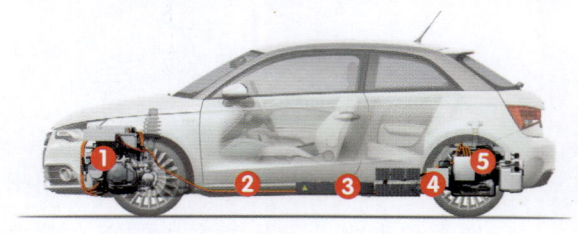

❶ 电动机
❷ 高压线缆
❸ 高压锂电池组
❹ 燃料箱
❺ 发电单元

❶ 充电单元
❷ 动力控制单元
❸ 充电口
❹ 直流变频器
❺ 电动机
❻ 高压空调压缩机
❼ 配电盘
❽ 12V 蓄电池
❾ 高压控制器
❿ 高压锂电池组
⓫ 燃料箱
⓬ 发电单元

# 02 并联式混合动力系统

并联式混合动力系统是现在比较主流的混合动力系统。该系统在发动机和变速器之间增设电动机，电动机与发动机直接连接，电动机为辅、发动机为主的辅助型混合动力形式，使汽车整体的动力表现更加出色，燃油经济性也更好。但这种混合动力系统的电动机无法单独工作，也无法单独驱动汽车。

FF 前置前驱配置图

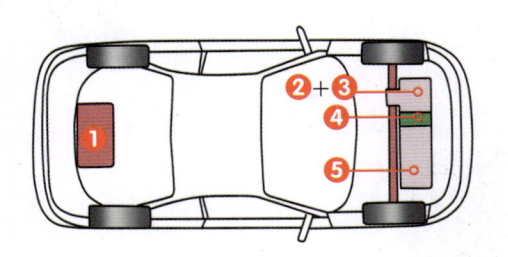

FR 前置后驱配置图

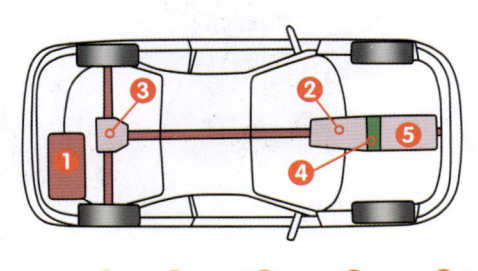

❶电池 ❷变速器 ❸差速器 ❹电动机 ❺发动机

## 德国奥迪 e-tron 前置前驱并联式混合动力系统

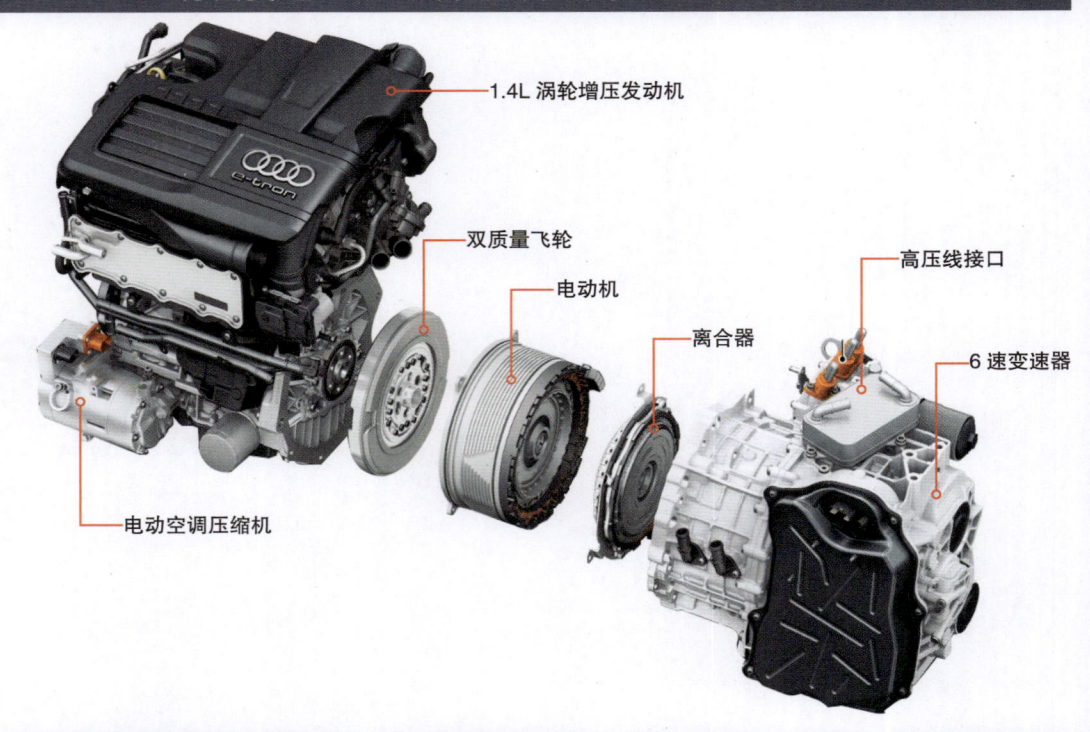

- 1.4L 涡轮增压发动机
- 双质量飞轮
- 电动机
- 离合器
- 高压线接口
- 6速变速器
- 电动空调压缩机

## 并联式混合动力的电动机结构

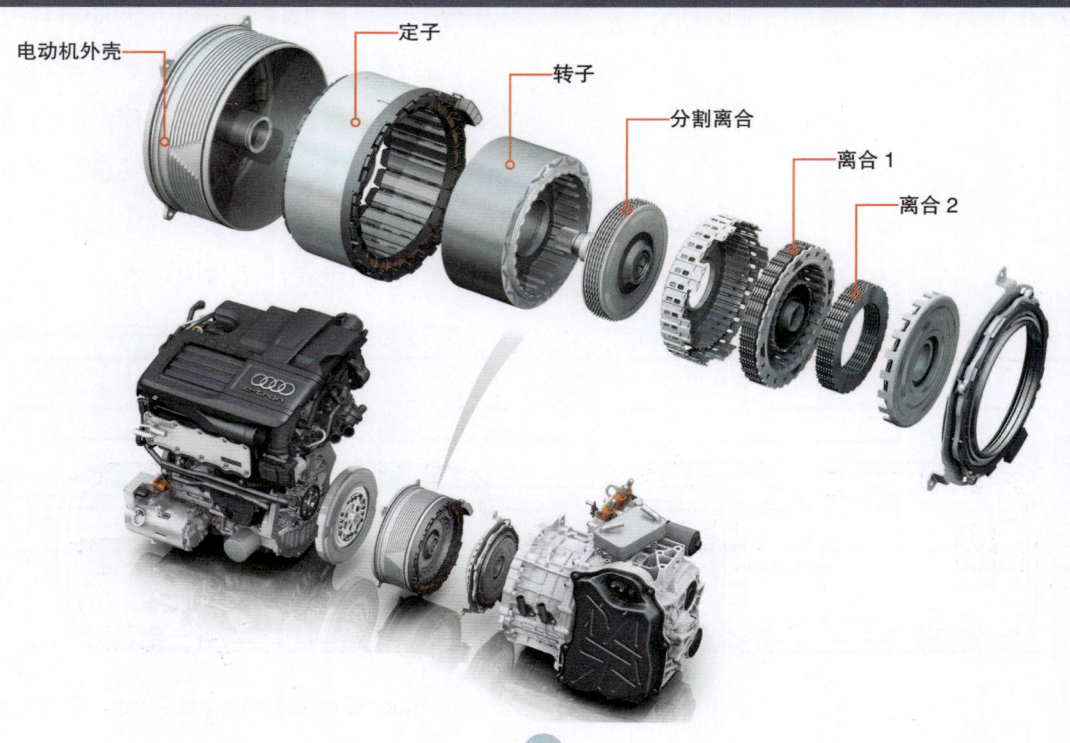

- 电动机外壳
- 定子
- 转子
- 分割离合
- 离合1
- 离合2

# 日本本田的 IMA 前置前驱并联式混合动力系统

本田所采用的混合动力系统属于辅助型混合动力系统。电动机在发动机起步或加速时予以动力辅助，同时能在汽车处于减速时对动力进行回收发电，再将电能储存于蓄电池中。

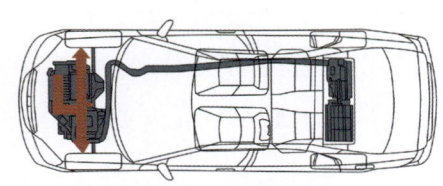

▲ 本田 IMA 混合动力发动机

发动机驱动（匀速行驶时）

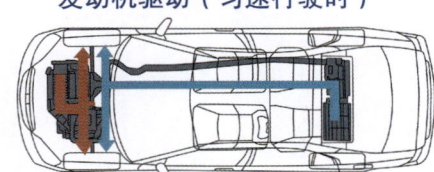

电动机辅助（起步、加速时）

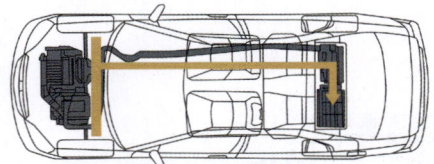

电动机回收发电（减速时）

为解决并联式混合动力系统没有单独使用电动机驱动汽车的纯电动模式问题。近年出现在发动机和电动机之间增加离合器，以及构造升级变速器内的离合也能控制混合动力的单电动机双离合的混合动力系统。该种混合动力系统使并联式混合系统具备纯电动模式，更提高了燃油经济效率，是现在经常采用的混合动力形式。

离合片　电动机外壳　定子　转子

## 保时捷 E-Hybrid 混合动力系统

保时捷 E-Hybrid 系统具备 5 种工作模式，分别是纯电动模式、内燃机模式、综合动力模式、制动能量回收模式以及滑行模式。

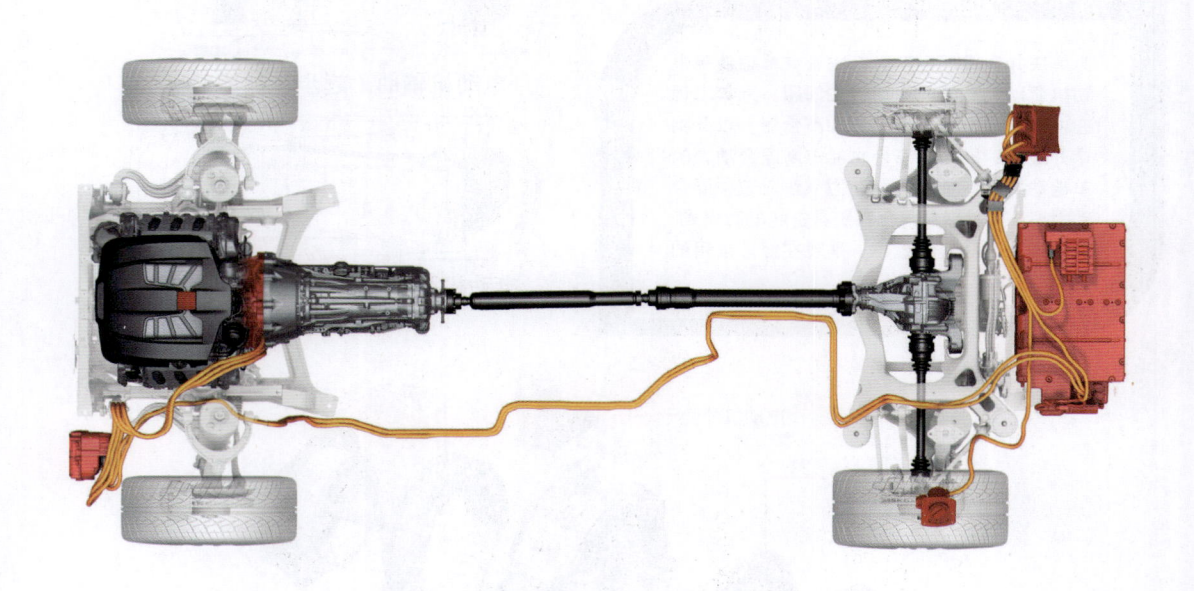

## 第八章　混合动力汽车

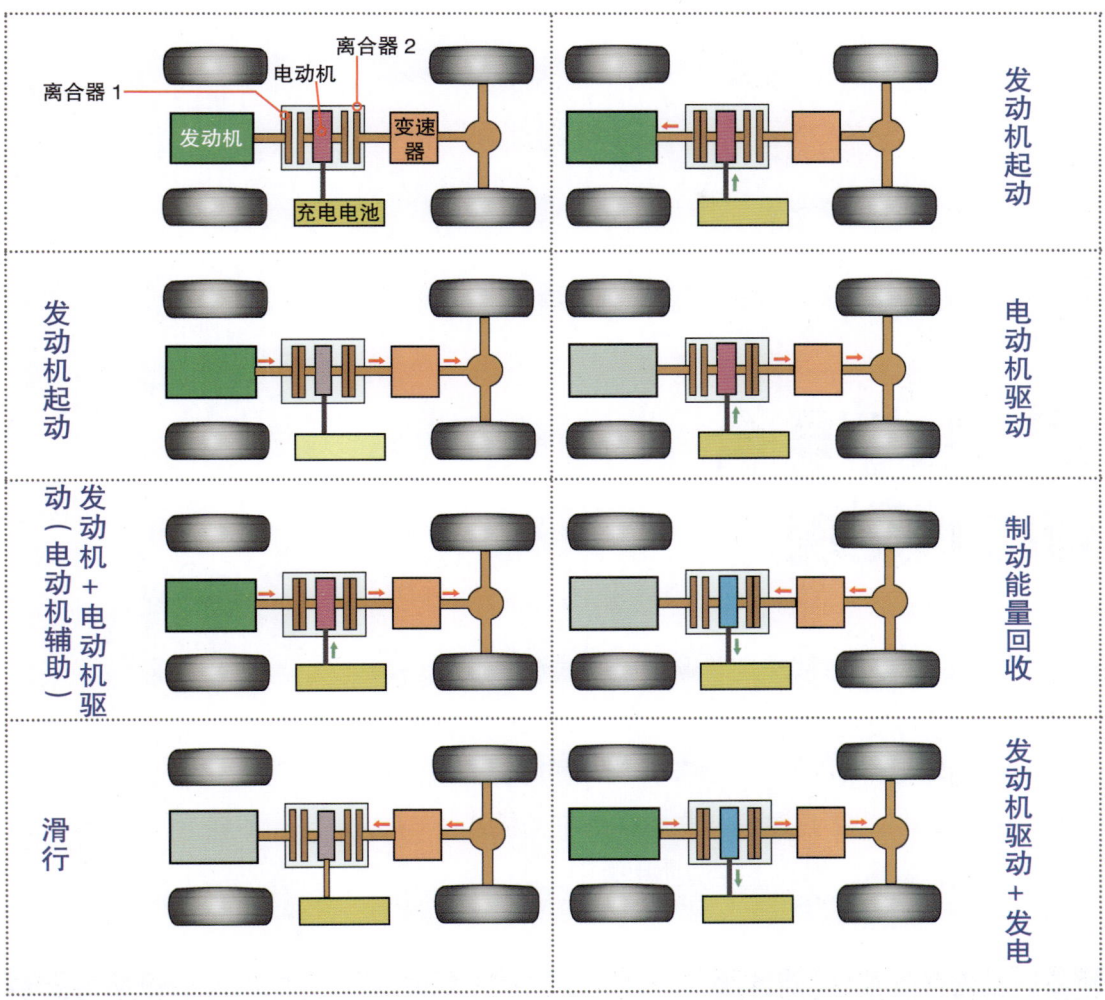

| 工况 | 示意图 | 工况 | 示意图 |
|---|---|---|---|
| | 离合器1　电动机　离合器2<br>发动机　变速器<br>充电电池 | 发动机起动 | |
| 发动机起动 | | 电动机驱动 | |
| 发动机驱动（电动机+电动机辅助） | | 制动能量回收 | |
| 滑行 | | 发动机驱动+发电 | |

采用E-Hybrid混合动力技术的保时捷Panamera。该车搭配3.0L V6发动机，配合功率70kW、容量9.4kW·h的锂电池组。

透视汽车会"跑"的奥秘

# 03
## 混联式混合动力系统

　　混联式混合动力系统是兼顾了串联式和并联式特点的混合动力系统。混联式中的发动机动力通过行星齿轮组将动力分配至驱动轮和发电机上，同时两个电动机的存在，使混联式在纯电动模式下，也能进行发电，提高了能源使用效率。

**丰田 THSII 是采用混联式混合动力系统的代表**

❶ 发电机
❷ 分配动力的行星齿轮
❸ 减速行星齿轮
❹ 电动机

丰田 THS 是较早量产型混合动力系统，现在已经进化至 THSII。发动机动力通过两组不同的行星齿轮组分配机构分别传递至驱动轮和发电机上。在纯电动模式下，发电机也能进行发电，同时为最大化提高燃油经济性，没有设计发动机单独驱动汽车的模式，因此不存在常见的变速器，而是使用电子 CVT（电子式无极变速器）。

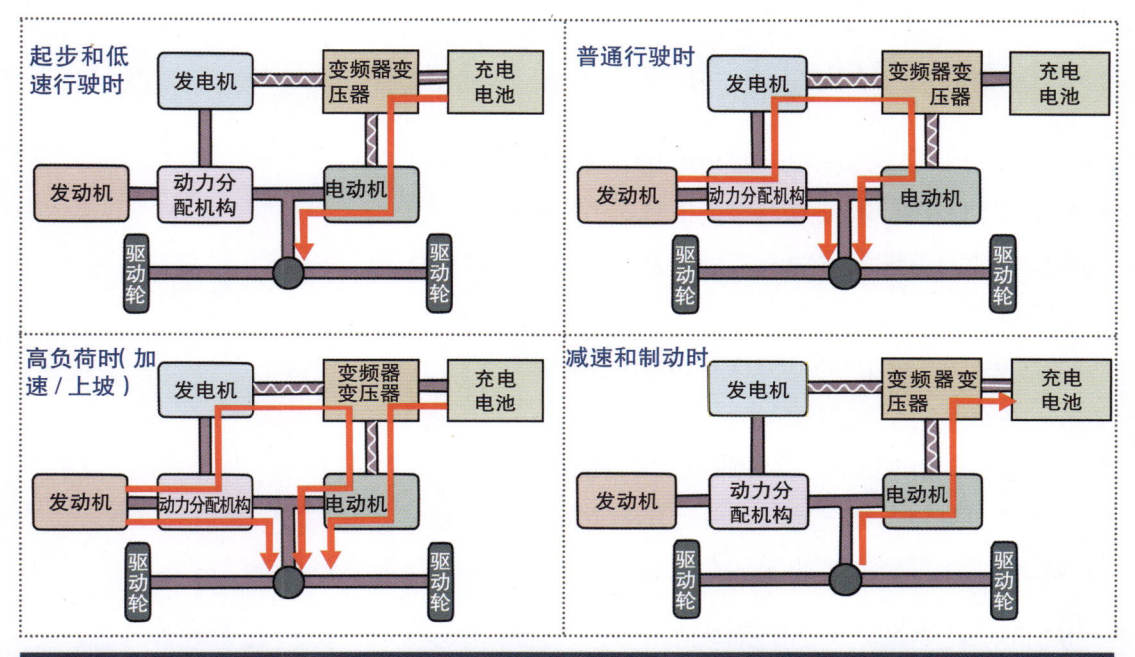

## THSII 的动力分配结构

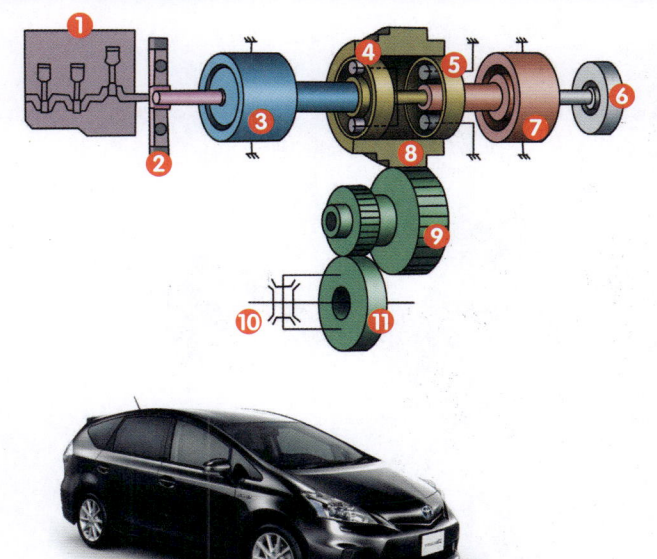

1. 发动机
2. 扭振阻尼器
3. 发电机
4. 动力分配行星齿轮组
5. 减速行星齿轮组
6. 油泵
7. 电动机
8. 输出齿轮
9. 副轴齿轮
10. 差速器
11. 最终传动齿轮

▲ 搭载 THSII 的丰田普锐斯

> 透视汽车会"跑"的奥秘

## 本田的混联式混合动力系统

本田的混联式 SPORT HYBRID i-MMD 与丰田的 THSII 技术类似，都为搭载两台电动机的混合动力系统。发动机直接与发电机和驱动轴的离合器连接，同时驱动轴与另外一台电动机连接。SPORT HYBRID i-MMD 中，发动机只在高速时参与驱动车辆，电动机工作范围覆盖起步至高速区域，实现串联式动力混合、并联式动力混合、纯电动以及发动机独立工作四种模式。这样发动机能保证在高效率区域内工作，动力和扭矩不足时，电动机辅助动力。

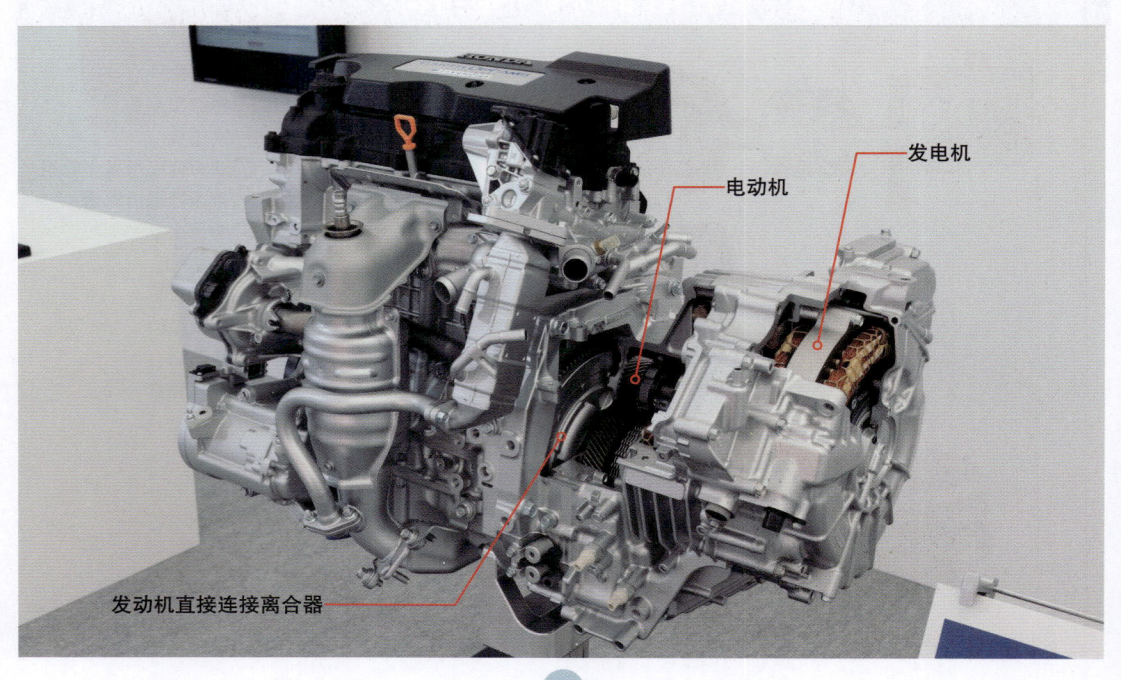

电动机　发电机

发动机直接连接离合器

## 本田 SPORT HYBRID i-MMD 的工作模式

### 纯电动模式

纯电动模式下，充电电池内的电能供给电动机驱动车辆。起步时，发动机工作效率较差，由电动机替代发动机工作。

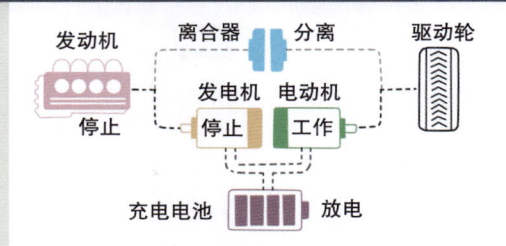

### 混合动力模式

混合动力模式时，以串联式为主。高负荷时或电池容量不足时，发动机工作驱动发电机发电，所产生的电能根据车辆行驶状况供给电动机或为电池充电。

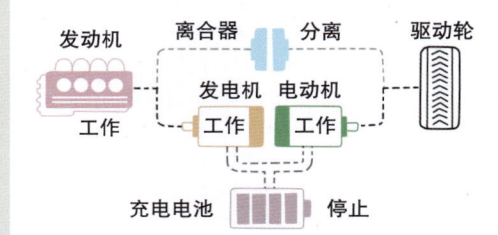

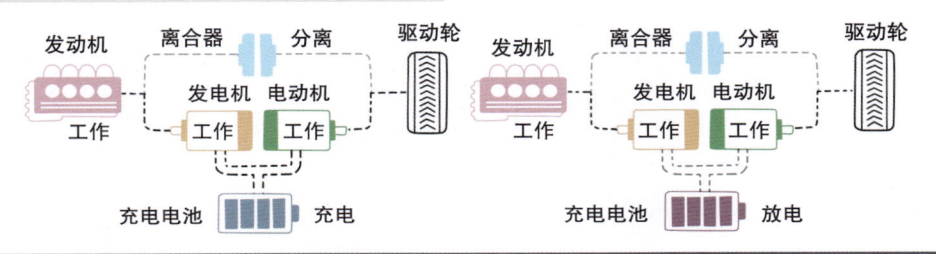

### 发动机模式

发动机模式下，离合器连接，发动机直接驱动车轮。负荷较小时，发动机动力同时分配至发电机为电池充电。负荷较大时，电动机利用电池的电能辅助发动机驱动车辆。

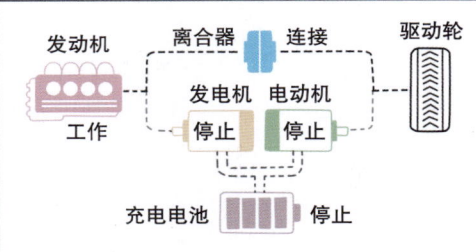

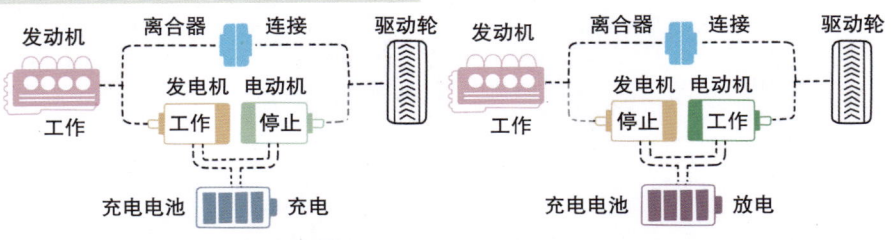

◀ 采用 SPORT HYBRID i-MMD 技术的本田奥德赛